**接尾辞「げ」と助動詞「そうだ」の通時的研究**

## ひつじ研究叢書〈言語編〉

【第 70 巻】言葉と認知のメカニズム−山梨正明教授還暦記念論文集
　　　　　　　　　　　　　　　　　　　　　児玉一宏・小山哲春 編
【第 71 巻】「ハル」敬語考−京都語の社会言語史　　　辻加代子 著
【第 72 巻】判定質問に対する返答−その形式と意味を結ぶ談話規則と推論
　　　　　　　　　　　　　　　　　　　　　　　　　内田安伊子 著
【第 73 巻】現代日本語における蓋然性を表すモダリティ副詞の研究　　杉村泰 著
【第 74 巻】コロケーションの通時的研究−英語・日本語研究の新たな試み
　　　　　　堀正広・浮網茂信・西村秀夫・小迫勝・前川喜久雄 著
【第 76 巻】格助詞「ガ」の通時的研究　　　　　　　　山田昌裕 著
【第 77 巻】日本語指示詞の歴史的研究　　　　　　　　岡﨑友子 著
【第 78 巻】日本語連体修飾節構造の研究　　　　　　　大島資生 著
【第 79 巻】メンタルスペース理論による日仏英時制研究　　井元秀剛 著
【第 80 巻】結果構文のタイポロジー　　　　　　　　　小野尚之 編
【第 81 巻】疑問文と「ダ」−統語・音・意味と談話の関係を見据えて　森川正博 著
【第 84 巻】接尾辞「げ」と助動詞「そうだ」の通時的研究　　漆谷広樹 著
【第 86 巻】現代日本語における外来語の量的推移に関する研究　　橋本和佳 著

ひつじ研究叢書〈言語編〉第84巻

# 接尾辞「げ」と助動詞「そうだ」の通時的研究

漆谷広樹 著

ひつじ書房

# 目　次

序章　接尾辞「げ」と助動詞「そうだ」を通時的に研究する　　1
　1　研究の課題　　1
　2　ゲとソウダを通時的に捉えることの可能性　　3
　3　通時的研究はなぜ必要か　　4
　　　3.1　これまでの通時的研究の方法　　5
　4　ゲの研究史　　7
　5　ソウダの研究史　　11

第1章　中古の接尾辞ゲの用法　　15
　1　はじめに　　15
　2　中古のゲの状況　　15
　　　2.1　ゲの作品ごとの出現状況　　15
　　　2.2　ゲの上接要素の分類　　16
　3　上接要素ごとの用法　　17
　　　3.1　形容詞の場合　　17
　　　3.2　形容動詞の場合　　38
　　　3.3　動詞の場合　　39
　　　3.4　助動詞の場合　　41
　　　3.5　名詞の場合　　45
　4　共起関係から見たゲの用法　　46
　　　4.1　わが身と御身・御姿　　46

|  |  |  |
|---|---|---|
| | 4.2　動詞との共起 | 47 |
| 5 | ゲと位相について | 49 |
| | 5.1　草子地とゲ | 49 |
| | 5.2　訓点資料におけるゲの状況 | 49 |
| 6 | まとめ | 51 |

## 第 2 章　中世の接尾辞ゲの用法　　53

| 1 | はじめに | 53 |
|---|---|---|
| 2 | 中世のゲの状況 | 53 |
| 3 | 上接要素ごとの用法 | 54 |
| | 3.1　形容詞の場合 | 55 |
| | 3.2　形容動詞の場合 | 65 |
| | 3.3　動詞の場合 | 66 |
| | 3.4　助動詞の場合 | 69 |
| | 3.5　名詞の場合 | 71 |
| 4 | 新表現の誕生 | 72 |
| | 4.1　「げな」の誕生 | 72 |
| | 4.2　ソウダの萌芽 | 73 |
| 5 | まとめ | 75 |

## 第 3 章　中古・中世における「〜ゲ」と「〜顔（ガホ）」の比較　　77

| 1 | はじめに | 77 |
|---|---|---|
| 2 | ガホの規定と出現する範囲 | 77 |
| 3 | 上接要素ごとに見たガホの状況 | 80 |
| 4 | ゲとガホの比較 | 86 |
| | 4.1　ゲとガホに差異が認められる場合 | 87 |
| | 4.2　ゲとガホに差異が認められない場合 | 88 |
| 5 | まとめ | 89 |

## 第 4 章　近世前期の接尾辞ゲの用法　　　　　　　　　93
 1　はじめに　　　　　　　　　　　　　　　　　　　93
   1.1　近世のゲとソウダの全体像　　　　　　　　94
 2　近世前期のゲの状況　　　　　　　　　　　　　　96
 3　上接要素ごとの用法　　　　　　　　　　　　　　97
   3.1　形容詞の場合　　　　　　　　　　　　　　97
   3.2　形容動詞の場合　　　　　　　　　　　　103
   3.3　動詞の場合　　　　　　　　　　　　　　103
   3.4　助動詞の場合　　　　　　　　　　　　　104
   3.5　名詞および副詞の場合　　　　　　　　　105
   3.6　「げな」の用法　　　　　　　　　　　　107
 4　まとめ　　　　　　　　　　　　　　　　　　　111

## 第 5 章　近世前期のソウダの用法　　　　　　　　　113
 1　はじめに　　　　　　　　　　　　　　　　　　113
 2　上接要素ごとの用法　　　　　　　　　　　　　113
   2.1　動詞の場合　　　　　　　　　　　　　　114
   2.2　形容詞の場合　　　　　　　　　　　　　121
   2.3　形容動詞の場合　　　　　　　　　　　　125
   2.4　助動詞の場合　　　　　　　　　　　　　127
   2.5　名詞の場合　　　　　　　　　　　　　　131
 3　まとめ　　　　　　　　　　　　　　　　　　　136

## 第 6 章　近世後期の接尾辞ゲの用法　　　　　　　　139
 1　はじめに　　　　　　　　　　　　　　　　　　139
 2　ゲの上接要素の状況　　　　　　　　　　　　　140
   2.1　品詞構成　　　　　　　　　　　　　　　140
   2.2　出現時期　　　　　　　　　　　　　　　140
 3　上接要素ごとの用法　　　　　　　　　　　　　141

|  |  |  |  |
|---|---|---|---|
|  | 3.1 | 形容詞の場合 | 141 |
|  | 3.2 | 動詞の場合 | 153 |
|  | 3.3 | 形容動詞の場合 | 154 |
|  | 3.4 | 助動詞の場合 | 156 |
|  | 3.5 | 名詞の場合 | 157 |
| 4 | 構文から見た特徴 |  | 157 |
| 5 | まとめ |  | 160 |

## 第 7 章　近世後期のソウダの用法　163

| 1 | はじめに |  | 163 |
|---|---|---|---|
| 2 | 上接要素ごとの用法 |  | 164 |
|  | 2.1 | 動詞の場合 | 165 |
|  | 2.2 | 形容詞の場合 | 167 |
|  | 2.3 | 形容動詞の場合 | 168 |
|  | 2.4 | 名詞の場合 | 169 |
|  | 2.5 | 助動詞の場合 | 170 |
| 3 | 宣長のソウダからわかること |  | 172 |
| 4 | 近世のヨウダについて |  | 175 |
| 5 | まとめ |  | 178 |

## 第 8 章　近現代における接尾辞ゲの用法　181

| 1 | はじめに |  | 181 |
|---|---|---|---|
| 2 | 近現代のゲの出現状況 |  | 181 |
|  | 2.1 | 近代のゲの出現状況 | 181 |
|  | 2.2 | 現代のゲの出現状況 | 182 |
| 3 | 上接要素の構成 |  | 182 |
|  | 3.1 | 近代のゲの場合 | 183 |
|  | 3.2 | 現代のゲの場合 | 183 |
| 4 | 上接要素ごとの用法 |  | 185 |

    4.1　形容詞の場合　　　　　　　　　　　　　　185
    4.2　形容動詞の場合　　　　　　　　　　　　　192
    4.3　助動詞の場合　　　　　　　　　　　　　　195
    4.4　名詞の場合　　　　　　　　　　　　　　　196
 5　作家ごとの諸相　　　　　　　　　　　　　　　　198
    5.1　近代作家の用法　　　　　　　　　　　　　198
    5.2　現代作家の用法　　　　　　　　　　　　　199
 6　ゲの用法の考察　　　　　　　　　　　　　　　　201
    6.1　感情の表出　　　　　　　　　　　　　　　201
    6.2　感情形容詞とゲの関係　　　　　　　　　　203
 7　ゲの修飾機能　　　　　　　　　　　　　　　　　207
 8　まとめ　　　　　　　　　　　　　　　　　　　　209

## 第 9 章　近現代の助動詞ソウダの用法　　　　　　　　211
 1　はじめに　　　　　　　　　　　　　　　　　　　211
 2　近現代のソウダの出現状況　　　　　　　　　　　211
    2.1　近代のソウダの出現状況　　　　　　　　　211
    2.2　現代のソウダの出現状況　　　　　　　　　213
 3　上接要素ごとの用法　　　　　　　　　　　　　　214
    3.1　形容詞の場合　　　　　　　　　　　　　　215
    3.2　形容動詞の場合　　　　　　　　　　　　　220
    3.3　名詞の場合　　　　　　　　　　　　　　　222
    3.4　Ⅰ類のソウダの用法　　　　　　　　　　　　223
 4　Ⅱ類のソウダの用法　　　　　　　　　　　　　　224
    4.1　接続の区別による分化　　　　　　　　　　225
    4.2　新用法の獲得　　　　　　　　　　　　　　225
 5　まとめ　　　　　　　　　　　　　　　　　　　　235

## 第 10 章　近現代のゲとソウダの比較　　　237
   1　はじめに　　　237
      1.1　先行研究　　　237
   2　上接要素とゲ、ソウダとの関係　　　239
      2.1　意味から見られる傾向　　　239
      2.2　語構成からの考察　　　245
      2.3　上接要素とゲ、ソウダとの関係のまとめ　　　249
   3　用例からの考察　　　249
      3.1　上接要素が同じ場合の比較　　　250
      3.2　ゲとソウダがともに見られる場合　　　260
   4　副詞との共起について　　　264
      4.1　ゲにもソウダにも共起が見られる副詞　　　265
      4.2　ソウダにのみ共起が見られる副詞　　　267
   5　まとめ　　　268

参考文献　　　271

資料　　　275

索引　　　281

# 序章　接尾辞「げ」と助動詞「そうだ」を通時的に研究する

## 1　研究の課題

　接辞について研究する際の課題には、まず上接要素（または下接要素）と接辞とがどう結び付くのかという関係を明らかにすることがある。これは、その接辞がどのような上接要素と結び付くことができ、また逆にどのような要素とは結び付くことができないのかについて、なぜそうなるのかという理由とともに明らかにすることである。また、接辞それ自身がどのような意味や機能を持っているのかについて明確にすることも課題である。これは接辞が付くことによって、どのような意味が付加されるのか、また、どのような機能の変化が見られるのかということについて明確にしていくことである。

　本書では接辞について見ていく際に、特に接尾辞の上接要素に注目していく。日本語の接辞の多くは、時代とともに造語力を失ってしまうか、もしくは変容していくかのどちらかの道をたどる。接辞が衰退したり変容したりする際に、接辞とその上接要素との関係には、どのような変化があるのだろうか。さらに、接辞が時代によりどのような環境で用いられ、どのような変遷をたどるのかといった点を通時的に見通していくことも必要なのではないかと考えられる。

　本研究で扱う接尾辞「げ」（以下ゲと表記）について、どのような上接要素と結び付いているのかという点について見ると、品詞のレベルでは明らかにされている。しかしさらに詳しい内容については、未だ明らかであるとは言えない部分がある。具体的に言及すれば、ゲは形容詞に下接が可能であることは明らかであるが、必ずしもすべての形容詞に下接する訳ではない。つまり、どのような形容詞に下接が可能なのかということの詳細については、情意を表す形容詞との結び付きについては言及されてはいるものの、それ以上

の内容については述べ尽くされているとは言えない。また、ゲは中古で盛んに用いられるようになり現代まで用例が見られるのだが、その上接要素については、各時代を通じて必ずしも均質であるという訳ではなく、その様相が時代によってどのようであるのかという点についても詳細な記述がなされてはいない。すなわち、ゲについては通時的な視点を持った研究が行われていない。これまでは、ゲが盛んであった中古語について、また現代語の用法に焦点を合わせた研究は見られるものの、今日に至るまでどのような変化があったのかという経過についてはあまり注目されてこなかった。

　なぜ、ゲについて史的変遷を見る必要があるのかという理由については、助動詞「そうだ」(以下ソウダと記述)との相関からも考える必要がある。ゲは一般的な他の語や辞が消長する場合とは異なり、類似の意味機能を持つ助動詞ソウダが盛んに見られるようになった後にも、消滅してしまうことなく存在し続ける。ゲは、主に中古に発達した状況が見られる。中世以降にはゲと類似した機能を持つソウダが出現する。ゲとソウダには類似した用法が見られるのだが、ソウダという新語が登場した後にもゲが消滅しないということは、この両者の間には用法の違いが認められるということになる。どのような用法の違いがあるのかを捉えるためには、ゲとソウダそれぞれが、どのような用法を持って変遷した結果であるのかについて見ていく必要がある。これを現代語の状況のみから判断して、現代語に限定した問題として扱うのではなく、ゲとソウダがどのような発達過程を経て現在に至るのかという視点で見ていく必要があると考えられる。それはゲとソウダが同時に生まれた訳ではなく、それぞれ別の発達の仕方をしながら、今日に至っているからである。ソウダの発達が顕著である現代語だけを見て、通時的な視点を持たなければ、ある用法は実は以前はゲが持っていたものでもあるのに、ソウダだけの独特な用法であると見誤ってしまう場合も考えられるからである。すなわち、歴史的に見ることにより、現状を観察することだけでは気付かない部分について記述する可能性が存しているのではないかと考えられる。

　本書では、このゲとソウダが通時的にどのような経過を見せながら今日に至るのかについて、各時代での出現状況を見ながら考察を行っていく。次に

通時的研究の意味についてさらに考えていく。

## 2　ゲとソウダを通時的に捉えることの可能性

　接辞を対象とした場合に通時的研究が難しいのは、対象が持っている性質によると言える。それは、通時的に観察することが可能である接辞は多く存在しないという理由によるものである。通時的な研究が可能である条件として、当然のことながら対象となる語または辞が通時的に生産力を持ち続ける必要がある。しかし、接辞について見ると、通時的に生産力を示しているのは、接頭辞「御」などの漢語系接辞には例があるものの、限られた場合のみであると考えられる。

　和語系の接辞を例に見ると、形容動詞語幹を構成する接尾辞として、「か」「げ」「やか」「らか」「がほ」「がち」等がある。また、動詞を構成する接尾辞として「ぶ」「めく」「づく」「だつ」「ばむ」「やぐ」「がる」等がある。これらの接尾辞の発達状況について見ると、それぞれの接尾辞が積極的に造語力を持った時期は、中古であるか中世であるかの一時期でしかないと言える。したがってこれらの接辞には継続的な造語力は見られない。これらはいずれの場合も時代が下れば一部の固定化した語にしか見られなくなってしまう。例えば「やか」については、その造語形は現代でも「しめやか」「はなやか」等の語は見ることができる。しかし、これらは中古に生産された語であり、それが現代まで受け継がれているのであって、現代においてもなお造語力があるとは認めがたい状況にあると言える。これは、他の接辞についてもおおかた同様の状況にあると考えられる。したがって、これらは通時的観察の対象としては適当ではない。

　ところで、なぜこれらの接尾辞が拡大する一方ではないのかという理由を考えると、その要因として時代とともに文体が変化することが挙げられる。中古における和文体と中世における和漢混淆文体とでは用語に違いが認められることについては既に知られるところであり、これらの中で和語系接辞は和文の性質を帯びているため、中古以降の和漢混淆文体ではあまり拡大しな

かったのではないかと考えられる。

　中古以降に拡大化しなかった接尾辞が和文体の性質を帯びていることを示す例として、これらの接尾辞の『今昔物語集』での出現状況が挙げられる。筆者は別稿（1994）において、これらの接尾辞が『今昔物語集』で和文体の影響が強いと言われる巻二十以降に前半部に比べ多く出現していることを確認している。

　また、これらの接辞が発達する過程を見ると、中古の和文において段階的に発達していると言える。これは、中古和文において構造的に不足している要素を徐々に補うために接辞が発達したのではないかとの見方もできる。

　そして他の接尾辞が造語力を保持していないと見られる中で、ゲの場合は、近代以降であってもわずかではあるが新たに造語される場合が認められる。こうした点でゲは、他の接辞のように固定化した場合にしか見られなくなるという傾向が、比較的に弱いものと見ることができる。すなわち、他の接辞については通時的に観察することが難しい中で、ゲについてはこれが可能なのではないだろうか。これはゲが他の接辞とは違った性質を持っていることを示し、その性質を明らかにすることが、ゲを通時的に捉えようとすることの課題であるとも言うことができる。すなわち、ゲは通時的に観察することが可能であり、新しくソウダが見られるようになった後にも続いている理由について明確にしていく必要があると考えられる。しかし、一方でゲはその広がりが支障となり全体的な姿を丸ごと捉えるのには難しさがある。そこで、現代に見られるゲについて考える際にも、ゲがどのような経過をたどり現在に至っているのかを考え合わせ、そうした視点からソウダとの違いを明確にしていくという手法により以下の論考を進めていくことにする。

## 3　通時的研究はなぜ必要か

　通時的に扱うことにはどのような意味があるだろうか。今回、通時的に見ようとするのは、現代語だけを見ていては捉えられないことを見通すという点に主眼がある。つまり、事象を現状だけから捉えるだけではなく、いつ、

どのように、なぜ変化が起こったのかを明らかにするという視点を持つことである。こうした視点で現状を捉える方法は、事実をより正確に把握する可能性があると考えられる。

## 3.1　これまでの通時的研究の方法

　ここでこれまでの通時的研究を見渡しながら、まずそこに不足していたと思われる点を考えることにする。これまで、通時的に変遷を捉えようとする研究は、大筋を捉えることに関心があり、どのようにという経過については細部までは注目されていなかったのではないだろうか。それは、大きく変遷してしまうことが注目されるあまり、なおもその経過について詳しく追うことの必要性を感じなくさせるためである。

　文法についての通時的な研究の例として、まず山内洋一郎（2003）『活用と活用形の通時的研究』がある。動詞の活用は古代語から近代語にかけて、体系的変化を見せる。そのため動詞の体系の変遷を通時的に見ることは、変化が一応の完了をしたと考えられる中世末期から近世前期頃までの言語を観察すれば記述が可能になることになる。

　ところで、動詞の活用について大きな流れとしての変遷とは別に、文体の違いや位相の違いなどにより見られる個々の変化は、近世以降、現代に至るまで断続的に存するのではないだろうか。中世後期には動詞の活用体系に変遷が起きると言われる。その流れの中で、こうした変遷とは別の言語大系を持つものとして、近世の文語というある特定の枠組みの中で捉えることが行われた。そこには、上代や中古を遡った語形が多く見られ、一つの言語世界が構築されていると考えられる。しかし、そうした近世の文語の範疇に属する文献とは意識されていない、他の多くの近世の文献を見ても、そこには依然として二段活用型が残存していることについては、これまであまり触れられていない。これは近世以降、近代になっても二段活用の例として、なお次のような場合が見られる。

　　美人席を去れば牧之も辭して別るゝに臨み

(幸田露伴　元時代の雑劇　二)
指を爰に染むるもの無きに非ずと雖も
(高山樗牛　運命と悲劇)

　通時的研究は、体系的な変遷の記述が主眼であるため、変遷後であると考えられる時期であっても、実際に文献を見ていくと、変遷前の形である二段活用型が多く残存していることには注意が払われていないと言うことができる。通時的に見るというならば、二段活用が近代以降も多種の文献上に見られることは、見過してよい程度のことではないのではないかと考えられる。
　また、山口堯二(1990)『日本語疑問表現通史』では、疑問表現について通時的な研究が行われている。これは古代語から近現代語にわたって、さまざまな文献から用例が示されている。しかし、古代語と近代語との違いを示す例としてではなく、古代語にも近代語にも見られるという汎時的な例として挙げられている場合が多い。また、方法としても個々の語史的な捉え方による問題の解明の可能性も残されているものと思われる。
　さて、本書で取り扱おうとする接尾辞ゲについては、動詞の活用の場合のように歴史的に見てダイナミックな変遷が捉えられるという訳ではない。また途中で語形が変わるという変化が起こる訳でもない。ゲは中古から現代まで、いわば汎時的に存している訳だが、その間にソウダとの交渉を持ちながら、どのような変化を見せるのかということを探ろうとするものである。
　文法史的に見るという研究は、場合によっては、『万葉集』、『源氏物語』等の上代・中古作品の一部、また『平家物語』などの中世作品や後期の口語資料、そして近現代のごく一部しか見ていない場合でも、大略については描けてしまうこともある。これは日本語を古代語と近代語とに二分して、対比的な変化が見られるようなケースを扱う場合であれば、こうした範囲の調査であってもあまり支障はないと思われる。旧語形から新語形への変化が大きく一度であると見なされるならば、過程を追い続けなくとも、変化した時期は捉えることが可能であるためである。
　しかし、本書で扱うゲについては、変化する契機はあるのだが、語形には変化がなく続いている。だからこそ、変化が起こったことに気付きにくくも

あり、またどのような経過があったのかという点について見逃されてしまいがちなのではないだろうか。本書では、そうした見逃されがちな部分についても、詳しく経過を辿っていくことにする。あまり用例が見られない盛んではない時期についても、もらすことなく見ていきたいと考えている。そのことにより、ゲがどのような変化をしたのかについて、より正確に捉えようとするものである。

　ゲは中古以降でも造語が見られる。しかし盛んであった中古以降の状況についてはあまり注目されることがなかった。中世以降のゲについてどのような状況にあり、それが現代語のゲへどのように引き継がれ、またどのような変遷を見せるのかという研究は行われていなかった。ゲ以外の接尾辞の場合では、他に形容動詞語幹末を構成する接辞に「やか」「らか」がある。これらの接辞は中世での衰退傾向が記述されたり、近世後期でのいわゆる近世の文語としての用法についての研究が行われたりしている。「やか」「らか」の場合は近世の文語で造語力が見られる。ゲの場合も「やか」や「らか」と同様の傾向が見られるのかという点について考察していく事は、近世の文語の特徴を捉える上でも有効な事と考えられる。

　以下、ゲとソウダについての研究がこれまでどのような視点から行われてきたのか、どのような研究の可能性が残されているのかという点について具体的に見ていくことにする。

## 4　ゲの研究史

　これまでのゲについての研究は、まず研究の対象となった時代はゲの発達が顕著であった中古語の場合であるか、またその造語力の残存が見られる現代語についてであるかのどちらかの場合であった。

　中古語におけるゲについては、以下のような研究が行われてきた。

① 　ゲの意味について
② 　ゲの用いられる位相についての考察

③　また上接要素についてその語構成や意味についての考察

　ゲがどのような意味を持つのかを捉えることと、それがどのような環境で用いられるのかが明らかにされていけば、次はゲの上接要素について明らかにすることへ関心が移っていくものと思われる。
　最近の研究では、村田菜穂子(2005)により、「古代語における形容詞と形容動詞の交流」という視点の中で、ゲの発達の様相に注目して考察が行われている。これは発達の過程を捉えるには興味深い視点ではある。しかし、ゲが展開した以降の状況については言及されていない。また、この書籍の別表「中古散文作品の形容動詞対照語彙表」の中で、中古に見られるゲに上接する形容詞について、詳細に情意か属性かという区別が行われていることについては意義が認められる。しかし、すべての形容詞が明確に情意か属性かという視点だけでは判断できない点もあり、他の方法を探っていく余地が残されていると考えられる。
　現代語におけるゲの研究についてはどうだろうか。これは期せずして日本語を母国語としない研究者の手によって行われている場合が多い。それはやはり、どのような要素にはゲの下接が可能であり、またどのような要素にはゲの下接が不可能であるのかという点について、母国語としてゲを使用している者よりも、母国語としない者にとってその結び付き方について関心が持たれるためではないだろうか。母国語の話者としてゲを使用する場合には、ゲが下接するかどうかという点については、ほぼ無意識的に判断されるのではないだろうか。実際には個人による判断の違いもあり、やや臨時的な場合もありパロール的な捉え方があるのではないかと考えられる。そうした点が、母国語としない研究者に注目されたのではないかと考えられる。
　これらのいずれの研究を見ても、ゲに上接する要素はどのようなものであるかという点を明らかにしようと試みるものである。しかし、やはり現代語だけで捉えようとすると、肝心のゲが下接することが可能か否かという点に関しての見定めについて不十分な点が残ってしまうのではないかと考えられる。

黄其正(1992)はゲに上接する要素について分類語彙表を用いて、意味分類を行っている。既存の分類法を利用する方法は有効であるとは思われるが、一つの目安を示しているに過ぎない。それは例えば同じ分類項目にある場合でもゲが下接したりしなかったりする場合が見られるなど、こうした方法には一定の限界があると言える。

　また、徐民静(2002)は、ソウダの登場によりゲの意味領域が限られていることを述べている。その際、辞書における派生形の調査からゲの用例を求めるという方法を採っている。筆者の見る限りでは、ゲをはじめとする接辞の使用実態が、辞書の登録に正しく反映されているかどうか疑問がある。それは文献等で接頭辞や接尾辞を伴う語形が見られる場合であっても、辞書には登録されてない場合が多く見受けられるからである。接尾辞ゲについて『日本国語大辞典』を例に見ても、今回の調査で採取された用例のすべてが登録されている訳ではない。例えば「不服げ」や「ほほえましげ」のように実際に文献に見られ、また日常でも使用が想定される語であっても、辞書には登録されていない場合が存在する。またそれとは逆に、「うらわかげ」や「重苦しげ」のように辞書に語形は登録されているものの、その用例が挙げられていない場合も見られる。これはゲに限ったことではなく、例えば名詞を作る接尾辞「さ」や「み」についても同様の状況である。こうした例を見ると、接辞を伴った派生形が、どのような基準で辞書に登録されているのかという点については、一定でないという問題があると言える。

　これらのことから、接辞について、それが上接または下接することが容認されるかどうかは、辞書に登録が有るか無いかによって、その判断の基準とする方法には限界がある。そうした点から、ある程度の範囲で現代語の用例を収集しながら論考を進めていく必要があるものと考えられる。

　ケキゼ タチアナ(2002)は、ゲの下接する言葉は慣用的に決まっている場合が多いとし、認知言語学のアプローチからゲの考察を行っている。その際、ゲの下接が容認される語のリストを、アンケートに基づいて判断をしている。しかし、十数人を対象にしたもので、それほど大規模な調査が行われている訳ではない。また、アンケートの結果では話者によってゲの容認度に

ついてゆれが存している状況である。こうした方法を基盤にして研究を始めるのは、実際のゲの姿を正しく反映しているのかという点においていくらかの問題を含んでいるように思われる。論考の立場の違いはあるものの、個々人の言語感覚を基準にして、ゲが下接することが容認されないと判定してしまうという方法には疑問がある。具体例を言えば、「重げ」は、現代語としてはなかなか用例を見出すことができない。現代人の言語感覚としても、容認できないと感じる者が多いということになりそうである。しかし、「重げ」は近代の作品にはいくつか用例が見られる。これは、文語的な用法ではある。しかしこれを見過してゲが下接しないと考えれば、ゲの上接要素の性質を考える際に、正確さを欠いてしまうのではないだろうか。「重げ」について歴史的な経緯を考えると、以前はゲが下接することが可能であったと言える。しかし、ソウダが発達することによって、ソウダが下接する方が優位に考えられるようになった結果、現代語には「重げ」が用いられにくくなったということである。こうしたことから、ゲの上接要素の性質について考えていくという場合には、現代語の感覚だけに頼るという手法だけでなく、歴史的な視点も必要と考えられる。また、これとは逆の場合も考えられる。ゲについては、ある作家に使用例が存するからといって、必ずしもそれが一般的な語であるとは言えない場合が見られる。作家の個人的な使用例が見られるということである。そのため、広く用例を収集していく必要があるものと考えられる。

　これらのことから、ゲを容認するか否かということを一面的な作業によって決めてしまうのではなく、歴史的にも広い範囲で用例を採集した結果をもとにして、いつどの時期から見られなくなったのかという点も加味しながら、見ていく必要があるのではないだろうか。また作品から採取されたゲについては、特定の作家にしか見られないパロール的な使用法かどうかについて判断する必要もあると考えられる。

　前述したように、接辞について考える際に注目される点は、ある接辞がどのような要素に下接しうるのかということである。ゲについて見れば、ウツクシゲは見られても、オイシゲは見られない。ところがソウダについては、

オイシソウもウツクシソウも見ることができる。こうした点からも、ゲについては上接要素に一定の意味的な制限があることが予想できる。ゲの上接要素についての制限が、それぞれの場合でどの時期から見られるのか、それがソウダの発達とどのように関わっていくのかという点が注目される。そのためソウダが中世後期以降、どのように上接要素を増加させていくのかという様相と比較しながら考察を進めていくことには、ゲの上接要素についての制限について、ゲだけを単独に見ていては知ることのできない点を明らかにする可能性を持っていると考えられる。

## 5　ソウダの研究史

　これまでのソウダの研究では、ソウダの発生期の用法についての研究と現代語のソウダの用法について分析した研究が行われている。
　発生時期の用法に関する研究については、まず佐田智明（1972）がある。これは、抄物資料を中心に用例を集め、その発達状況について記述したものである。助動詞「べし」の衰退に関連付けながらソウダの用法について述べてられている。またソウダの「伝聞用法」の発生から定着までについては、仙波光明（1976）がある。これはやはり中世に見られるようになった「げな」が「伝聞用法」を持つようになった過程について述べられている。ソウダの発生時期には、名詞に下接する用法も見られ、「伝聞」と「様態」のソウダが、現代語のように終止形と連用形で区別されるような、活用形の違いと用法との対応が見られない。とすると、「伝聞」と「様態」について区別するのは、活用形の違いとは、別の見方を持って行われるべきものと考えられる。本書はこうした考え方から、上接要素の活用形以外で、ソウダの用法について新たな視点で考察する可能性を考えた。それは発話時において、動作がどのような状況についてソウダが使用されているのかという視点である。
　また、ソウダについての研究はその萌芽期から、ソウダが盛んに用いられるようになる近世前期までの用法の違いについては言及がされている。しかし、それがどのような理由で、またどのような時期に用法を変化させ、どの

ような経過をたどるのかについては、あまり研究されておらず、更なる研究が必要と考えられる。近世については、狂言資料などの口語資料に見られるソウダには注目されているものの、それ以外の資料における状況については、あまり記述されていない。そのためどのような過程を経て、どのように現代語での状況に至ったのかという視点については、あまり十分でない点があるものと考えられる。前段階が「どのように」あったのかという様子を観察することは、「なぜ」であるかをより正確に把握するためには必要な方法であると考えられる。

　ソウダについての研究を見ると、歴史的な研究より現代語を扱った研究が多く見られる。現代語でソウダを捉える方法は、用法の分類についての研究が多い。まずいわゆる「様態」のソウダについて、これをさらに「予想」のソウダとして捉える細分類が行われている。また、ヨウダとの違いについて考察したものが注目される。田能村忠温（1992）「現代語における予想の「そうだ」の意味について─「ようだ」との対比を含めて」は、ソウダの基本的な意味を捉え、「予想」の用法について、ヨウダとの違いを明らかにするという観点から研究が行われている。この研究をはじめとして、現代語の「様態」のソウダの用法および意味についての研究は、「ようだ」や「らしい」と対比しその用法の差異を明らかにしていくという方向である。「ようだ」や「らしい」との対比については、おもに日本語教育の分野で盛んに見られる研究である。現代語に見られる類似した表現を取り上げ、それらがどのように違うのかを説明することは、日本語教育の分野においては不可欠の課題であると考えられる。こうした課題は現状を解釈することを中心課題とした研究であると言える。

　こうした研究が盛んである状況は以下の論考に見られる。森田富美子（1990）「いわゆる様態の「そうだ」について─用法の分類を中心に」や、大場美穂子（1999）「いわゆる様態の助動詞「そうだ」の意味と用法」のように、様態のソウダの用法について取り上げた研究は多く存する。また、豊田豊子（1998）「「そうだ」の否定形」、菊池康人（2000）「いわゆる様態の「そうだ」の基本的意味─あわせて、その否定各形の意味の差について」、野田

春美(2003)「様態の「そうだ」の否定形の選択傾向」等のように、「なさそうだ」「そうでない」「そうにない」といった多様な形を見せるソウダの否定の形式について、その差異について研究したものも多く見られる。

　このように現代語のソウダの研究は、現代語としての意味・用法を記述することが眼目であるため、それがどのような過程を経て現在に至るのかという視点は持っていない。やはり現在の現象だけで事実を捉えようとすると、ソウダの本質について見落とすことになりかねないのではないだろうか。

　ソウダは史的に見ると、用例が出現する初期である中世後期における状況は、「様態」と「伝聞」との用法が未分化であった。具体的には接続の面で、名詞に「様態」のソウダが下接するような場合が存した。また、活用語の終止・連体形に下接するソウダは「様態」および「伝聞」の両用法を持っていたため、接続からは用法を区別することができず文脈を追って判断する必要があった。しかし時間が経過し近世初期になると、次第に整理されていく。その結果、ソウダは接続により用法を分けることになる。連用形と終止・連体形で、「様態」と「伝聞」との用法が区別されるだけではなく、ソウダはヨウダとの示差性をも明らかにしていくことになる。こうしたソウダの発達過程を考え合わせることにより、ソウダの用法の分類についてもより妥当な方向が明らかになっていくものと考えられる。

　現代語のゲとソウダについてその用法の差異を明らかにしようとしたものに、中村亘(2000)がある。これは、日本語教育の立場から、表現される感情が主体に知覚できるか否かという事態把握の違いという点について注目してゲとソウダの置き換えの可否について述べている。ゲに置き換えられないソウダだけではなく、ソウダに置き換えられないゲについても言及されている。ゲがソウダに追いやられるだけでないのは、ゲの独自の用法が認められるからということになる。

　ソウダの発達を見ると、ソウダはゲが以前担っていた用法を徐々に獲得していくという段階的な発達を遂げている。なぜそのような変化をしたのかという理由を考える際には、やはり結果としての現状からのみで捉えようとするのではなく、どのような経過をたどったのかという史的変遷を見ていくこ

とにより、現状より正確に捉えることができると考えられる。
　本書では以上のような考え方をもとに、以下ゲとソウダについて通時的に観察し、新たな知見を得ることを目的に論考を進めていくことにする。

# 第 1 章　中古の接尾辞ゲの用法

## 1　はじめに

　形容動詞語幹を構成する接尾辞「げ」(以下ゲと表記)は、『日本国語大辞典』によると、「様子の意を表す体言「け」が、上接語と密着して濁音化したもの」と記述されている。
　この接尾辞ゲは中古において発達を見せる。形容動詞語幹を構成する接尾辞には、他に「か」「やか」「らか」(以下カ、ヤカ、ラカと表記)等が考えられるが、これらの中でも、中古ではゲが最も発達したと言える。そこで本章では以下の点に注目しながら考察を進めていくことにする。
① ゲは、どのような語を上接要素として発達し、どのような意味・用法を持ったのか。
② 中古においてゲが発達したのにはどのような理由が考えられるのか。さらに、ゲはカ、ヤカ、ラカとどのような違いが見られるのか。
　本章はゲについて通時的に現代までの姿を捉えていくことを念頭に入れながら、中古での状況について考察する。中古に見られる 20 作品について調査した結果をもとに考察をすすめていくことにする[1]。

## 2　中古のゲの状況

### 2.1　ゲの作品ごとの出現状況

　ここではゲが中古の作品においてどの程度出現しているのかについて見ていく。まず中古の 20 作品において、ゲがどの程度の異なり語数を示すのか表 1 に記す。ここでは比較して見ていくためカ、ヤカ、ラカについても併記する。

表1　中古のゲ、カ、ヤカ、ラカの異なり語数

| 作品 | 竹取 | 伊勢 | 古今 | 土佐 | 大和 | 平中 | 蜻蛉 | 宇津保 | 落窪 | 枕草子 |
|---|---|---|---|---|---|---|---|---|---|---|
| ゲ | 6 | 2 | 1 | 3 | 11 | 2 | 50 | 69 | 40 | 68 |
| カ | 8 | 7 | 7 | 4 | 9 | 8 | 18 | 24 | 17 | 25 |
| ヤカ | 1 | 0 | 0 | 1 | 2 | 1 | 12 | 26 | 12 | 22 |
| ラカ | 1 | 0 | 0 | 1 | 1 | 1 | 5 | 10 | 8 | 28 |
| 作品 | 和泉 | 源氏 | 紫式部 | 栄華 | 堤中 | 浜松 | 更級 | 狭衣 | 大鏡 | 古説 |
| ゲ | 13 | 224 | 22 | 108 | 29 | 55 | 17 | 104 | 26 | 23 |
| カ | 8 | 46 | 15 | 30 | 9 | 28 | 10 | 25 | 15 | 11 |
| ヤカ | 3 | 42 | 16 | 32 | 12 | 19 | 10 | 21 | 12 | 12 |
| ラカ | 0 | 17 | 5 | 7 | 1 | 7 | 2 | 11 | 6 | 1 |

表1から中古のゲについて、およそ次のようなことが看取できる。

まず、カ、ヤカ、ラカと比較すると、これらの接辞よりもゲが盛んに用いられていたということ。また、発達の過程について見ると、中古の初期にはあまり発達していないものの、中期の特に『蜻蛉日記』以降に徐々に異なり語数を増やしていき、『源氏物語』において最も発達していること。また『源氏物語』以降もある程度の勢力を保っていることが観察される。

## 2.2　ゲの上接要素の分類

上記20作品中に見られたゲの異なり語数の総数は357語になる。ここでは、まずこの357語のゲはどのような要素に下接しているのかについて品詞ごとに分類して見ていく。

今回の調査で得られた異なり語数357語のゲを、品詞ごとに分類すると、次の表2のようになる。

ゲの上接要素を見ると、357語中292語(81.8%)が形容詞であり、ゲの主な上接要素は形容詞であることがわかる。形容詞以外については、形容動

表2　ゲの上接要素の分類(中古)

| 品詞 | 形容詞ク活用 | 形容詞シク活用 | 形容動詞 | 動詞連用形 | 名詞 | 助動詞 |
|---|---|---|---|---|---|---|
| 異なり語数 | 167 | 125 | 19 | 23 | 3 | 20 |
| 割合 | 46.8% | 35.0% | 5.3% | 6.4% | 0.8% | 5.6% |

詞、動詞連用形、助動詞にほぼ同じ割合でゲが下接している。現代語では、ゲが動詞に下接する場合には、「あり」にしか下接しないのであるが、中古では「あり」以外にも多様な動詞に下接が見られる点などが注意される。

以下、上接要素と絡めながら、ゲの意味・用法についても考えていくことにする。

## 3　上接要素ごとの用法

### 3.1　形容詞の場合

上記に見たように、ゲのおもな上接要素は形容詞である。それではゲはどのような形容詞に下接しているのだろうか。

まず、ク活用、シク活用の別を見ると、形容詞292語中、ク活用が167語(57.2%)、シク活用が123語(42.8%)という割合になる。ゲは感情形容詞と結び付きやすいという傾向を考えれば、感情を表す語が多く所属するシク活用形容詞の方が多いことが予想されるのだが、実際はク活用形容詞の方が多くなっていることがわかる。

この原因は中古の形容詞全体の構成比率と関係がある。中古の形容詞はク活用形容詞とシク活用形容詞との比率が等しくは無い。村田菜穂子(2005)にもあるように、「ク活用形容詞語数対シク活用形容詞語数＝ほぼ2対1の比率」であるという研究データがあり、もともとク活用形容詞の割合が高く、異なり語数が多かったことがわかる。全体ではシク活用形容詞はク活用形容詞の2分の1程度の比率でありながらも、ゲが下接した場合の異なり語数はそれほど大きな差異になっていない。これは実際にはゲがシク活用形容詞に下接しやすいという性質を示しているためであると考えられる。以下、具体的にゲはどのような形容詞に下接しているのか、見ていくことにする。

#### 3.1.1　ク活用形容詞の場合

##### 3.1.1.1　ゲが優位の場合

今回調査した中で、ク活用形容詞で、原形(ゲの下接しない形)よりもゲの

下接した場合の方が延べ語数の多く見られる場合がある。ゲが下接した場合は派生形であるので、原形よりも延べ語数が少ないことが予想される。しかし実際には、いくつかの形容詞については原形の方が延べ語数が少なくなっている場合がある。これらの場合ではどのような傾向が見られるのだろうか、以下『源氏物語』中の用例を見ていく。

「きたなし」 0語―「きたなげ」 2語
　『源氏物語』においては「きたなげ」や「ものきたなし」は見られるものの、「きたなし」の用例は見られない。

（１）　いと寒げなる女ばら白き衣の言ひ知らず煤けたるに<u>きたなげ</u>なる褶引き結ひつけたる腰つき、かたくなしげなり。　　　　　　　（末摘花）
（２）　上達部の筋にて、仲らひも<u>物きたなき人</u>ならず、徳いかめしうなどあれば　　　　　　　　　　　　　　　　　　　　　　　　　（東屋）

平安和文では、特に人物を評価する際には、「きたなし」による直接表現が避けられたのではないだろうか[2]。その結果、ゲを単独で使用することを避けた場合と、接頭辞「もの」を付けて「なんとなく」という意味合いを付加した場合が見られるものと考えられる。「きたなげ」は、ゲによる直接表現を避ける用法として捉えることができる。

「なめし」 5語―「なめげ」 10語
　また「なめし」と「なめげ」の場合では次のような違いが見られる。

（３）　「上の<u>なめし</u>とおぼさむなむわりなきと、大輔がむすめの語り侍りし」　　　　　　　　　　　　　　　　　　　　　　　　　　（浮舟）

ここでは「大輔がむすめ」という話し手の感情が表現されているのではなく、「上（＝中君）が失礼だとお思いになったら」という意味である。これは、

話題として提出される対象である、主題の感情を表出していると言える[3]。
　また、この場合に見られるように『源氏物語』中の「なめし」は、尊敬語を伴って用いられており、話し手や語り手の感情を表出するのではなく、主題の感情の表現として用いられている。
　これに対して以下の例のようにゲが下接した場合には、話し手や語り手の感情表現についても用いられることがわかる。

（４）「なめげなることを聞こえさする山がつなども侍らましかばいかならまし」
　　　　　　　　　　　　　　　　　　　　　　　　　　　　　　（浮舟）

これは「無礼な振る舞いをしでかす山賊などが」と話者自身の感情について用いられている。また、次のような場合も見られる。

（５）…と書きすさびゐたる、いとなめげなるしりう事なりかし。
　　　　　　　　　　　　　　　　　　　　　　　　　　　　（若菜　下）

これは、和歌の直後に書かれた、語り手の和歌に対する批評の部分である。
　つまり、ゲの有無によって感情の持ち主に違いが見られることになる。形容詞原形「なめし」は、主題の感情表出に用いられる。ゲが下接した「なめげ」は話し手や語り手の感情が感想として述べられる。それが結果的に朧化表現として用いられるようになっている。
　これら以外にも『源氏物語』中で、ゲの下接した場合の方が多い語には、次のような場合が見られる。

「きよし」　７語―「きよげ」　62語　「ものきよし」　２語―「ものきよげ」17語
「らうたし」　75語―「らうたげ」　98語
　「きたなし」や「なめし」のようなマイナス評価を表す語ではないが、いずれも人物について評価や感情を表現する語である。そうした表現内容が直

接表現には馴染みにくかったため、ゲを下接した形の方が多用されたのではないかと考えられる。

これらのことから、本章でゲの用法を定義すれば、「話し手や語り手の感情や評価を感想や意見として述べる際に用いられる」という用法が認められる[4]。「話し手や語り手の感情や評価」をする際には、主観が伴う。あまり主観に傾き過ぎるのを避ける用法として、ゲによる表現が、直接的な言い方を避け、間接的な表現として効果的に用いられたのではないだろうか。

### 3.1.1.2　語構成からみたク活用形容詞の考察

一般に、ク活用形容詞は状態性を表す場合が多いと考えられる。しかし以下のような語構成である場合には、ク活用形容詞であっても情意を表す場合も多いものと考えられる。

① 「こころ」「ここち」＋ク活用形容詞

今回の調査では、以下の18語が挙げられる。

　　ここちなげ　ここちよげ　こころ浅げ　こころ憂げ　こころすごげ　こころせばげ　こころ付きなげ　こころ強げ　こころとげ　こころなげ　こころにくげ　こころ深げ　こころ細げ　こころもとなげ　こころ安げ　こころよげ　こころ弱げ　こころおさなげ

これらのように「こころ」を上部要素とした場合は、例えば「こころあさし」を見ると、「①思慮が浅い。考えが浅はかである。②愛情が浅い。熱心でない。薄情である。」(『日本国語大辞典』)とあり、「情意性」が認められる。こうした語構成はク活用形容詞を、情意性を帯びた形容詞に変える方法であると考えられる。

② 「～にくし」および「～がたし」による複合形容詞

また次に挙げるように「～にくし」「～がたし」にゲが下接した場合も多く見られる。

「～にくげ」　10語

あなづりにくげ　うちとけにくげ　おはしましにくげ　聞こえ伝へにくげ　聞こえにくげ　さぶらひにくげ　ならびにくげ　ふれにくげ　まじらひにくげ　みえにくげ

「〜がたげ」　20語

おきがたげ　思い入りがたげ　およびがたげ　書き続けがたげ　語らひがたげ　聞きすぐしがたげ　暮らしがたげ　忍びがたげ　すぐしがたげ　捨てがたげ　頼みがたげ　堪えがたげ　とどめがたげ　なぐさめがたげ　なしがたげ　憎みがたげ　侍りがたげ　みすぐしがたげ　見わきがたげ　許しがたげ

別稿(1999)に見たように、中古における「〜にくし」は「精神的に不可能」な意味を表す場合が多く、「〜がたし」は「能力的に不可能」な意味を表す場合も見られるが、「精神的に不可能」な意味を表す場合も見られる。この「精神的に不可能」な意味は、「情意表現」に関わっていると考えられる。すなわち「〜にくし」「〜がたし」はク活用の形をとるが、情意表現と意味的な関連が強い場合が多いものと考えられる。

③　「〜なげ」による複合形容詞

さらに「〜なげ」も多く見られる。今回の調査では以下の29語が挙げられる。

愛敬なげ　あうなげ　いたわりなげ　いとまなげ　いふかひなげ　疑ひなげ　置き所なげ　覚束なげ　おもふことなげ　甲斐なげ　興なげ　くまなげ　心地なげ　心なげ　しるしなげ　ずちなげ　すべなげ　類なげ　たづきなげ　頼りなげ　つきなげ　情けなげ　何心もなげ　残りなげ　びんなげ　本意なげ　物思ひなげ　よりどころなげ　わりなげ

まず、「〜なげ」は、ゲにとって構造的に必要とされた語形であると考えられる。それは中古では、ゲを直接的に否定表現で表す形式を持たない場合が認められるからである。これは、例えば「〜ありげ」の場合のように「〜げならず」によって表現できない場合が見られる。そうした際にこれを補う否定の表現として、「〜なげ」は必要とされる形であったものと考えられる。

また、「〜なげ」による表現は、「なし」に上接する要素について、「〜の要素がありそうに感じられない、〜がある様には見えない」という意味を表す。そこには「あっても良さそうなのに」という感情が言外に存している。そのことによって引き起こされる「不足感」や「満たされない思い」に、間接的に情意が表現されることになるのではないだろうか。例えば、次のような場合である。

（６）　大将殿も常にとぶらひきこえ給へど、まさる方のいたうわづらひ給へば、御心の暇なげなり。　　　　　　　　　　　　　　（源氏物語　葵）

『日本国語大辞典』の「いとまなげ」の意味記述を見ると、「いかにもひまのないこと。忙しそうな様子」とあるのみだが、「心の休まるひまがあっても良さそうなのに」という意が加わり、ここでの実際の意味は、「心の休まる間もなく、気の毒である」と言った意味に解されるものと思われる。
　以上に挙げた場合を見ても、ク活用形容詞が「情意」を表さないということではない。ク活用形容詞であっても、「属性」ではなく「情意」の表現に用いられる場合が多く見られることがわかる。中古のゲに上接する形容詞に、ク活用形容詞が多い理由はこうしたことが原因と考えられる。

④　属性形容詞にゲが下接した場合
　ここでは上記に挙げた場合のように、第一義的には属性を表す形容詞にゲが下接した場合について見る。ク活用形容詞は、用法によっては情意性を帯びている場合も見られる。以下用例を見ていく。

（７）　とばかりなげき給へるけしき、いと残りおほげなり。
　　　　　　　　　　　　　　　　　　　　　　　　（浜松中納言物語　巻の二）

この例は「まだ（言いたいことを）言い残していることが大変多いような様子である」という意味である。そこには「気の毒だ」といった情意が感じられ

る。

（8）　<u>たぐひ少なげ</u>なる朝けの御姿をみをくりて　　　　（源氏物語　総角）

用例(8)の「たぐい少なげ」は、「めったにない（すばらしい）様子の」という意味になっている。
　ゲの用法を見ると、これらのように直前の語句に係り一語化する用法が多い。こうした場合では、ゲの係る部分まで見れば単に属性の表現ではないということがわかる。

（9）　身づからは萎えたる御衣ども、うちとけたる御姿、いとど細う<u>かよはげ</u>なり。　　　　　　　　　　　　　　　　　　（源氏物語　真木柱）

これら属性を表す形容詞は言外に情意の込められた表現であると思われる。それが話し手や語り手の意見や感想として述べられている。ゲの下接しない場合とは、次の様な違いが見られる。

（10）　我が身はかよはく、物はかなきありさまにて　　　（源氏物語　桐壺）

「かよはし」の例を見ると、「わが身」についての表現であり、主題の属性について自ら述べた表現であることがわかる。これはすなわち、属性形容詞を上接要素にする際には、ゲは、その下接の有無によって主体についての表現か、感想としての表現か、という区別が可能になるということになる。
　以上、ク活用形容詞にゲが下接し情意を表す場合について見たが、例外的に次の「うまげ」のような場合も見られる。

（11）　ようたての森に車とどめて、破子などものす。みな人の口むまげなり。　　　　　　　　　　　　　　　　　　　（蜻蛉日記　中　天禄二年）

ここに見られる、「むまげ」については以下の点で注目される。これも語り手による感想を述べた表現になっている。「うまげ」は中古ではこの『蜻蛉日記』に1例、また次章で取り上げる『今昔物語集』に2例見られるだけで、調査範囲内ではこれらの用例以外には近現代でも見られない。さらに近代以降の場合を見ても、「甘い」や「辛い」といった味覚表現には、ゲが下接しにくい傾向が見られる。しかし、この時代には、「むまげ」の場合のみであるものの、味覚を表す語にゲが下接する場合が見られることになる。これは語の機能分担が細分化した近代以降よりも、中古ではゲはやや広い範囲に用いられていたことを示すのではないかと考えられる。中古でのゲが発達する時期には、動詞連用形や名詞にも下接する場合が見られる。発達の過程ではこうした、主な用法からやや外れた場合も見られるということになる。

### 3.1.2　シク活用形容詞の場合

今回の調査範囲には、シク活用形容詞は異なり語数で364語得られた。このなかでゲを下接している場合が見られる形容詞は125語(34.3%)になっている。シク活用形容詞の中で、ゲが下接する場合としない場合に何か違いが見られるのだろうか。ここでゲを下接していないシク活用形容詞に注目すると、次のような傾向が見られる。

① 何らかの意味傾向を持ったいくつかの要素が結合してできた形容詞である。
② 単純形容詞の場合はゲの下接しない何らかの理由が考えられる。

以下、この二つの場合について例を挙げながら見ていく。

#### 3.1.2.1　複合形容詞の場合

まず、「〜がまし」「〜めかし」「〜ばまし」が下接してできた複合形容詞にはゲは下接しにくいという傾向が見られる。今回の調査で「〜がまし」形の形容詞は23例見られるが、うち21例(91.3%)までゲが下接しない。ゲが下接するのは、「はぢがまし」、「をこがまし」の例外的な2語である。

最初に「〜がまし」について見る。例えば「をこがましげ」について見る

と『源氏物語』に延べ2例見られるが、ゲの下接しない「をこがまし」は延べ44語見られ、ゲが下接した方が極端に少ない。「〜がまし」の意味について『古語大辞典』(小学館)の記述には、「あたかも…のようだ。いかにも…めいている。…らしい。…に似ている。…の傾向がある」とある。このように「〜がまし」には、ゲの持つ意味と重なる部分がある。そのためゲが下接した場合がほとんど見られないのではないだろうか。次の、「すきがまし」の場合でも同様に考えられる。

(12)　右のおとどのいたはりかしづき給ふ住みかはこの君もいとものうくしうて、すきがましきあだ人なり。　　　　　　　（源氏物語　帚木）

これは語り手が、この君（頭中将）を「好き者らしい浮気な男だ」と評価した部分である。ここにさらにゲを下接させる必要はないものと考えられる。ゲと意味の上で共通性がある形容詞には、ゲが下接しにくいということになるのではないだろうか。次の「〜ばまし」の場合も同様に考えられる。
　「〜ばまし」は、「あざればまし」「けしきばまし」の2語見られるが、いずれの場合もゲの下接した形は見られない。「〜ばまし」のもとになった接尾辞「ばむ」には「そのような性質をすこしそなえてくる。また、そのような状態に近づいてくる」(『日本国語大辞典』)という意味がある。こうした意味とゲの意味とに共通性が感じられ、さらにゲを下接させ重複させる必要が生じなかったものと考えられる。言い換えれば、「〜がまし」や「〜ばまし」によっても、話し手や語り手の意見や感想を述べることができ、これがゲの用法と共通していると見ることができる。
　また、「〜めかし」の場合は別の事情が考えられる。「〜めかし」は動詞との対応関係からゲの下接の有無について考えることができる。今回の調査では、形容詞「〜めかし」による造語は11例見られるが、そのうち8例(72.7%)でゲが下接した例が見られない。ゲが下接しているのは「いまめかしげ」「いろめかしげ」「なまめかしげ」の3例である。これについて、ゲ、メク型自動詞、メカス型他動詞形がどのように分布しているのかについて見

表3　メク型動詞とメカシ、メカシゲ、メカスとの対応

| メク | 今 | 色 | 生 | 子 | 古 | おぼ | こほ | 上手 | 人 | わざと | × |
|---|---|---|---|---|---|---|---|---|---|---|---|
| メカシ | ○ | ○ | ○ | ○ | ○ | ○ | ○ | ○ | ○ | ○ | こま |
| メカシゲ | ○ | ○ | ○ | △ | △ | × | × | × | × | × | × |
| メカス | × | × | × | × | × | ○ | ○ | ○ | ○ | × | × |

　＊　△印は中世以降に用例がある場合

ると表3のようになる。

　この分布を見ると、メク型自動詞、メカス型他動詞とゲとの間の対応関係を見ることができる。すなわち、ゲが下接している場合は、メカス型他動詞が見られない。逆にメカス型他動詞が見られる場合には、ゲが見られないということになる。すなわちこれは、ゲはメク型自動詞に対して、メカス型他動詞が存在している際にはゲは必要ないが、存在していない場合には、ゲがその用法を補う機能があることを示しているのではないだろうか[5]。以下、用例を見ていく。

(13)　五節など言ひて、世中そこはかとなくいまめかしげなるころ、大将殿の君たち、童殿上し給へる、いてまいり給へり。　　　（源氏物語　幻）

これは直訳調に訳せば、「世の中が花やいだ感じをさせている時分に」ということになる。自己の意思からはなく、世間がそのような感じを持たせているというのがもともとの意味ではないだろうか。

　また、「わざとめかしい」の場合では、他動詞形もゲも見られないのは、「わざとがましい」（いかにも意識的であるの意）が存在しているため、これがその機能を持っているのではないかと考えられる。

　次に、重複形容詞の場合について見る。今回得られた364語の中には、重複形容詞が異なり語数で79語見られるが、このうちゲが下接しているのは次に挙げる16語（20.3%）のみである。

　　あらあらしげ　うひうひしげ　おどろおどろしげ　かけかけしげ　かど
　　かどしげ　けんげんしげ　ことごとしげ　さうざうしげ　たいだいしげ

たどたどしげ　つきづきしげ　なれなれしげ　はればれしげ　ほれぼれ
　　　しげ　ゆゑゆゑしげ　らうらうじげ
　これは、重複形容詞はその成立段階からいずれも「いかにも〜だ」という
意味を備えていると考えられる。そのため、ゲに類似した意味を持つと言え
る。したがって、ゲの下接した形が少ないのは、ゲが重複形容詞に下接しに
くいことを意味するのではない。この時代においてはゲと重複形との間に意
味的に重なる部分が意識されたため、あえてゲを下接させる必要がなかった
ものであると考えることができる。

### 3.1.2.2　単純形容詞の場合

　シク活用形容詞の中で、ゲが下接しない単純形容詞は、今回の調査で延べ
語数で30語見られた。これらの中には、上代の文献から見られる語や訓点
資料に用例が求められる語である場合がほとんどになっている。以下語例を
挙げていく。
・上代に用例が見られる場合
　　　いかし　いさをし　いそし　いぶかし　おなじ　おもほし　かぐはし　け
　　　し　さがし　したし＊　たたはし　ひさし　ひとし
　　（＊は一字一音表記のない場合）
・訓点語に用例が見られる場合
　　　いまだし　おぞまし　きびし　ただし　はげし　まさし
・上代にも訓点語にも見られる場合
　　　いたはし　いつくし　くすし　くはし　たのし　ともし　まづし　むなし
・いずれにも用例が見られない場合
　　　いかめし　いとし　おだし
　以上の例から、シク活用の単純形容詞でゲが下接した場合が見られない語
は、そのほとんどが上代語や訓点語に用例の見られる語であることがわか
る。なぜこれらにゲが下接しなかったのかという理由については、以下のよ
うに考えることができる。ゲは和文の世界で発達した接尾辞である。そのた
め、上代語や訓点語といった和文以外の雰囲気を持った語には、ゲの下接に

制限があったと考えられる。しかし、これらの語には時代が下るとゲが下接する場合が見られる語も多くなる。時代とともにこうした制限も忘れられていったのではないだろうか。

### 3.1.3.1　ヤカ・ラカとの比較

　形容動詞語幹を構成する接尾辞には、ゲ以外にもヤカやラカがあるが、これらの接尾辞にも形容詞に下接する場合が見られる。それではゲに上接する形容詞とヤカ・ラカに上接する形容詞にはどのような違いが見られるのだろうか。今回の調査でヤカに上接する形容詞の異なり語数は13語、ラカに上接する形容詞は異なり語数は16語で見られた。それぞれ語例を挙げると以下のようになる。

ヤカ…あをやか、たかやか、ちかやか、ちひさやか、ながやか○、なごやか、はしたなやか○、細やか、短やか、みにくやか○、よろしやか○、若やか、をかしやか○

ラカ…厚らか、荒らか○、重らか○、軽らか○、かろらか○、黒らか、こはらか、白らか、たからか、にくらか○、ぬるらか、ひろらか、まろらか、やすらか○、ゆるらか、わからか

　以上から次の2点について考察を進める。まず、ヤカ・ラカに上接する形容詞を見ると○を付した語のように、ゲも下接した場合が見られ、これらはゲとヤカ・ラカとの意味・用法の違いについて注目される。

　また、「あをやか」「たかやか」のように、ゲと共通していない場合は、色彩や形状の形容について用いられる語が多く見られる。これらはあまり主観的判断が重視された表現ではないため、主題にも話し手や語り手にも共通の認識を持ちやすいのではないだろうか。そういう領域においては、感想として述べられるゲは下接の必要がなかったものと考えられる。ゲが下接しない部分については、ヤカ・ラカが下接した場合が見られるのではないかと考えられる。

### 3.1.3.2　上接形容詞が共通する場合について

　ゲとヤカの上接形容詞が共通する場合は次の六つのケースである。全体的な傾向として、ゲが用いられる場合は「(心理的に)そう感じられる」という表現であり、これは推量や予測の意味を帯びる。ヤカ・ラカは「動作や実態の評価」についての表現になっていて推量ではなく取り上げた題材についての事実の描写として用いられる。以下、用例を見ながら考察を行うことにする。

ながげ―ながやか

　「ながげ」は『宇津保物語』に1例、『落窪物語』に2例で延べ3例であるのに対し、「ながやか」は『宇津保物語』1例、『枕草子』4例、『源氏物語』2例、『浜松中納言物語』『更級日記』『狭衣物語』『大鏡』に各1例、延べ11例見られる。

(14)　「御心はいとながげになむ見奉り、の給はする」　　　(落窪物語　巻一)

この例で「ながげ」は「少将の心が気長なようだ」と、主題の心の性質を「長い」と判断される様子が話し手の感想として述べられている。

(15)　「さて、いと長げにはなどか。いつのほどにかはみじかさもみえたまはん」　　　(落窪物語　巻一)

『日本古典文学大系』頭注には「さて、(少将の御心が)大そう長つづきしそうには。どうして見えるのですか」とある。時間の「長さ」についての表現であるが、心理的な「長さ」の表現である。主題の気持ちが「長く続く(とは思えない)」と話し手が推測した表現になっている。

(16)　「何事ぞ」と問ふに、「なほかく思ひ侍りしなり」とてながやかによみ出づ。　　　(枕草子　職の御曹子におはします頃)

同じ時間についての表現であるが、これは「いかにも長々と」詠じ出したという意味で、実際に詠まれた時間が心理的に長く感じるという表現である。ヤカによる表現は、ゲによる感想や推測による表現ではなく、事実の描写として用いられているのではないだろうか。次の場合も同様に考えられる。

(17) うちながめて寄りゐ給へる袖の、重なりながら<u>長やか</u>に出でたりけるが、　　　　　　　　　　　　　　　　　　　　（源氏物語　東屋）

この場合「ながやか」は、具体的な事物の長さについて強調した表現で、「いかにも長い、長々とした様」の意で用いられている。

はしたなげ―はしたなやか

　「はしたなげ」は『蜻蛉日記』『宇津保物語』『落窪物語』に各１例、『源氏物語』に５例『栄華物語』に３例の延べ11例見られるが、「はしたなやか」は『源氏物語』に１例見られるのみである。

(18) ふみ、物すれど返りごともなく、<u>はしたなげ</u>にのみあめれば　　　　　　　　　　　　　　　　　　　　　　　（蜻蛉日記　中　天禄元年）

「はしたなげ」は助動詞「めり」が「あり」と融合した「あめり」とともに用いられている。「めり」は「〜のように見える、のように思われる」という推量の助動詞である。「はしたなげ」の例は、推量の助動詞とともに用いられている場合が４例見られる。推量の助動詞と共起することは「はしたなげ」が、話し手（書き手）や語り手の感想として述べられていることと相関しているものと考えられる。次に「はしたなやか」の場合を見る。

(19) 隣のことはえ聞き侍らず」など、<u>はしたなやか</u>に聞こゆれば　　　　　　　　　　　　　　　　　　　　　　　　（源氏物語　夕顔）

「はしたなやか」は『新日本古典文学大系』頭注には「無愛想に。とりつくしまがないように」とある。主題の具体的な行為(事実)についての描写であり、強調表現の一種と考えられ、意見や感想としてのゲによる表現とは異なっている。

みじかげ―みじかやか
　「みじかげ」は『源氏物語』に１例、「みじかやか」は『栄華物語』に１例見られるのみである。

(20)　行末みじかげなる親ばかりを頼もしき物にて　　　　（源氏物語　明石）

これは親の将来について短いであろうことを表現している。「短そうな」と予測した表現になっている。

(21)　仏の御うしろには、御格子をみじかやかにし渡して（栄華物語　鳥の舞）

これは格子の具体的な物の長さが「いかにも短く」と見た目を強調した表現であり、ゲによる推測とは異なり、「短い」という事実を描写している。

みにくげ―みにくやか
　「みにくげ」は『宇津保物語』に１例、「みにくやか」は『源氏物語』に１例見られるのみである。

(22)　いさや、まだきより、いとみにくげなれば　　（宇津保物語　国譲　上）
(23)　親もいと恋しく、例は事に思ひ出でぬはらからのみにくやかなるも恋し。
　　　　　　　　　　　　　　　　　　　　　　　　　　　（源氏物語　浮舟）

「みにくげ」は語り手の感想として表現されているが、「みにくやか」は具体的な人物を特定した表現である。『新日本古典文学体系』頭注には「異父母

弟妹たちで、みっともない者も」とある。何人かのなかで「いかにもみにくい」人物を抽出した表現である。いずれも「みにくい」様子の評価ではあるが、ゲの方は感想を差し挟んだ間接的表現であると言える。

よろしげ―よろしやか
　「よろしげ」は『源氏物語』に３例、「よろしやか」は『浜松中納言物語』に１例見られる。

（24）　猶かうやうに<u>よろしげ</u>に聞こえなされよ」とはぢらひたるものから

(源氏物語　総角)

　このように「よろしげ」は「悪くないように見える様子で」という意味で、話し手の考えが、朧化された表現になっている。

（25）　<u>よろしやか</u>なる御さまならば、かかる山の末に、鳥獣の中にまじり給へるも、あたらしき思はよろしゅうやあらまし」

(浜松中納言物語　巻の三)

これは現在の様子がまずまずであるという、話し手による実態の評価になっている。

をかしげ―をかしやか
　「をかしげ」は『源氏物語』に111例見られるなど、延べ358例見られる。「をかしやか」は『源氏物語』に７例見られる。

（26）　御手もこまやかに<u>をかしげ</u>ならねど書きさまゆゑゆゑしく見ゆ。

(源氏物語　浮舟)

（27）　院は見ぐるしきことにおぼしの給へど、<u>をかしやか</u>に、けしきばめる御文のあらばこそ、とかくも聞こえ返さめ。　　(源氏物語　少女)

ゲの場合は「見ゆ」と同時に用いられていることからも感想を述べる表現であることがわかる。ヤカは「いかにも〜だ」という「典型」としての描写である。

　ゲとラカの上接要素が共通する場合は次の六つのケースである。

荒げ―荒らか
　「あらげ」は『土左日記』に1例、「あららか」は『落窪物語』に2例、『源氏物語』に12例等延べ25例見られる。

(28)　けふうみあらげにて、いそにゆきふり、なみの花さけり。
　　　　　　　　　　　　　　　　　　　　（土左日記　承平五年一月二二日）
(29)　文してつげたれば、かへりごといとあららかにてあり。
　　　　　　　　　　　　　　　　　　　　（蜻蛉日記　下　天延二年）

「あらげ」は波の様子を形容している。この場合「あららか」でも良さそうであるが、『土左日記』の日記としての表現の特性だろうか、ここでは書き手の感想のような形で「あらげ」が用いられている。「あららか」については実際に届いた「返事がとても粗略だった様子」を意味している。

重げ―重らか
　「重げ」は『枕草子』に1例、『源氏物語』に1例、『狭衣物語』に4例、「おもらか」は『狭衣物語』に1例見られる。

(30)　ただむむとうち笑ひて、いと口をもげなるもいとほしければ、いで給ひぬ。
　　　　　　　　　　　　　　　　　　　　（源氏物語　末摘花）
(31)　さはいへど、重らかならぬならひの、立ち走りやすげなるにてこそは。
　　　　　　　　　　　　　　　　　　　　（狭衣物語　巻三）

「重げ」の場合は、ゲに多く見られる直前の語に係る用法である。「口が重そうに」という意味である。やはり感想を述べた表現になっている。
　「重らか」は実際にある習慣についての評価である。「重々しくない振る舞いの習慣で」という意味である。

かるげ―かるらか
　「かるげ」は『蜻蛉日記』に1例、『枕草子』に1例、「かるらか」は『枕草子』に1例、『源氏物語』に13例、『浜松中納言物語』に1例、『狭衣物語』に1例見られる。

(32)　蝉の羽よりもかるげなる直衣・指貫、生絹のひとへなどきたるも
　　　　　　　　　　　　　　　　　　　　　　　（枕草子　説教の講師は）
(33)　あまがは張りたる車さしよせ、をのこどもかるらかにてもたげたれば
　　　　　　　　　　　　　　　　　　　　　　　（蜻蛉日記　中　天禄二年）
(34)　かるらかならぬ人の御ほどを、心ぐるしとぞおぼしける。
　　　　　　　　　　　　　　　　　　　　　　　（源氏物語　末摘花）

「かるげ」は「見た目に軽そうである」という意味で推測が含まれている。「かるらか」の場合、用例(33)は実際の行為について表現である。用例(34)は身分の軽重についての表現で、「あまり重々しくない」という意味である。典型的であるという意味で、推測で述べられるものではないためラカが用いられていると考えられる。

かろげ―かろらか
　「かろげ」は『源氏物語』に2例、「かろらか」は『源氏物語』に15例見られる。

(35)　をこなひをし給ひ、よろづに罪かろげなりし御ありさまながら
　　　　　　　　　　　　　　　　　　　　　　　（源氏物語　朝顔）

(36)　若君をばいと<u>かろらか</u>にかき抱きておろし給ふ。　　　（源氏物語　若紫）
(37)　村雨の紛れにてえ知り給はぬままに、<u>軽らか</u>にふと這ひ入り給て、

（源氏物語　賢木）

「かろげ」の2例はいづれも「罪かろげ」の形で用いられる「予想」の用法である。それに対して「かろらか」は、動作や行為が「いかにも〜だ」という意味で「典型」としての描写に用いられている。

にくげ—にくらか

　「にくげ」は『土左日記』に1例、『大和物語』に3例、『源氏物語』に15例等、延べ49例見られる。「にくらか」は『源氏物語』に1例見られる。

(38)　家の人の出で入り、<u>にくげ</u>ならず、ゐややかなり。

（土左日記　承平五年二月一五日）
(39)　この御気色も、<u>にくげ</u>にふすべ恨みなどし給はば

（源氏物語　真木柱）
(40)　御かたの御心おきての、らうらうしく、け高く、おほどかなる物の、さるべきかたには卑下して、<u>にくらか</u>にも、うけばらぬなどをほめぬ人なし。　　　　　　　　　　　　　　　　（源氏物語　若菜　上）

　(40)について『新日本古典文学体系』頭注には、「しかるべき時には人に譲って出しゃばったりしないことなどを」とある。憎悪の感を与えないようにという意で用いられている。「にくらか」は感想や推測ではなく動作の描写である。「にくげ」は体裁や容姿がよくない場合にも、憎悪の心情を表す場合にも用いられている。これは話し手や語り手の感想を述べるゲの用法に合致する。それに対して「にくらか」は感想ではなく、事実（様子）の描写として用いられているものと考えられる。

やすげ—やすらか

「やすげ」は『枕草子』に3例、『源氏物語』に2例、『栄華物語』に1例見られる。「やすらか」は『宇津保物語』に3例、『落窪物語』に2例、『源氏物語』に10例等、延べ35例見られる。

(41) 何事も人にもどきあつかはれぬきははやすげなり。　（源氏物語　賢木）

『新日本古典文学体系』頭注には、「人からとかく非難されない身分の者は気楽なもの」とある。やはり語り手の感想としての記述されている。

(42) 唐衣こき垂れたるほどなど、馴れやすらかなるを見るも
　　　　　　　　　　　　　　　（枕草子　宮にはじめてまゐりたるころ）

「やすらか」は取り上げた題材について、「心安らかにゆったりとしている」事実(様子)を表現したものである。
　以上、ヤカ・ラカと共通する場合について見た。その結果、ゲは感想として述べられるため、推測を含んだ表現になり「そのように見える」「そう感じられる」という意味として用いられている。ヤカ・ラカは感想ではなく、具体的な事実を「いかにも〜なように」という「典型」として描写した場合に用いられていると考えられる。

### 3.1.3.3　上接形容詞が共通しない場合について

　ヤカ、ラカが形容詞に下接する場合で、ゲと上接形容詞が共通しない場合は、ヤカの場合は7語、ラカの場合は10語になる。これらの場合では、ゲが下接しにくい場合にヤカ・ラカが下接していると考えられる。具体的には次の語になる。
ヤカは下接するがゲは下接しない形容詞
　　あをし　たかし　近し　小さし　なごし　細し　若し
ラカは下接するがゲは下接しない形容詞
　　厚し　黒し　こはし　白し　高し　ぬるし　ひろし　まろし　ゆるし　わ

これらの形容詞には、ゲが下接しにくい性質を持つということになる。それでは、その性質とはどのようなものだろうか。ここに挙げられた形容詞はいずれも「状態」を表す形容詞である。なかでも「青」「黒」「白」といった色彩や形状を表している場合が多く見られる。これらには時代が下ってもゲは下接しておらず、形容詞の中にはゲが下接しにくい意味領域があると考えられる。

これらにはなぜゲが下接しないのだろうか。ここまで、ゲには話し手や語り手の感想や意見を述べる用法があると考えてきた。とすると、これらの形容詞は心情を表す形容詞とは異なり、より客観性を帯びた意味を持つため、感想として述べられるにはふさわしくない意味があるということではないだろうか。

ゲが下接しにくい意味領域については、ゲに代わってヤカ・ラカの下接が見られる。これは、ヤカ・ラカによる「典型」としての描写は可能であるということになる。

さらに、対義的な形容詞が存する場合にはゲが下接しないか、下接しにくいという傾向が見られる。以下のような場合である。

・「高」「低」にはゲは下接しないが、「たかやか」「ひきやか」「ひきらか」は見られる。
・「遠」「近」については、「とほげ」が『源氏物語』に1例見られるのみである。接頭語「け」を付した「けどほげ」は見られる。
・「深」「浅」については、「深げ」は『源氏物語』に2例見られるが、「浅げ」は見られない。しかし「こころ」の下接した「こころふかげ」「心あさげ」は見られる。
・「多」「少」については「おほげ」が『浜松中納言物語』に1例見られるのみである。しかし「のこりおほげ」「のこりすくなげ」が『源氏物語』に各1例見られる。
・「大」「小」については「小さげ」は見られないものの、「小さやか」は見

られる。形容詞ではないが、「大きげ」は見られないが、「大きやか」や「大きらか」は見られる。

以上からこれらの傾向を考えると、どちらかの極に意味が偏るような感覚を表す形容詞には、ゲが下接しにくいという性質があるということではないだろうか。
　ゲは話し手や語り手の感想を述べる際に用いられる接尾辞であった。そのため、これらのような情意ではなく、感覚を明確に表す意味を持った形容詞には、直接は下接しにくかったのではないだろうか。これらの語にも、例えば「けどほげ」「こころあさげ」のように接頭辞的な要素を伴い上接要素に情意性を付加すれば、ゲの下接は可能になる。これらにヤカ・ラカが下接するのは、やはり「典型」として描写する用法であると考えられる。

### 3.2　形容動詞の場合

中古においてゲに上接している形容動詞は、次の18語である。
　　あたたか　あはれ　あやにく　うたて　うちつけ　えん　おほやう　おぼろ　こころのどか　ことのほか　じぶしぶ　しふね　すずろ　つれづれ　なまにく　のどか　はるか　ものあはれ

これらの形容動詞は心情表現に関わる場合が多いと考えられるが、全てが心情表現という訳ではない。例えば次の「あたたかげ」について見る。ゲに上接している「あたたか」は以下に見るように気温についての表現ではない。

(43)　これは大ふくとくにおはしなん。あたたかげにつきておはします。

（宇津保物語　俊蔭）

(44)　松の雪のみ暖かげに降りつめる、山里の心地してものあはれなるを

（源氏物語　末摘花）

まず、(43)の例は「肉付きがよく丸々としている様子」についての表現であり、(43)の例は「雪のふんわりした様」についての表現である。望月郁子

(1966)には「見た目アタタカと見えるものを源氏物語ではアタタカゲといっている」との記述がある[6]。『新日本古典文学大系』には「ふんわり綿を着ているような感じをいう」とある。これらの場合の「あたたか」は感覚を表す語にゲが下接している訳ではない。話し手や語り手が「あたたかな感じを受けた」という感想を述べていることになる。
　つぎに「はるかげ」について「はるか」と比較しながら見る。

(45)　ただ今はこの殿こそ行末遙げなる御有様に頼しう見させ給めれ。
(栄華物語　巻三)

(46)　「船岡の松の緑も色濃く行末はるかにめでたかりしことぞや」と語り続くるを聞くも、今はおかしうぞ。
(栄華物語　巻一)

どちらも「行末」についての表現である。「はるかげ」の場合は下に助動詞「めり」が後接している。このことから「はるか」の場合よりも「はるかげ」の方が、推測の意味合いを含んだ表現になっていることがわかる。
　形容動詞に下接するゲは、形容詞に比べて少なくなっていると言える。それぞれの延べ語数を見ても、「あはれげ」が43語見られるが、これ以外ではあまり多く見られない。この理由としては、中古の形容動詞はゲ以外の接尾辞「か」「やか」「らか」「がち」「がほ」が、下接している場合が多く見られ、これらの下接が優先されたということではないだろうか。

### 3.3　動詞の場合

中古においてゲに上接している動詞は次の22語である。
　　あり　いり　おはし　おもひ　思ひ知り　聞き　きこしめし　ここちゆき
　　こころゆるび　さり　しろしめし　知り　ただよはし　なごりあり　なり
　　のこりあり　はなち　ものいり　ものおもはし　ゆづり　らうあり　をり
　これらを見ると「〜あり」が3語含まれている。「〜ありげ」は、現代語にまで受け継がれている用法である。動詞の種類を見ると、「あり」以外でも「おはす」等のように動作動詞ではなく、状態動詞である場合が多い。ま

ず、「ありげ」の用法について見る。

(47)　いとかく思ひたまへましかば」と息も絶えつつ聞えまほしげなること
　　　はありげなれど、いと苦しげにたゆげなれば　　　　（源氏物語　桐壺）

語り手が桐壺の更衣の様子を描写した部分である。ここで取り上げた部分にはゲが下接した場合が4例見られるが、いずれの場合も話題の中心である桐壺の更衣の心情や状況を語り手が推測した表現になっている。

(48)　又いたづらに暇ありげなる博士ども召し集めて、文作り韻塞などやう
　　　のすさびわざどもをもしなど　　　　　　　　　　（源氏物語　賢木）

用例(48)について『新日本古典文学大系』には、「世に用いられず暇のありそうな博士たち」との注がある。ここでは「暇ある博士」という直接表現はふさわしくない部分である。ゲを下接させて、話し手や語り手の感想という描写方法にしたことによって、直接的な表現にはならず、間接的な表現として描写されたことになる。
　中古の和文では、他の事柄からも間接的表現が使用されたことが指摘できる。それは、代用になる動詞を用いて、本来使用されるはずの直接的な意味を持った動詞の使用を避けた場合がある。例えば次のような場合である。
　まず、「参る」「奉る」は、例えば「お湯まゐれ（召シアガレ）」「御車に奉る程（オ乗リニナル時分）」などのように、直接表現が取られない場合が見られる。
　また、動詞「物す」に「給ふ」の下接した「物し給ふ」は、「す」「行く」「来」「居り」「あり」等に代わる敬語表現として多様に用いられた。
　こうした事例からも、中古和文にはこのような間接的表現が使用される傾向を伺うことができる。この傾向はゲが持つ用法と結果的に合致したため、このような形で多用されているものと考えられる。
　また、「あり」以外の動詞に下接した場合について見る。

（49）　もぬけたる虫の殻などのやうに、まだいとただよはしげにおはす。

（源氏物語　若菜　下）

用例(49)は、病後でまだふらついている様子を表現した語である。発話時の状態が「ふらついて見える」という表現である。発話時点で観察できる主体の様子について「そのように見える」と表現した用法になっている。

## 3.4　助動詞の場合

　中古においてゲに上接している助動詞は異なり語数で20語である。これらはいずれも中古の初期には見られず、『宇津保物語』以降に見られるようになった場合である。以下どのような助動詞に下接しているのかについて見る。

① 　願望の助動詞「まほし」に下接した場合　13語
　　あらまほし　いかまほしげ　いだかまほし　かけこまほし　かえりなまほし　きこへまほし　しろしめさまほし　すまほし　せまほし　たてまつらまほし　つくりいでまほし　つたへまほし　みまほし
② 　打消推量・意志の助動詞「まじ」に下接した場合　4語
　　あるまじ　おはすまじ　かくまじ　みづもるまじ
③ 　完了の助動詞「たり」に下接した場合　1語
　　しろしめしたり
④ 　打消の助動詞「ず」に下接した場合　2語
　　あさからず　例ならず

　全体を見ると、「願望」「推量」といった、モダリティに関わる助動詞が多く見られる。これらにゲが下接すると、語り手が主題の示す判断・態度について感想を述べるのにふさわしい表現になるものと考えられる。以下用例を挙げる。

### 3.4.1　「まほし」に下接した場合

　まず、「まほしげ」の場合から考えていく。『日本国語大辞典』には「まほ

しげ」の意味記述に「話し手以外のものがそのように希望しているように見える意を表す。…したそうだ。…したいらしく見える」とある。以下、用例を見る。

(50)　ことしも心ちよげならん所のかぎりせまほしげなるわざにぞ見えける。
　　　　　　　　　　　　　　　　　　　　　　　　（蜻蛉日記　中　天禄二年）

ここに見られる「ことしも」は下に「ように」や「如く」を伴い「まるで。あたかも」の意になる。ここでは、「せまほしげなる」のゲが「ことしも」に呼応した表現になっている。『新日本古典文学大系』頭注には「（追儺は）まるで何の心配事のない家だけが好んでする行事のように見えたことだ」とある。この場合ゲには「ようだ」に準ずる機能が認められることになる。

(51)　いとまなう、おぼえあるこそ、法師もあらまほしげなるわざなれ
　　　　　　　　　　　　　　　　　　　　　　　（枕草子　きよげなるわらはべの）

用例(51)は清少納言が「法師として望ましい生き方だ」と感想を述べた表現である。中古和文の特徴として「あるべきなり」などといった直接的、断定的な表現は好まれず、ゲを下接することで、筆者の感想として記述されたと考えられる。
　同様に、次の「あらまほしげ」の場合も筆者の感想が述べられている。

(52)　御しつらひなど、あるべきかぎりして、女房の局々まで、御心とどめさせ給ひけるほどしるく見えて、いとあらまほしげなり。
　　　　　　　　　　　　　　　　　　　　　　　　　　（源氏物語　早蕨）

語り手が「理想的だ」と感想を述べた部分である。ゲの用法は、話し手や語り手の感想を述べるものである。「まほし」はその際に適した助動詞であり、ゲを下接して活躍の場を得たということになる。

### 3.4.2 「まじ」に下接した場合

次に「まじげ」の場合について見る。
「あるまじげ」は『和泉式部日記』に1例、『源氏物語』に4例見られる。

(53) 風の音、木の葉の残り<u>あるまじげ</u>に吹きたる、常よりも物あはれにお
ぼゆ。　　　　　　　　　　　　　　　　　　　　　　　（和泉式部日記）

激しい風の音に、木の葉一枚残りそうになく吹いているとの感想を述べた部分である。ゲを下接することで、間接的表現になっている。

(54) 世にもてかしづかれ給へるさま、木草もなびかぬは<u>あるまじげ</u>なり
　　　　　　　　　　　　　　　　　　　　　　　　　（源氏物語　葵）

用例(54)は語り手の感想が述べられている部分である。こうした部分では「あるまじ」で記述を終えるよりも、ゲを伴う表現の方が妥当に思われる。「あるまじ」までの部分は主体の判断や態度であり、そこにゲが下接することで、語り手の感想としての表現になるのではないだろうか。これは同時に断定を弱めた表現になる。ゲは断定を避ける機能を持ったため、これが中古和文の間接的表現を好む傾向に合致しているため、盛んに使用されるようになったものと考えられる。

また、「まほし」「まじ」については活用の仕方が形容詞と同じであるという点が、これらにゲを下接しやすくしたものと考えられる。ゲが助動詞に下接する用法が見られるようになったのは、『宇津保物語』以降であり、これはゲが発達をはじめた時期と一致している。ゲの発達期であるこの時期に形容詞と活用を同じくする助動詞についても、用法を拡大させたものと考えられる。

### 3.4.3 「たり」に下接した場合

完了の助動詞「たり」にゲが下接しているのは、次の1例のみである。

(55) 「さらにかやうの御消息うけ給はり分くべき人もものしたまはぬさまはしろしめしたりげなるを、たれにかは」と聞こゆ。(源氏物語　若紫)

用例(55)は侍女が源氏に対して「知っていらっしゃるようにお見受けするのに」と言っている場面である。主題である源氏の状況を推測した表現になっている。現代語では「(既に)…ていらっしゃりそうだ」と解釈できる。発話時には「知る」という動作が継続中の状態である。中古では、ゲが用法を拡大している過程で見られる場合であると考えられる。

3.4.4 「ず」に下接した場合
　打消の助動詞「ず」にゲが下接しているのは次の『浜松中納言物語』の場合のみである。

(56)　うち泣き給ひぬる、いとさまよく、あはれ浅からずげなり。
(浜松中納言物語　巻の二)

この例は、「しみじみとした感動が浅くない様子である」という語り手による推測の表現になっている。

(57)　この御けしき、あやしう例ならずげなるも嘆かしうおぼしみだれたり。
(浜松中納言物語　巻の四)

これは、中納言の表情から、その心情が「例ならず」の状況だと推察した表現である。
　これらは2.2.3で見た「～なげ」の場合に類似している。動詞や助動詞は心情を表現する訳ではない。しかしそれが否定形で記述されると情意を含んだ表現になり得る。接続上「～なげ」の形を取り得ない場合に、打消の「ず」にゲが下接する形が生まれたものと考えられる。

## 3.5　名詞の場合

　名詞にゲが下接した場合も、「あるじげ」「にくさげ」「わらはげ」の異なり語数3語のみである。以下それぞれについて見ていく。
　「にくさげ」には、類語に「にくげ」が見られる。この2語にはどのような相違が見られるのだろうか。「にくさげ」は形容詞「にくし」の語幹に接尾辞「さ」が下接した「にくさ」にさらにゲが下接した形である。「にくさげ」は今回の調査では3例しか見られないが、いずれも次の場合のように「容姿・容貌、体裁」の醜さを言う場合に限って用いられている。

(58)　知れる人のもとに常に通ふに、いとにくさげなる女のあるを
（大和物語）

これに対して「にくげ」は49例見られたが、これは醜さについても用いられるが、憎悪の感情にも用いられている。
　「あるじげ」は次の1例が見られるのみである。

(59)　雪ばかり主げに振り積みたる庭の面、はるばると心細げなるを
（狭衣物語　巻四）

用例(59)では、雪が庭の支配者のように一面に降り積もっている様子を表現した語である。名詞に下接して類似の用法を表す接尾辞に「がほ」があり、今回の調査では『源氏物語』に「あるじがほ」が1例見られた。次に用例を挙げる。

(60)　すみなれし人はかへりてたどれども清水の宿はあるじ顔なる
（源氏物語　松風）

用例(60)は、和歌中に用いられ、「いかにも宿の主人のような顔をしている」という意味でゲに意味が類似している。「〜顔」については、ゲがほとんど

下接しない動詞連用形に主に下接し、ゲとは用法が区別されているようである。

また、「わらはげ」も次の1例を見るのみである。

(61)　「…いかにおぼしまどふらむ」とて泣けば、「あなわらはげや」と笑ふ。
　　　　　　　　　　　　　　　　　　　　　　　　　　　　（落窪物語　巻一）

用例(61)は「いかにも子供っぽい」という意味で用いられている。

　これらの名詞にゲが下接した場合では、名詞自身に「～のような感じ」という意味合いが含まれていると考えられる。こうした用法は、形容動詞にゲが下接した場合に類似している。そうした類似からこのような語形が生まれたものと考えられるが、形容動詞の場合と同様にそれほど盛んには行われなかった。

## 4　共起関係から見たゲの用法

　次に、ゲがどのような語と共起するのかという点に注目して、ゲの用法を考えていくことにする。ここでは『源氏物語』に見られる用例を挙げながら以下考察していく。

### 4.1　わが身と御身・御姿

　まず、ゲがどのような対象に用いられるのかについて考えてみる。そこで自己か対象か区別しやすい「わが身」「御身」について注目する。「わが身」は自身について描写する語であり、「御身」「御姿」は原則として対象についての描写する語である。これらの語とゲの下接には、相関関係が認められる。

　『源氏物語』には、「わが身」は67例、「御身」70例「御姿」は12例見られるが、これらについてゲが下接した場合が見られるかという点について見ると以下のようになる。

　自称の「わが身」についての表現にはゲが用いられている場合は見られな

かった。しかし尊敬を伴う相手についての表現である「御身」や「御姿」についての場合には、次のようにゲの下接した形が見られる。

(62) 御祈りのことまでおぼし寄らせ給さまのかたじけなきにつけても、いとど<u>おしげ</u>なる人の御身也。　　　　　　　　　　　　　　（葵）
(63) 火影の御姿世になく<u>うつくしげ</u>なるに　　　　　　　　（若紫　下）
(64) はぢらひて背きたまへる御姿も<u>いとらうたげ</u>也。　　　（若菜　下）

「御身」や「御姿」と伴に用いられたゲは、いずれも主題である「御身」「御姿」の状況について、話し手や語り手の感想が述べられた場合に用いられている。
　これに対して「わが身」を用いた場合は自身についての表現である。「わが身」とゲが共起しないのは、ゲが話し手や語り手の感想を表現することを裏付けている。話し手や語り手が自身についての感想を述べるのは、表現としてふさわしくないと言えるからである。

## 4.2　動詞との共起

『源氏物語』において以下の動詞とゲが共起するかという点について調査を行った。ここではゲがどのような視点から表現されるのかという点について考えてみたい。扱った動詞は、「思す」「思ほす」「おもほゆ」「おぼゆ」の4語である。

| 動詞 | 思す | 思ほす | おもほゆ | おぼゆ |
|---|---|---|---|---|
| 延べ語数 | 1843 | 75 | 27 | 765 |
| 共起数 | 8 | 2 | 0 | 0 |

　以上のように、これらはほとんどの場合でゲと共起していない。まず、「おもほゆ」、「おぼゆ」の場合はゲとの共起は見られないことがわかる。それぞれの語について見ると、「おもほゆ」は、「思ふ」に、自発の「ゆ」の下接した形で「自然に思われる」の意である。「おぼゆ」は「おもほゆ」と同源で

あり「…と思われる、自然にそのように思われる」の意である。これらには「自発」の意、「自然に〜と思われる、〜と感じられる」という意味が共通している。これらの表現を用いれば、ゲが下接がしなくとも、話し手や語り手の感情を表現することは可能である。したがってゲが下接する必要がないことになる。これらが、ゲと共起しないのは、これらの意味とゲの持つ意味が重複するためであると考えられる。

「思す」「思ほす」については、いずれも「思う」の尊敬語で「お思いになる」の意である。これは、話し手や語り手の思考についての表現ではなく、対象(主題)が思考したことについての表現ということになる。したがって、話し手や語り手の感想や意見を表すゲとは共起しない事になる。

しかし実際には次のように「思ほす」とゲが共起している場合が見られる。これは主題の心情が、直接的ではなく話し手や語り手によって予測された表現になっている。

(65)　宮はなやましげに思ほして、御返いとものうくしたまへど

(絵合)

(66)　これよりたてまつる御返をだに、つつましげに思ほして、はかばかしくもつづけ給はぬを　　　　　　　　　　　　　　　　　(宿木)

(65)は「ふだん(の中君)は、薫から差し上げる手紙のご返事でさえ、気が引けるようにお思いになって」という意味で、語り手により主題の心情が推測された表現になっている。

最後に「思す」について見る。「思す」にゲが下接した形は、今回の調査では8例見られた。そのいずれの場合も「〜げにおぼいたり」という形で用いられている。以下用例を挙げる。

(67)　近う呼び寄せたてまつりたまへるに、かの御移り香のいみじう艶に染みかへらせ給へれば、おかしの御にほひや、御衣はいと萎えて、と心ぐるしげにおぼいたり。　　　　　　　　　　　　　　　　　　　(若紫)

(68) 心ぐるしきさまの御心ちになやみ給ひて、物心細げにおぼいたり。

(葵)

用例(68)は「(葵上は懐妊の様子で)心細くお思いになっているようである」という意味である。

以上のようにゲが「思す」「思ほす」と共起した場合は、話し手や語り手による直接的な感想ではなく、話し手や語り手が主題の心情を推測した表現になっている。これは草子地の用法の一つと考えられる。

## 5　ゲと位相について

### 5.1　草子地とゲ

中古和文には草子地といわれる、地の文の形態が見られる。草子地とは、「語り手が物語の表面に出て、自分の感想や批評を読者に語りかける」形を言う。しかしその定義は多様で、一定ではない。草子地をその用法・性格から分類したものとして、中野幸一(1971)の「説明」「批評」「推量」「省略」「伝達」「強調」「感動」「傍観」に8分類がある。

ここで用例(68)で見た「物心細げにおぼいたり」の例を見ると、これは草子地の形式になっていることがわかる。つまり、ゲは「推量」や「傍観」と分類される草子地による表現の一端を担うことになる。草子地という考え方自体が、『源氏物語』の古注釈から生まれた考え方である。本書においてどこまでを草子地と考えるのか、草子地の範囲については定めがたい。しかし、草子地が認められる作品において、その形態を構成する一要素であるゲが担ったことは、中古和文でゲが多用されたことと相関があるものと考えられる。

### 5.2　訓点資料におけるゲの状況

上記でゲが上代に用例が見られる語や、訓点語には下接の制限があることについて述べた。しかし訓点資料に全くゲが見られないという訳ではない。

ここでは訓点資料におけるゲの状況について見ることにする。東大寺図書館蔵本「地蔵十輪経元慶七年点」(883)、石山寺蔵本「法華経玄賛淳佑古点」(950頃)、石山寺蔵本「法華経義疏長保四年点」(1002)、石山寺蔵本「大唐西域記長寛元年点」(1163)の四本には、形容動詞と考えられる語は異なり語数で64語見られる。しかしその中で、ゲの下接した場合は次の3例(4.7%)にとどまる。

「ウツクシゲ」
　悪疾除愈形貌増妍〔悪―疾除(り)癒(え)て形―貌(ウツクシゲ)ニナス〕
　　　　　　　　　　　　　　　　　　　　　　　　（大唐西域記　巻第三）
「オゾマシゲ」
　時既古昔人骸偉大〔時既に古昔(フルク)ナリナバ骸偉大(オゾマシゲニシテ)〕
　　　　　　　　　　　　　　　　　　　　　　　　（大唐西域記　巻第四）
「オソロシゲ」
　像形傑異威厳粛然〔像(の)形傑(スグレ)―異ニシテ威―厳トシテ粛―然(オソロシゲ)ニマシマス
　　　　　　　　　　　　　　　　　　　　　　　　（大唐西域記　巻第七）

　以上はすべて中古後期・院政期の資料である『大唐西域記』に見られるものである。訓点資料にはカによる造語は異なり語数で20語、ヤカによる造語が3語とカ以外の接尾辞は少なくなっていることがわかる。
　また『南海帰内法傳』『妙法蓮華興』についても同様の調査を行った。これらには形容動詞と考えられる語は異なり語数で53語見られる。中にはカによる造語が異なり語数で16語(30.2%)、ヤカによる造語が3語(5.7%)見られるものの、ゲによる造語は見られなかった。これらのことから、訓点資料ではゲが発達していないと言うことができる。
　訓点語の語彙上の特色として、「和語の語彙が少なく婉曲的表現が少ない」ことが指摘されている[7]。訓点資料にほとんどゲが見られないのは、訓点語のこうした性質とゲの持つ機能が乖離していることが原因であると考えられる。これはすなわちゲが、中古和文の間接的表現を好む傾向に合致する意味

用法を持った接尾辞であったことを裏付ける結果になっていると考えられる。

## 6　まとめ

中古に見られるゲは、およそ次のようにまとめられるのではないだろうか。

① 発達の状況

まず発達状況については、中古の中期が最も発達している。形容詞に下接する用法が中心であるが、中古では上接要素についても動詞や助動詞、名詞など、現代よりも幅広く行われている。

② 用法1

次に用法については、まず第1の用法として、ゲは話し手や語り手の感想を述べる際に用いられる。特に感情を表現する形容詞の場合では、ゲが下接しない形は主題の感情を表すことになる。そこにゲが下接すると、「〜の様子だ、〜と感じる」という意味が付加され、主題の感情ではなく、話し手や語り手の感想が表現されることになる。これは、「〜が恨めしい」に対して「〜を恨めしく感じる」といった対応にも相当した。

　形容詞には動詞と対応関係を持つ場合が見られる。中古の日本語では、動詞について自動詞、他動詞の区別が明確であるとは言えず、また体系的であるとも言えない状況にあった。そうした状況で、情意を表すメク型自動詞がメカス型他動詞を持たない場合、このゲが下接した形容詞はメカス型他動詞と同様に働くことが可能であった。ゲは、動詞のシステムの不足を補うべく機能を有していたと考えられる。

③ 用法2

ゲは話し手や語り手の感想は控えめに述べられる場合が多い。これが朧化表現として、直接的表現を避けた用法と感じられた。ここに第2の用法が生じた。この用法は中古和文の間接的表現を好む傾向に合致して、ゲは盛んに用いられるようになったものと考えられる。

④ 発達の理由

ゲによって感想が述べられる用法が発達した理由には、中古和文において草子地という地の文の形態が行われたことが挙げられる。草子地の用法には「語り手が自分の感想や批評を述べる」用法があり、これがゲの持つ機能と一致したため盛んに用いられたということが考えられる。

⑤ ヤカ・ラカとの違い

ゲとヤカ・ラカとが形容詞に下接した場合の違いについては、ゲが主に情意を表す語に下接し感想を表現するのに対し、ヤカ・ラカは主に感覚を表す形容詞を中心に下接し、典型であることを表現しているという違いが見られた。


注
1 今回調査した20作品については、使用テキストとともに巻末の参考資料に記す。
2 「きたなし」は『竹取物語』『落窪物語』に用例が見られるが、いずれも人物評価には用いられていない。
3 安本真弓(2007)「中古における感情形容詞と感情動詞の対応とその要因」『日本語学会2007年秋季大会予稿集』
4 富士谷成章は『脚結抄』の「げ隊」でゲの意味について、「表のさまをみて、心をはかり言ふ言葉なり」としている。中田祝夫・竹岡正夫(1960)『あゆひ抄新注』には「他者の有様を見て、その心を推量してその心をいう」との注記がある。まさにこの意味に通じると考えられる。
5 「細めかし」は『紫式部日記』に1例見られるのみで、他の派生語も見られない。
6 望月郁子(1966)「形容詞と形容動詞の語形の変遷について」『日本文学誌要』13
7 『国語学大辞典』(国語学会)

# 第2章　中世の接尾辞ゲの用法

## 1　はじめに

　ここでは『今昔物語集』以降の作品から用例を収集し、いわゆる中世におけるゲの状況について考察していく[1]。中古和文で発達を見せたゲは、中世以降にはどのような状況を示すのだろうか。また中世の後期になると、ゲと類似した用法を持つソウダの萌芽も見られる。このソウダについても視野に入れながら、以下考察を進めていくことにする。

## 2　中世のゲの状況

　今回調査した対象は次の26作品であり、そこで得られたゲの異なり語数は247語になる[2]。ここではまず接尾辞ゲについて、ヤカ・ラカの出現数と比較しながら、作品ごとに異なり語数を示し、出現状況を見ていく。

表1　中世のゲ、ヤカ、ラカの出現状況

| 作品 | 今昔 | 今鏡 | 保元 | 宇治遺 | 平治 | 水鏡 | 発心 | 無名草 | 新古今 |
|---|---|---|---|---|---|---|---|---|---|
| ゲ | 77 | 9 | 14 | 42 | 6 | 1 | 21 | 20 | 3 |
| ヤカ | 21 | 9 | 5 | 18 | 2 | 3 | 10 | 13 | 0 |
| ラカ | 11 | 2 | 2 | 11 | 2 | 1 | 5 | 5 | 0 |
| 作品 | 平家 | 撰集抄 | 十訓抄 | 著聞集 | 源平 | とはず | 十六夜 | 徒然 | 太平記 |
| ゲ | 44 | 17 | 13 | 36 | 42 | 21 | 1 | 15 | 32 |
| ヤカ | 16 | 7 | 6 | 13 | 11 | 7 | 1 | 11 | 15 |
| ラカ | 5 | 3 | 2 | 4 | 6 | 5 | 1 | 3 | 4 |
| 作品 | 増鏡 | 曽我 | 義経 | 天平家 | 日葡 | 御伽 | イソホ | 金句集 | 異なり計 |
| ゲ | 36 | 11 | 28 | 17 | 15 | 26 | 6 | 0 | 247 |
| ヤカ | 15 | 8 | 5 | 7 | 27 | 11 | 1 | 0 | 64 |
| ラカ | 6 | 5 | 5 | 3 | 5 | 1 | 1 | 0 | 29 |

以上を見ると、ゲは中古ほど盛んではないものの、説話や軍記物語といったジャンルではある程度の異なり語数が見られる。ヤカ・ラカについては、説話や擬古的性格を有する作品や古形が反映されている辞書にはある程度の異なり語数が見られるが、これら以外のジャンルではあまり多く見られない。中世でのヤカ・ラカが減少している状況に比べると、ゲの減少は緩やかであると考えられる。しかしゲも作品によっては、『水鏡』『新古今和歌集』『十六夜日記』のように、ほとんど出現していない場合もある。また『天草版伊曽保物語』や『天草版金句集』といった口語的性格が見られる作品においても、ゲは衰退傾向を見せている。中古で発達したゲは、どのような経緯で中世では緩やかな減少傾向を見せるのか、以下考えていくことにする。

## 3　上接要素ごとの用法

　ここでは、ゲの上接要素について見る。中世全体ではゲの異なり語数は247語見られる。この247語について、上接要素を、品詞ごとに分類すると、次表2のようになる。

表2　ゲの上接要素の分類（中世）

| 品詞 | 形容詞 | 形容動詞 | 動詞 | 助動詞 | その他 |
| --- | --- | --- | --- | --- | --- |
| 異なり語数 | 191 | 25 | 14 | 16 | 1 |
| 割合 | 77.3% | 10.1% | 5.7% | 6.5% | 0.4% |

　上接要素の品詞について見ると、形容詞の場合が、全体の77.3%を占めている。形容詞の活用の種類を見ると、ク活用98語、シク活用93語でク活用が若干多くなっている。中古の場合では形容詞の割合が81.8%であったので、中古よりは形容詞の割合が若干低くなっているものの、ゲが形容詞を中心に下接している状況は変わっていない。
　中世では形容詞の比率がやや下がった分、形容動詞の割合が中古の5.5%より約2倍近くも高い割合になっていることがわかる。これらはどのような事情が影響したのだろうか。次に上接要素の品詞ごとに詳しく見ていく。

## 3.1 形容詞の場合

まず、上接要素が形容詞の場合について見ていく。形容詞の活用の種類は、中古はク活用 167 語、シク活用 125 語であったのに比べ、中世ではク活用とシク活用の異なり語数が接近していることがわかる。これは、ゲが情意を表すシク活用形容詞との結びつきを前代より強めていることを意味する。ゲの根幹になる用法は、中古から受け継がれた用法と変わりがないものと考えられる。

それでは次に、中世以降にゲが下接する形が出現するようになった場合について見ていく。中世で見られる形容詞に下接したゲは、191 語中 130 語（68.1%）の多くの場合で、既にゲが下接した場合が、中古に存在している語である。中世でゲが大きく減少していないことの原因として、中古での用法を中世でも継続していることが挙げられる。

その一方でゲとの結合が中世になって新しく出現する形容詞は、異なり語数で 61 語見られる。以下これらがどのような場合であるのかについて詳しく見ていくことにする。

### 3.1.1 上接の形容詞が中世以降に見られる場合

中世で新しくゲが下接した場合が出現する語のうち、ゲに上接する形容詞自体が中古には存せず、中世以降になって見られる場合は、異なり語数で 15 語になる。これらはゲが中世以降に新しく出現する形容詞、すなわち新要素と結合した場合であり、中世でのゲには新要素と結合するという、造語力があったことを示している。これはどのような語であるか、以下に示す。

　　いまはしげ　おそしげ　おもはゆげ　かはゆげ　けあしげ　こざかしげ
　　ことやすげ　さかさかしげ　さるけなげ　したるげ　しぶとげ　しほからげ　なかなかしげ　ものわびしげ　よきなげ

これらの語は情意を表すと見られる語が多く、中古に見られる形容詞とほぼ同様の傾向を示すと考えられる。しかし、中には中古ではあまり見られなかった意味領域に、ゲが下接している場合も出現するようになる。次に注目される場合について用例を挙げる。

１）　語意から注目される場合
　ここでは、中古には見られないゲの用法について見る。

しほからげ
（１）　其レニ居フル物ヲ見レバ、塩辛キ干シタル鯛ヲ切リテ盛リタリ。塩引
　　　ノ鮭ノ塩辛気ナル、亦切テ盛タリ。　　　　　（今昔物語集　二八・五）

形容詞「塩辛い」は他にあまり例を見ず、『今昔物語集』に見られる程度である。ここでは、鮭の周囲に塩がついている状況から「いかにも塩辛そうに見える」という意味である。この語が注目されるのは、ゲの上接要素の意味領域の点からである。ゲに上接する形容詞を見ると、味覚を表す語にゲが下接している場合は、中古においてもまた後の近代以降においてもほとんど見られない。中古で味覚に関連する語として、唯一「うまげ」があったが、味覚の類の形容詞にゲが下接する場合は他に見られない。例えば「甘げ」や「辛げ」といった場合は現代に至っても例を見出せない。中世になって、味覚を表す形容詞という新しい分野にゲが下接し、「しほからげ」が見られるものの、これは例外的で他の語に波及するまでには至らなかったものと考えられる。

したるげ
（２）　したるげに見え給へば、「これを着替へ給へ」とて、袷小袖に白帷を
　　　取り具して奉れば　　　　　　　　　　　　（源平盛衰記　巻四十五）

形容詞「したるい」は中世以降に用例が見られる語である。「汗などでじとじとしている」という意味である。対象を見た目から判断して「汗でじとじとしているように見えるので、お着替えなさい」と言っている場面である。対象の様子を、感覚として表現する形容詞にゲが下接する場合は、中古に「暑げ」「寒げ」のような場合が見られる。しかし、現代語ではゲよりも「暑そうだ」「寒そうだ」のようにソウダが選択され、「暑げ」「寒げ」はほとん

ど見られなくなっている。ソウダが発達する以前には、ゲが感覚を表す形容詞に下接する用法を担っていた場合が、あまり多くはないのだが認められることになる。

2）　ゲによって創造された場合
　次に挙げる例は、ゲに上接する形容詞が単独では用例が見出せず、ゲを伴ってはじめて見られる場合である。

なかなかしげ
（３）　清盛、他の禅尼のさりがたく宣へば、頼朝をだにたすけおくにそれより少者どもをうしなはんことふびんにおぼゆるぞと、中々しげに宣ひける。
　　　　　　　　　　　　　　　　　　　　　　　　（平治物語　下）

用例(3)は「もっともだと思われる様子」の意である。この語は形容動詞や副詞として働く「なかなか」を形容詞化させ、さらにゲを下接させた形である。形容詞「なかなかし」がゲを下接せずに用いられている例は見出し難い。とすると「なかなかし」はゲを下接することによって生じた形容詞ということになる。ゲが自己の存在を主張している顕著な例と見ることができる。

### 3.1.2　上接の形容詞が中古にも見られる場合
　ここに属する45語は、ゲに上接する形容詞が中古には存在していたものの、ゲの下接した形が見られず、中世以降になってゲが下接する形が出現する場合である。なぜ、中世になって下接するようになったのかについて見ると、中古では何らかの事情がありゲの下接が避けられた場合か、または下接する必要がなかった場合であると考えられる。以下それぞれについて詳しく見ていく。

1）　中古では制限があったと考えられる場合
　中古ではゲが下接しにくかった場合として考えられるのが、次に挙げる

13 語である。これらの語は、上代の文献や訓点資料に用例が見られる形容詞である。

　　いかめしげ　いそがはしげ　いたはしげ　いつくしげ　おだしげ　きびしげ　きらきらしげ　たのしげ　たやすげ　つたなげ　まさしげ　わかげ　をさをさしげ

　以下、用例を見る。

いそがはしげ
（４）　巷を過ぐる行人征馬の<u>いそがはしげ</u>なる気色、浮世を渡る有様もおぼしめししられて哀也。
　　　　　　　　　　　　　　　　　　　　　　　　　（平家物語　巻三）

用例(4)は「いかにもいそがしそうに」の意である。『日本国語大辞典』の記述によれば、「いそがはしい」は、平安時代には漢文訓読を中心に用例が見られ、「いそがしいように見える」の意。「そばで見ている第三者の視点から主体の様態を表現する」語である。これに対して「いそがし」は和文で用いられ、「主体の実際の状況を示す」語であり、「いそがはし」と「いそがし」と用法が区別されていたようである[3]。

　中古においては「いそがはしい」は「〜ように見える」という意味を既に持っていた。そのため、さらに「いかにも〜のように見える」は意味のゲを重複させて下接する必要はなかった。中世になると、形容詞「いそがし」は、あまり用いられなくなる[4]。和漢混淆文において訓点語出身の「いそがはし」が用いられるようになれば、和文語「いそがし」との用法の区別がしにくくなり、一方が衰退していくことになったものと考えられる。そこで「いそがはし」が主に行われるようになれば、「主体の状況について示す」用法にも使用されるようになる訳で、これでは不足を感じる場合が出てくる。そうした際に、「いかにも〜のように見える」という第三者からの視点を付加させるために、ゲの下接した「いそがはしげ」が生まれたものと考えられる。

　中古語としての性格の強いゲは、中古では上代語や訓点語に下接する際には制限が働いたのではないだろうか。ゲは和文で盛んに用いられた語である

ため和文の用語と認識された。そのため上代から見られる語については、ゲが下接しにくかったのではないかと考えられる。しかし中世になると、文体に変化が見られる。中世以降での和漢混淆文では、「漢」の要素を取り入れ漢文訓読文の語彙も反映している。まさに混淆の状況にあっては、ゲが和文の用語であるという制限はあまり意味を持たなくなった。そこで、ゲが上接要素の制限を緩めて、上代に用例が見られる語や訓点語にも用法を拡大していったため、上記のような場合が見られるようになったものと考えられる。

２）　上接要素の意味が変化した場合
　次に見る場合のように、ゲに上接する形容詞の意味が中古と中世で多少変化していると見られる場合がある。

かひがひしげ
（５）　太刀うち佩きてかひがひしげなれば、頼もしく覚えて、（徒然草　八七）

この語は「いかにも力強く勇ましそうに」という意で用いられている。中古に見られる「かひがひし」は「甲斐のあるさま」の意味で、「物事を行ったり希望したりする張り合いのあるさま」の意であり、ここで用いられている場合とは意味が異なる。中世で「勇ましそうだ」という人物評価の意味になった時点でゲが下接するようになった場合で、上接要素の意味変化に伴いゲが下接するようになったものと考えられる。

まことしげさ
（６）　あな悪の人の論じたる顔の誠しげさよ。あな悪や。
（源平盛衰記　巻第六）

この語は「いかにも真実らしく」の意である。上接する形容詞「まことし」は中古にも用例が見られる。これは名詞「真」がシク活用形容詞化した語であり、シク活用形容詞化する際に「いかにも〜らしい」という意が付加され

たと考えられる。したがって中古ではゲが下接する必要はなかったのだが、中世になって「いかにも〜らしい」の意が意識されなくなり、ゲが下接する場合が見られるようになったのではないだろうか。

3）　感情形容詞の場合

　「こひしげ」は自己の心情を表す形容詞である「こひし」に、ゲが下接した場合である。「こひし」は例えば『源氏物語』に延べ127例見られるなど用例数は多く見られるのだが、中古ではゲを下接した形は見られない。「こひしげ」は『今昔物語集』以降にならないと用例が見られないのだが、これにはどのような事情があるのだろうか。まず用例を見る。

こひしげ
（７）　亦、若君モ父母ヲ極テ恋シ気ニ思シタレドモ、憚リ申シテ然モ申シ不給ヌナメリ。　　　　　　　　　　　　　　（今昔物語集　巻第十九）
（８）　終夜語ヒテ、暁ニ返ケルヲモ恋気ニ思ヒタリケルヲ、見置キテ出ニケレバ　　　　　　　　　　　　　　　　　（今昔物語集　巻第三十一）

　用例（7）の場合は「なめり」とともに用いられていることからも、「若君は恋しそうに思っていらっしゃるようだが」という、語り手による話題の人物の心中を推量した表現になっている。

　用例（8）の場合は「相手が恋しそうに思っているのを、（私は）後に残し出てきたところ」という文脈になっている。話し手が、眼前にいる相手の心中を推測した表現になっている。

　「こひしげ」はいずれも、主体自身の心情を直接表現するのではなく、語り手による感想として表現されていることになる。整理すれば「こひし」は自己の心情を、「こひしげ」は自己以外の心情を表現することになる。

　ところで、「こひし」のように自己の心情を表す形容詞には「いとほし」や「悲し」、「なつかし」が挙げられる。これらの形容詞の延べ語数と、さらにゲが下接した場合の延べ語数を『源氏物語』中で比較すると、次のように

なる。

いとほし337例―いとほしげ21例
悲し295例―かなしげ5例
なつかし198例―なつかしげ9例

　このように、いずれの場合でもゲが下接した形が少なくなっていることがわかる。感情形容詞には、ゲが下接しにくいということになるのだろうか。このことは、次表3のようにこれらの形容詞と動詞との対応関係について見ていくと説明できるのではないだろうか。

表3　ゲと他動詞の対応

|  | 恋し | いとほし | 悲し | なつかし | おそろし | きよし |
|---|---|---|---|---|---|---|
| 他動詞 | 恋う | ― | ― | ― | ― | ― |
| ム（ブ） | × | ○ | ○ | ○ | × | × |
| ガル | × | ○ | ○ | ○ | ○ | × |
| ゲ | 少 | 少 | 少 | 少 | 多 | 多 |

　表3に示したように、「恋し」「いとほし」「悲し」「なつかし」の感情形容詞は対応する他動詞を持っている。ゲの下接した「こひしげ」は、上記に見たように自己以外の心情を表すことになり、自己の感情の表出でないという点については、他動詞に準ずる機能を持っていたことになる。そのため他動詞が備わっている感情形容詞には、ゲが下接する必要は少なかったのではないだろうか。これらにはゲが中世になって下接するか、また中古で下接した場合が見られても、それほど多く見られないということではないだろうか。「おそろし」や「きよし」の場合ではゲが多く見られることは、このことと表裏の関係になっていると考えられる。

4）　語形からの類推
　中古でゲを下接していなかった場合で、中世になって下接するようになった語には次のような語構成が見られる。それは「〜なげ」や重複形容詞の場合である。

まず「〜なげ」は中古では異なり語数で33語見られるようにゲが下接しやすい傾向が見られた。そうした語形への類推が働き、中世になって「〜なし」型の形容詞にゲが下接するようになったと見られる場合である。

〜なげ
　中古では「〜なげ」の語形が多く見られたが、中世でもこの語形は次に挙げるように10語（16.9%）を占めている。
　　あいそなげ　うへなげ　おもふことなげ　過失なげ　さぞなげ　さるけなげ　せむかたなげ　他事なげ　ふたごろなげ　よきなげ
「〜なげ」の形はゲの下接が求められやすい語構成であると考えられる。ある状況が見られそうな場合は「〜ありげ」を用いる。「〜ありげ」については否定形が作りにくいため、その逆の状況は「〜なげ」によって表現することができる。これは「〜なげ」を下接することは、ゲの否定形としては造語が容易に作りやすいという性質によるものである。中古に「〜なげ」が盛んだった傾向と同じく、中世でもその用法が踏襲されたものと考えられる。

重複形容詞
　重複形容詞については、先に挙げた「なかなかしげ」を含め、合計で9語が見られる。
　　いまいましげ　おもおもしげ　かひがひしげ　きらきらしげ　さかさかしげ　びびしげ　まめまめしげ　をさをさしげ
　重複形容詞は、感情を表す意味を持ちやすく、中古でもゲが下接する場合が多くあった。そのため、中古での用法への類推からゲが下接した形が生まれやすかったのではないだろうか。中世でク活用形容詞よりシク活用形容詞が増加しているのも、このことにも一因があると考えられる。
　また、次のように中世で上接形容詞の意味が変わった後にゲが下接した場合も存している。

（9）　いと面目なき事なれば、鬢をもかきあげず、いまいましげなるかちぎ

にてまゐりたり。　　　　　　　　　　（古今著聞集　巻第十六）

　形容詞「いまいまし」は中古から用例が見られる。しかし、中古の意味と中世での意味とに若干の違いが存する。中古では「不吉な物事を忌み嫌う気持ち」を表す意味が強い語であった。これが中世になると「不快な感情やくやしさ」を表す意味を持つようになった。その際に感情が表出される度合いが強くなったのではないだろうか。現代語では「いまいましげ」は、さらに強い感情が表現されるようになり、「してやられたという、いかにも腹立たしく思う様」を表すようになっている。形容詞が心情を観測して述べる用法については、ゲは下接しやすかったものと考えられる。

## 3.1.3　ヤカ・ラカとの関係

　ここでは形容詞に下接するヤカ・ラカとゲとの関連にについて考える。今回の調査で形容詞に下接するヤカは異なり語数で12語、ラカは異なり語数で14語見られる。具体的な語は、次の通りである。
〔ヤカ〕
ク活用…あをやか　おほきやか　かるやか○　たかやか　ちひさやか　とほやか　ながやか　なごやか　ほそやか　わかやか
シク活用…おとなしやか　まことしやか
〔ラカ〕
ク活用…あつらか○　あららか　おほきらか　おもらか○　こはらか　しろらか　たからか　ちひさらか　とほらか　はやらか　ひきらか　ひろらか　ふるらか　みじからか
　　　　　（○はゲにも見られる場合）

　以上を見ると、ほとんどの場合がク活用形容詞である。またゲとヤカ・ラカの上接形容詞を比較すると、ほとんどの場合で共通していないことがわかる。ゲはク活用にもシク活用にも下接するのであるが、感情を表す形容詞との結びつきが強い。上記に見られる語には、感情を表現する語ではなく、「青し」「小さし」「厚し」といった色彩や形状を表現する際に用いられる形容詞

が多い。中古で見たように、ゲはこうした意味分野には下接しにくい傾向がある。これらを考え合わせると上記に見られる語は、ゲが下接しにくく、あまり感情表現とはかかわらない意味領域であり、そうした領域にはゲではなくヤカやラカが下接する、という用法の区別があったと考えることができる。

また、次の例のようにシク活用形容詞にヤカが下接した場合が注目される。

おとなしやか
(10) げにや、さるものの子どもとはきこゑたり、優に<u>おとなしやか</u>にいひつることばかな。　　　　　　　　　　　　　　　　　（曽我物語　巻三）

用例(10)は「いかにも年長者らしく思慮分別のあるさま」という意味である。シク活用形容詞「おとなし」には、なぜゲではなく、ヤカが下接したのだろうか。「おとなし」は名詞「大人」が形容詞化してできた語で、そこで既に「大人らしい」という意味を持っていた。ゲには「～のように感じられる。～らしい」という意味があるため、「おとなし」に下接すると、意味の重複が感じられる。そのためここではゲではなく、「典型」を表すヤカが用いられたのではないかと考えられる。

ゲは「～らしい」という意をもつ形容詞「おとなし」には下接しなかったが、次の例のように名詞「大人」に下接した場合は見られる。

(11) 「…そのゆへは、わが殿原にあらそひてさきをかけんも<u>おとなげなし</u>」　　　　　　　　　　　　　　　　　　　　　　　　（平家物語　巻七）

「おとなし」にゲが下接しないのは、やはり名詞「大人」が形容詞化して生まれ、すでに「いかにも～らしい」という意味を持っていたことが原因と考えることができる。次の「まことしやか」の場合も同様に考えられる。

まことしやか
(12) ぬしも身づからも、苦しかるまじと、<u>まことしやか</u>にこしらへけれ

ば　　　　　　　　　　　　　　　　　　　　（曽我物語　巻二）

形容詞「まことし」も名詞「まこと」が形容詞化して生まれた語で、「本当らしい」という意味を持っている。ここでの意味は「実際はそうではないのに、いかにも本当らしく見えるさま」である。「まことし」自体にゲとの意味の重複が感じられるため、ゲは下接せず、ヤカが選択されたのではないだろうか。「まことしげ」が全く見られない訳ではないが、「まことしやか」の方が多く見られている[5]。上接要素がゲに類似した意味を持つ場合には、ゲが下接しにくい傾向は、中古でも観察できた。中古では「〜がましい」型の形容詞にはゲが下接しなかった。これはゲと「〜がましい」とに類似した意味があるためだと考えられ、この場合と同じであると考えられる。

以上、中世での形容詞に下接するゲは、全体的に見れば緩やかな減少傾向にあると言える。しかし、その中であまり多くはないが「新用法の獲得」、および「制限緩和による用法の拡大」、「中古での用法からの類推」という面でゲは造語力を見せ、中古には見られなかった語を増やしている。また、感情形容詞については、ゲが主体以外の感情を表現するという用法で存在意義を示した。中世でゲが急激に減少する訳ではないのは、これらの用法があったためであると言える。

また、ゲが下接しにくい意味領域が存在することや、ゲの持つ用法と類似した用法を持つ語にはゲが下接しないことも確認された。

## 3.2　形容動詞の場合

上接要素が形容動詞の場合は、中古の場合よりも増加している。中古での異なり語数は 19 語（5.5%）であったが、中世での調査では次の 25 語（10.2%）と約 2 倍近くの割合になっている。実際にはどのような語が見られるのか、次に語例を挙げる。

　　あだげ　あはれげ○　あほうげ　うたてげ○　臆病げ　大様げ○　おぼろげ○　強力げ　火急げ　閑散げ　仰山げ　けなりげ　顕証げ　宿得げ　尋常げ　すくやかげ　存外げ　大事げ　つれづれげ○　てづつげ　馬鹿げ

貧窮げ　無興げ　不審げ　不定げ

　　（○は中古にも見られる語）

　この結果を見ると、平安時代には見られなかった語が 25 語中 21 語（84%）と圧倒的に多くなっていることがわかる。さらに中世で新しく見られる形容動詞にゲが下接した場合について見ると、21 語のうち「臆病」「強力」「火急」「閑散」「仰山」「顕証」「宿得」「尋常」「存外」「大事」「馬鹿」「貧窮」「無興」「不審」「不定」の 15 語が、和製漢語をも含めたいわゆる漢語形容動詞であることがわかる。

　そこで、中古ではゲが漢語形容動詞に下接していたかどうかを見ると、一字漢語の場合の「艶げ」が 1 例見られるだけであり、目立って少ないことがわかる。このことから、ゲは中世で漢語形容動詞に下接するという新たな用法を盛んにしたことになる。中世でゲが造語力を見せた場合として、特徴的であると言うことができる。

　中世は、明治期に新漢語が移入される時期と並んで、漢語が一般に浸透したり、日常語化したりするのが顕著な時期であると考えられる。この時期に漢語にゲが下接する用法が発達するようになった。これは漢語が「執念し」の形容詞や「懸想だつ」「装束く」の動詞ように、接辞や語尾を伴い活用語を作る場合と同様に考えることができ、漢語が日本語化している様相を示すものと考えられる[6]。

　しかしこの用法も時代により変化が見られる。近代以降のゲについて調査すると、漢語につくゲは衰えていることがわかる。ゲは獲得したばかりの新用法を失うことになるのである。そしてゲに代わって、漢語にはソウダが盛んに下接するようになり、ソウダの発達の状況が窺える。いわゆる明治期の新漢語には、ゲではなくソウダが下接している。このことは、ゲとソウダの用法に通う点があることが前提になる訳であるし、ゲからソウダへの交代を示す顕著な例であると考えることができる。

## 3.3　動詞の場合

　中世で動詞連用形にゲが下接しているのは次の 15 語である。

ありげ○　勇みげ　いまそかりげ　動きげ　おちゆくげ　勝ちげ　狂いまいりげ　心寄せげ　さりげ○　死にげ　たまはりげ　たりげ　まうすげ　やうありげ　よしありげ

（○は中古にも見られる場合）

　これらの動詞の場合は、15 語中 13 語(86.7%)と、ほとんどが中世以降に見られるようになった語であることがわかる。また動詞の性質を見ても、中古で見られた動詞とは様相を異にしていることがわかる。中古でゲに上接した動詞は「あり」「要る」「おはす」「思ふ」「知る」「思ひ知る」といった動作を表すより、状態を表す動詞が多く見られた。さらに中古では「なごりありげ」「らうありげ」のような「～ありげ」の場合も存していた。

　しかし中世では、動作を表す動詞にもゲが積極的に下接していることがわかる。以下いくつか用例を挙げる。まず継続動詞にゲが下接した場合について見る。

たりげ
(13)　御あせなどたりげにて、日陰の間に沓はきながら御尻かけて

（古今著聞集　巻第十一）

これは動詞「垂る」にゲが下接した場合で、「汗が垂れそうな様子で」という意味である。発話時に、汗の滴は見えるものの、まだ垂れていない状況で、今にも動きが発生しそうな局面を予測した表現になっている。

動きげ
(14)　聖、「なにしに召すぞ」とて、更々うごきげもなければ

（宇治拾遺物語　一〇一）

用例(14)は「動きそうにもないので」という意味で、動作が行われることについて予測した表現である。

　これらはいずれの場合も「今にも～しそうに」という意味であり、動作が

開始しそうな局面を予測した表現になっており、これまでには見られない新しい用法である。しかし、こうした用法も盛んになるまでには至らず、後の時代になればこうした場合は、やはりソウダが担うようになっている。
　次にいわゆる瞬間動詞にゲが下接している場合について見る。

かちげ
(15)　御方の勝ちげに見ゆる時は延上あげて喜び　　　　　（太平記　三三）

用例(15)は「勝ちそうな状況になった時は」という意味で用いられている。発話時に動作は開始しており、間もなく完了しそうな局面についての用法である。

死にげ
(16)　手をむずと組み、死にげもなくて息強げに念仏申して居たり。
　　　　　　　　　　　　　　　　　　　　　　　（義経記　巻第六）

用例(16)は「死んでしまいそうな様子もなく」という意である。
　これらの場合は「～てしまいそうな」という意味で、動作が完了に近づいている様子を推測した用法になっている。いずれも動作が完了しそうだと予測される局面についての用法である。
　中古においては、ゲが動詞に下接する場合には、状態動詞に下接する場合が多かった。しかし中世では、ゲは状態だけでなく動作を表す動詞にも下接するようになった。これは中世の軍記物語などでは、生き生きとした場面描写が求められたものと考えられる。その際に、より動きのある表現として生まれた用法ではないだろうか。このことはまた、ゲが心情を表す語以外にも下接し、新たな用法を持ったことを示している。
　しかし、こうした用法が生まれはしたものの、それがそれほど継続的かつ積極的に行われた訳ではない。この点から見れば、中世においてゲは用法を模索している状況であると考えられる。その結果、中古語としてのイメージ

を持つゲには、中世で持った新しい用法はあまり馴染まないままに終わり、後に新語形であるソウダが登場すると、ゲはこうした用法をソウダに譲るようになる。

### 3.4 助動詞の場合
　中世で助動詞にゲが下接している場合は次の14語である。
・打消の「ず」に下接した場合　8語
　　おんこころゆかずげ　おぼえずげ　おもはずげ　おもはぬげ　こころえずげ　こころえざるげ　しらずげ　しらぬげ
・完了の「たり」に下接した場合　4語
　　おもひたりげ　しりたりげ　はからひまうしたりげ　まさりたりげ
・打消推量の「まじ」に下接した場合　1語
　　かなふまじげ
・願望の「まほし」に下接した場合　1語
　　あらまほしげ

　これを見ると、中古とは様相を異にしていることがわかる。中古ではゲに上接する形容詞としてもっとも多かったのは「まほし」で、次いで「まじ」が多く見られた。しかしこれらは中世では1語ずつしか見られなくなった。これらに代わって中世で出現したのは、中古にはあまり見られなかった「ず」や「たり」に下接する場合であり、上接の助動詞に質的な変化が存している。以下詳しく見ていくことにする。

１）　接続にゆれが見られる場合
　「ず」に下接するときには、次の場合のように終止形・連体形の間でゆれが見られる。

(17)　此の女、時々には見かへりなんどすれども、わがともに蛇のあるとも
　　　<u>知らぬげ</u>なり。　　　　　　　　　　　　　　（宇治拾遺物語　五七）
(18)　「それに候ふ御手形に取り付かせ給へ」と教へければいづくを手形と

　　　　も知らずげに見えける時に、　　　　　　　　　（源平盛衰記　巻第三十三）

これらの場合は「ず」に下接するか「ぬ」に下接するかで、ゆれている状態である。さらに、同一作品のなかでも「ず」と「ざる」のゆれが見られる場合もある。

(19)　「例のこの内府が世を表する様に振舞ふ」とて意得ざる気におはしけれど　　　　　　　　　　　　　　　　　　　　　　（源平盛衰記　巻第六）

中世ではゲが助動詞「ず」に下接する際に、接続にゆれが目立っている。これはこの時期には連体形が終止形の機能を持つようになったため、「ず」自体の活用にゆれが見られたことが原因であると考えられる。こうした点からも、助動詞とゲの結びつきが不安定である状況を窺うことができる。

２）　テンス・アスペクトの助動詞への下接
　ゲに上接する助動詞に質的に変化が見られる。中古では「まじ」「まほし」と言ったモダリティを表す助動詞を中心にゲが下接している。しかし中世ではそれらはあまり用いられず、テンスやアスペクトを表す助動詞である「たり」にも下接する用法が見られるようになった。以下用例を見ていく。

(20)　さぶらひける女房たち、おりにあはずと思ひたりげにて、わらひ出したりければ　　　　　　　　　　　　　　　　　　　（古今著聞集　巻第五）

用例(20)は「思っているような様子で」という意味で現在まさにその状況であることが表現されている。

(21)　斉藤五が申しけるは、「見物の中に、雑色かとおぼしきが、ゆゆしく案内知りたりげに候ひつるが、」　　　　　　　　　（源平盛衰記　巻第三十八）

用例(21)は「知っていそうな様子でいる」という意味である。発話時において「知る」という動作は完了している場合である。

これらの例はいずれの場合も、動作が現在まさに継続している最中であることを推測した表現になっている。中古においては「思ひたりげ」が1例のみ見られるが、多くは現在推量の助動詞「らむ」によって表現された用法ではないかと考えられる。

ゲは助動詞に下接する用法として、中世で新たな用法を獲得したと考えられる。しかしこれについてもそれほど広くは行われなかった。そして他の場合同様に新しく生まれたソウダがこの用法を担うことになり、現代語では「ているようだ」「ていそうだ」「てしまいそうだ」「ているらしい」という形で表現されるようになる。新用法を獲得したにもかかわらず、それほど盛んに行われなかった様子は、動詞にゲが下接する場合と類似した様相を示していると見ることができる。

中世以降の日本語表現は、心中の様子について詳しくすることが求められただけでなく、動作の様子についても詳しく表現することが求められるようになったと考えられる。その際に、前代から用いられていたゲがこの用法を一時的に担うことになった。しかし、これは新鮮な造語法ではなかった。そのため、動詞に下接する用法と同様に、ゲのこの用法は盛んになるまでには至らなかった。そして、新しく誕生したソウダには対抗し得るほどの勢力を保つことができずに、減少していくことになる。

## 3.5　名詞の場合

中古で名詞にゲが下接した場合は、「あるじげ」、「にくさげ」、「わらはげ」の3例が見られたが、中世では「にくさげ」が見られるのみである。この用法は、中古・中世ともほとんど発達しなかったと見ることができる。

名詞にゲが下接する用法については発達しなかったのだが、初期のソウダには以下のように名詞に下接する用法が見られた。

(22)　樽の酒がよい<u>酒そう</u>なと云う　　　　　　　　（狂言六義　舟渡聟）

(23)　船出そうにござる　　　　　　　　　　　　　　　　（日葡辞書）

これらは伝聞のソウダではない。『時代別国語大辞典　室町時代編』には、「そうだ」には名詞に下接して「その状態・様子などが、当面する事態を受けとめた話し手の立場からの判断であることを示す」との記述が見られる。しかし名詞にソウダが下接し様態をあらわす用法は一時期にしか行われなかった。まもなく後に生まれた助動詞「ようだ」によって、「のようだ」という表現に交替する。そのように見ると、名詞にゲが下接する用法が衰退した後には、固定した用法に定まらず、どのような表現を選択するのかが混沌としている状況を見せていると言える。

## 4　新表現の誕生

　中世でゲが盛んでなくなっていくことに呼応して、中世後期には口語資料を中心にゲと類似した機能を持つ「げな」および「そうだ」の誕生が見られる。これらはこの時期にはいずれもゲを凌駕するまでには至らないが、新たな展開への始まりを示している。

### 4.1　「げな」の誕生

　中世後期にはゲに断定の助動詞「なり」の変化した「な」が下接した「げな」が独自の用法を持つようになる。意味としては「①そのような様子だという推測。…ようだ。…らしい。②他から伝え聞いたことをあらわす。…だそうだ。…ということだ」（『日本国語大辞典』）の2種が見られる。ゲの場合とは、接続および用法が異なる。これは例えば動詞「あり」に下接する際には、次のようになる。

(24)　Niydonomo Iqeno Dainagonno yŏni cono fitomo, futagocoroga arugenato
　　　（あるげなと）atte　　　　　　　　　　　　　　（天草版平家物語　四・一三）

この場合の「あるげな」ように、終止連体形に接続している。ここでは「(裏切りの心が)あるらしい」という「推測」の意味である。

この「げな」は中世後期から近世前期の間に使用される。ロドリゲスの『日本大文典』にも次のように、動詞、形容詞の終止・連体形に下接した例が挙げられている。

　　Yomuguena(読むげな)　Tacaiguena(高いげな)　Naiguena(ないげな)
　　Vacaiguena(若いげな)

また、今回の調査範囲には、上記の『天草版平家物語』の例の他に、『邦訳日葡辞書』にGuenaが立項されており、その用例の記述に以下の場合が見られる。

　　Msitta guena(参つたげな)来たらしい。
　　Vacai guena(若いげな)その人は若者であるらしい。

中世の口語資料を中心に「げな」の出現が見られる。しかし今回の調査範囲では、他に例を見出せなかったため、「げな」についての考察は第4章で行うことにする。

## 4.2　ソウダの萌芽

中世の口語を反映した資料には、ゲと類似した用法を持ったソウダの萌芽が見られる。ソウダの古い例は抄物資料に求められるようで、『日本国語大辞典』には次のような例が挙げられている。

　　イ　体言につけて用いる。
　　　　「一月二月の後の事さうなぞ」　　　　　　　　(四河入海　八・一)
　　ロ　形容詞、形容動詞の語幹につけて用いる。
　　　　「子が無興さうなれば、親も無興さうなり」(応永本論語抄　為政第二)
　　ハ　動詞、動詞型の助動詞の連用形につけて用いる。
　　　　「酔てころびさうなぞ」　　　　　　　　　　(寛永本蒙求抄　二)

ここでは初期のソウダの状況を見る。初期のソウダの例は狂言資料にも見

られるが、これについては、近世のソウダで扱う。今回の調査範囲で見られたソウダは次の場合である。

(25)　万事をせうと思はう時、まず未来の損得を考へ、後に難の起りさうな
　　　（vocorisona）事をばするな。　　　　　（天草版伊曽保物語　鳶と鳩の事）

これは「下心」の部分に見られる例ということもあり、ソウダが口語的な用法であることを裏付けている。
　さらに、初期のソウダの用例を求めるため、ここでは『玉塵抄』に見られるソウダについて簡単に見ていく。『玉塵抄』巻一には、ソウダの以下のような用例が見られる。

1　体言に下接した場合
　　ナリモ虫ノツレサウナゾ　　　　　　　　　　　　　（玉塵抄　巻一）
2　形容詞に下接した場合
　　是ヨリ外ニハ世界モ国モナサウナト思タゾ　　　　　（玉塵抄　巻一）
3　動詞連用形に下接した場合
　　活東ハ科斗活東ナリ　カイル子ノ事ゾ　爾雅ノ本ニハ魚ノ部ニノセタゾ
　　虫の類デアリサウナゾ　　　　　　　　　　　　　　（玉塵抄　巻一）

　形容詞に下接した場合については、近世での「なさそうな」と異なり「さ」が介されていないという違いが見られる。『玉塵抄』には「よそうだ」の例も見られる。
　しかしその他については、いずれも後の時代に見られるソウダと同じ用法といえる。今回調査した口語資料以外の作品においては、中世でもゲによる表現がされていたが、中世の口語の世界には新しくソウダの萌芽が見られることが確認できる。

## 5　まとめ

　中世ではゲは減少傾向にある。その減少は急激なものではなく、緩やかな減少であると言える。急激には減少しない原因には二つのことが考えられる。まず、ゲが中古の用法を残存させていること。また、中世においてもいくつかの新用法を模索している状況があり、あまり強くはないものの、新たな造語力を示していることが挙げられる。

　それでは中世でのゲの造語力は、なぜあまり強くなかったのであろうか。その理由については、以下のように考えられる。

　まずゲは中古で発達した接尾辞であり、中古和文の性質に合致したイメージを持っていたことが考えられる。中古ではゲは朧化表現としての用法も盛んであった。この表現は、中世の和漢混淆文体には馴染まない性質をもっていたものと考えられる。

　そうした性質もあり、中世では新たな語による表現が求められていた。ゲがソウダに代わらなければならない理由はそこにあったのではないだろうか。ゲの持つ和文的性格は、ソウダへの転換の契機を孕んでいたことになる。

　その一方で和漢混淆文では、上記とは逆にこれまで「漢」の要素であったため、中古にはゲが下接しなかった場合であっても、「和」と「漢」が折衷されたため、「いかめしげ」等のようにゲが下接するような事態も見られる。ゲの新用法は、副産物的に生まれたと言えるのではないだろうか。ゲは中世では形容詞以外に下接する場合以外では、やや造語力を示している。この時期、漢語形容動詞には積極的に下接している場合が見られる。しかし中心的な用法である形容詞に下接する場合では、積極的な造語力を背景に新用法を拡大したという訳ではないため、次第に盛んではなくなっていったものと考えられる。

　中世後期には、折しも口語の世界から新しくソウダが誕生し、発達していくようになる。新たな展開への始まりが見られるようになる。その結果ゲが中世で模索した新用法については、次第にソウダやさらに新しく登場したヨウダ、ラシイ等が担うようになっていく。

こうした状況から、中世はゲからソウダへの移行の時期であると言える。しかしゲは急速には衰えていないため、緩やかに移行していったと言うことができる。そしてゲは、現代でもなお残存しており、その存在意義を主張し続けていると言える。

　ゲが中世以降ではどのような状況を見せるのかという様相と、ソウダが発達していく様相については、第4章、第5章で見ていくことにする。

注
1　『今昔物語集』は平安後期から院政期の成立と言われるが、和漢混淆文として平安和文とは別の特徴が見られるため、ここでは中世の作品に含めて考えることにする。
2　ここで取り上げた中世の作品の正式名称については、テキストとともに後に示す。『御伽草子』は室町時代から江戸初期にかけて作られた短編が含まれており、近世的な要素もあるが、ここでは中世の作品に含めて考えることにする。
3　『日本国語大辞典　第二版』「いそがはし」の項参照。
4　中世では「いそがし」が『平家物語』に1例見られるが、他作品では「いそがはし」か「いそがはしげ」が用いられている。
5　『日本国語大辞典』には「まことしげ」の用例に『苔の衣』が挙げられている。
6　『日本語学研究事典』(2007　明治書院)「漢語」の項参照。

# 第 3 章　中古・中世における「〜ゲ」と「〜顔(ガホ)」の比較

## 1　はじめに

　前章までに中古・中世のゲ状況について見てきた。本章ではゲに類似した用法を持つ接辞である「〜顔(ガホ)」について見る。『日本国語大辞典』には「〜顔」の接辞としての意味が「そのような表情、またはそのような様子であることの意を表す」と記述されている。「顔」については名詞の場合もあり、すべての「〜顔」を接辞とするのは躊躇されるが、接辞と考え得る場合も相当数認められる。それではこの接尾辞ガホは、ゲとどのような違いが見られるのだろうか。以下、中古・中世に見られるガホについて、ゲとの用法の違いに注目しながら見ていくことにする[1]。

## 2　ガホの規定と出現する範囲

　まず、接尾辞として扱うことのできるガホはどのような用法で、どのようなジャンルの作品に出現するのかという点について見ていく。ガホは名詞の「顔」が用法を広げ、接尾辞として働くようになったものと考えられる。したがって、他の一般に接尾辞と言われる類よりも、一語としての独立性が高く感じられる。

　ある接辞が、それだけでは単語としての機能を持たない場合には、それを接辞と認定することに障害はないと考えられる。しかし「顔」については、どこまでが名詞としての用法であるのか、また、どこからが接辞の用法と考えるのかについては、その認定について異論のあるところではないかと考えられる。

　そこで本章では、ガホが「〜の様子、ふり」という意味に訳出できる場合

について、接辞と考え扱っていくことにする。

　このような考え方に基づいて、ガホが見られる初期の用例を見ると、次の『伊勢物語』の用例を見ることができる。

（１）　前栽の中にかくれゐて、かうちへいぬる顔にて見れば
　　　　　　　　　　　　　　　　　　　　　　　　（伊勢物語　二十三段）
（２）　これやこの我にあふみをのがれつつ年月ふれどもまさりがほなき
　　　　　　　　　　　　　　　　　　　　　　　　（伊勢物語　六十二段）

用例（１）については、ガホは連体形に下接しているため、接辞ではなく名詞への単なる連体修飾とも考えられる。しかしここは「河内へ行くふりをして」と訳出できる場合である。こうした際には、名詞「顔」の意味から、接辞としての用法を持っていると解してよいのではないだろうか。
　用例（２）については「年月は経たけれど、以前よりよくなったようすのない人のありさまだなあ」（『日本古典文学全集』小学館訳）とあり、やはり「様子」と訳出できる。以下、このような場合を接辞として考えていくことにする。
　ガホが最も早く見られるのは、以上の『伊勢物語』の用例であるが、これに近いものは次の『後撰集』の用例である。

（３）　わがやどをいつならしてかならのはをならしがほにはをりにおこする
　　　　　　　　　　　　　　　　　　　　　　　　（後撰集　十六）

こうした例から、初期のガホは和歌を中心に発達したのではないかと考えられる。そこでまず、ガホが中古・中世においてどのような作品に出現しているのかについて、作品と異なり語数について次表１に示す。
　表１を見ると、ガホが出現している作品の時期や範囲について、およそ次のようにまとめられる。まず、中古の初期にはガホはあまり見られず、中期の『源氏物語』に最も多くのガホが見られる。それを受けて『源氏物語』

表1 中古・中世のガホの出現状況

| 作品 | 伊勢 | 大和 | 宇津保 | 落窪 | 枕草子 | 蜻蛉 | 和泉 | 源氏 | 紫式部 | 栄華 |
|---|---|---|---|---|---|---|---|---|---|---|
| 延べ | 2 | 2 | 2 | 6 | 3 | 2 | 1 | 63 | 4 | 6 |
| 作品 | 浜松 | 更級 | 狭衣 | 大鏡 | 堤中 | 今昔 | 今鏡 | 平家 | 宇治 | 発心 |
| 延べ | 10 | 1 | 14 | 2 | 3 | 2 | 6 | 4 | 1 | 2 |
| 作品 | 無草 | 十六夜 | 徒然 | 増鏡 | 曽我 | 義経 | 十訓 | 虎明 | イソホ | 後撰 |
| 延べ | 4 | 3 | 3 | 5 | 6 | 2 | 3 | 4 | 7 | 4 |
| 作品 | 拾遺 | 後拾遺 | 金葉 | 千載 | 新古今 | 凡河内 | 新勅撰 | 新後撰 | 続後撰 | 西行 |
| 延べ | 1 | 4 | 2 | 6 | 4 | 2 | 5 | 2 | 5 | 13 |

の影響の見られる『浜松中納言物語』や『狭衣物語』では、他に比べると若干多く出現している。また、中世の作品ではやや少なめであるが、急激に衰えているという訳ではない。作品のジャンルについては、言語の分量の割には、ガホは和歌の世界に比較的多く見ることができると言える。

次に今回得られた全作品でのガホの異なり語数について見ると、合計は114語になる。この114語の中には「ありがほ」「しらずがほ」「したりがほ」のように複数の作品に共通して見られる場合も存しているが、このうち76語(66.7%)までが、他作品には見られずある一作品にのみ出現する場合になっている。

さらに詳しく見ると、一作品にしか出現しない76語のうち、35語が『源氏物語』においてのみ見られる語になっている。

表1を見ると、異なり語数63語の『源氏物語』のガホが、他作品のすべてのガホを含んでしまうように見える。しかし実際は『源氏物語』以外に見られるガホも多いことがわかる。このことは、他作品には見られず、ある一作品にしか見られないガホが多く存することを意味する。これは他の接辞とは違った傾向であり、ガホは一回性を持ったパロール的な用法を持つ接辞であるということを意味している。

それでは実際にはガホはどのような語と結び付いているのだろうか。次に、上接要素ごとにガホの状況を見ていくことにする。

## 3　上接要素ごとに見たガホの状況

　ここではまず、今回の調査で得られた異なり語数114語のガホの上接要素が、どのような語構成になっているのかについて見る。上接要素を品詞ごとに分類すると次表2のようになる。

**表2　ガホの上接要素の分類**

| 品詞 | 動詞連用 | 動詞連体 | 助動詞 | 名詞 | 形容詞終止 | 形容詞語幹 |
|---|---|---|---|---|---|---|
| 異なり数 | 86 | 2 | 10 | 11 | 3 | 2 |
| 割合 | 75.4% | 1.8% | 8.8% | 9.6% | 2.6% | 1.8% |

　表2を見ると、動詞連用形にガホが下接した場合が最も多く見られ、この点でまず形容詞を中心に下接するゲとの違いが見られる。以下それぞれの場合について注意される点を見ていく。

　動詞連体形に下接するガホについては、接辞と認められるかその認定に問題が残る場合である。表2に取り上げたうちの1例は先の用例(1)の場合である。他のもう1例は次の場合である。

（4）　あひにあひて物思ふころのわが袖に宿る月さへ濡るる顔なる

（古今集　巻十五　恋五）

用例(4)は、「自分の袖の涙に写った月までが涙で濡れている様子だ」と解釈できる。「月まで涙顔だ」と訳してしまえば「顔」は名詞かということになろうが、ここは「月が涙で濡れている」という事実を反映したのではなく、比喩として「まるで～のようだ」と表現した場合なので、接辞として扱うことができるのではないだろうか。動詞連用形に下接することにこだわれば、「濡れ顔なる」となるはずのところだが、そうすると音数律上字足らずでいかにも都合が悪くなる。そこで臨時にこうした語形が見られるのではないだろうか。

　終止形か連体形かのゆれが認められる場合は、助動詞の場合でも見られ

る。『宇津保物語』『源氏物語』『栄華物語』には、シラズガホとシラヌガホの両語形が見られる。ただ『源氏物語』では、シラズガホ延べ29例に対してシラヌガホ3例と用例数に優劣が見られ、また他作品ではシラズガホしか見られないことからも、やはり連用形に下接した方が一般的な形と考えられる。

（5）　ただ知らず顔に硯おしすりて、いかになしてしにかとりなさむと

（源氏物語　夕霧）

（6）　さてもよその御名をば知らぬ顔にて、世の常の御さまだにあらば

（源氏物語　夕霧）

用例(5)、(6)ともに「そ知らぬふりで」という意味であり、用法にも違いは認められない。

　シラズガホの場合、濁音の連続が見られるため、避けられる場合があったのかとも考えられる。ただ、現在にも「知らん顔」の語形が見られるので、この語の使用は一時的ではなかったものと考えられる[2]。

　また、中世の文献には、次のような漢語に下接したガホの用例が見られる。

（7）　その跡に木曾の冠者、十郎蔵人うちいりて、わが高名がほに官加階を
　　　おもふ様になり　　　　　　　　　　（平家物語　八征夷将軍院宣）

用例(7)は「手柄をいかにも自慢そうに誇る様子」を表現した語である。この場合以外にも、漢語にガホが下接した場合は、「訴訟ガホ」「気色ガホ」が『曽我物語』に見られる。多くはないものの中世でガホが造語力を持っていたことを示している。

　次に形容詞に下接したガホについて見る。シク活用形容詞の場合は終止形に下接した「ウレシガホ」「ツレナシガホ」「マコトシガホ」が、ク活用形容詞の場合は語幹に下接した場合が見られる。

　ところで、上記に見られる5語以外にも、一見すると形容詞にゲが下接し

たのではないかと考えられる語が見られる。それは『遊仙窟』と『源氏物語』に見られる「ネタマシガホ」の場合である。次に用例を見る。

（8）　…などかくねたまし顔に掻き鳴らしたまふとのたまふに

(源氏物語　蜻蛉)

ネタマシガホは『遊仙窟』で「故々」の和訓として見られる。「故故」の意味については「②しばしば、③わざと、故意」(『大漢和辞典』)といった意味しかなく、『遊仙窟』独特の意訳的な訓が行われたものと考えられる[3]。この訓が『源氏物語』に影響を及ぼした場合と考えられる[4]。用例(8)では「人を悩ますように」という意味で用いられている。

　この語については従来、形容詞「ネタマシ」にガホが下接した場合と考えられていたようだ[5]。しかし『源氏物語』を見ると、形容詞「ネタマシ」の語は見られない。ガホが下接する場合に限って「ネタマシ」が存在していたと考えるのは不自然なことである。

　『源氏物語』を見ると、次に挙げる例のように「恨めしがらせる。憎らしがらせる」という意味の動詞「ネタマス」が見られることがわかる。

（9）　簾のもとに歩み来て、「庭の紅葉こそ踏み分けたる跡もなけれ」などねたます。

(源氏物語　帚木)

こうした例が見られることからも、ネタマシガホは、動詞「ネタマス」の連用形にガホが下接したと考えるのが妥当と思われる。

　こうしたことからも、以上に挙げた5語は形容詞に下接するという特殊な場合であると考えられる。中古や中世においては、形容詞には、ゲが盛んに下接する状況を見せていた。にもかかわらず、ガホが下接したのはどのような事情からだろうか、以下それぞれの場合について詳しく見ていく。

ウレシガホ

(10)　真菅おふるみやま田にみづをまかすればうれしがほにもなくかはづ
　　　かな
　　　　　　　　　　　　　　　　　　　　　　　　　　（西行法師和歌集）

ウレシガホはこの1例を見るのみである。表1に示したように、西行法師の和歌には比較的ガホが多く見られることがわかる。ガホは西行法師の好んだ語であると見られる。

　さてこの場合のウレシガホはどのような意味であろうか。ここでは二通りの解釈ができるのではないだろうか。一つめは「かはづ」の顔がいかにもうれしそうだという解釈。もう一つは「かはづ」が、いかにもうれしそうな様子に鳴いているという解釈である。歌作にあたって、必ずしも見たそのままを表現する訳ではないので、ここは鳴き声がいかにもうれしそうな様子を詠んだのではないかと考えられる。とすれば、ここは読み手の感想を述べた場合として、ゲによる表現が行われても良いところである。実際にウレシゲを見るとあまり多くはないのだが、『源氏物語』に1例、『栄華物語』に5例、『浜松中納言物語』に1例と複数例見られている。にもかかわらず、ここでウレシガホが用いられた要因については、後段で考えていくことにする。

カシコガホ
(11)　うへになりしたになり、ころびあふところに、かしこがほに上下よっ
　　　て、文覚がはたらくところのぢゃうをがうてんしてんげり。
　　　　　　　　　　　　　　　　　　　　　　　　　　（平家物語　巻第五）

用例(11)の「カシコガホ」は、今回の調査では『平家物語』に1例見られるのみである。いかにも賢いことをしたと得意になっている様子を表現した語と考えられる。ゲの下接したカシコゲの用例は『源氏物語』に2例、『徒然草』に3例等、複数例見られるが、次に挙げる場合のように、これとは意味が異なっている。

(12)　かしこげなる人も、人の上をのみはかりて己をば知らざるなり。

(徒然草　一三四段)

用例(12)のカシコゲは、「かしこそうに見える」という意であり、ゲは語り手の感想を述べる用法であり、ガホと置き換えることはできない。カシコガホに類似した意味を持つ語として、シタリガホやエタリガホの語を挙げることができる。これらはいずれも「してやったと得意になっている」様子を捉えた表現であると考えられる。ガホもゲと同様に、話し手や語り手がそう感じたことを表現していると考えられるが、ガホの方が表現主体がより意識的であり、誇示・強調された表現になっているものと考えられる。

ココチヨガホ
(13)　この御文もけざやかなる気色にもあらでめざましげに心地よ顔に
(源氏物語　夕霧)
(14)　胸はふたがりながら、心地よがほを作りあへり。　(大鏡　四)

用例(13)は、御息所が夕霧の手紙の書き方を心外に思って「自分だけいい気なもので」と不快な感情を表出した例である。これは対面しているのではなく、手紙を見た上での発言である。表情を見てそこから感じ取って表現した場合ではないため、この場合のガホは名詞「顔」から用法を広げた場合として考えることができる。

　さらにこの語の場合には、ガホが下接することによって、上接の形容詞「心地よし」にはない、マイナスの意味が付加されたと考えられる。この場合に、ガホ自体にはマイナスの意味はないものと考えられる。しかし「いかにもそれらしく振舞う」ことを感想として述べる場合に、それが、主題の行為として一方的に誇張されると、好ましくない感じを受けるのではないだろうか。ガホが下接してマイナスの意味を持つ類似の場合として、この語の他にもシタリガホが挙げられる。

　用例(14)は、心中で思っていることとは逆に、表面だけ愉快そうな顔をしていたという意味である。内面＝胸中と、外面＝表情が対比された表現に

第3章　中古・中世における「～ゲ」と「～顔（ガホ）」の比較　85

なっている。ここはガホによる表現が効果的に用いられている場合と考えることができる。次に挙げる例のように、ゲによるココチヨゲの場合と比較すると両者の違いがより明確になるものと考えられる。

(15)　卯月ばかりの卯の花はそこはかとなう心地よげに、一つ色なる四方の
　　　梢もをかしう見えわたるを　　　　　　　　　　　　（源氏物語　柏木）

用例(15)では「気持ち良さそうに」という意味であり、この場合はあくまでも話し手や語り手による感想として表現されている。ガホの場合は、感想だけではなく、主題が自らそう振舞っている様子も表出されていることになる。そこにマイナスの意味が付加されたものと考えることができる。

ツレナシガホ
(16)　うちつけにも言い掛け給はず、つれなしがほなるしもこそいたけれ。
　　　　　　　　　　　　　　　　　　　　　　　　　　（源氏物語　東屋）

ツレナシガホは『源氏物語』に2例見られるのみである。「そしらぬ顔」とも「平気な様子」とも訳出できる[6]。
　ここで注目されるのは、形容詞「つれなし」にはゲが下接した形が見られないことだ。「ツレナゲ」は、『日本国語大辞典』にも登録されていない。なぜ「つれなし」はガホを下接し、ゲを下接しなかったのだろうか、以下考えていくことにする。
　まず、「つれなし」にガホが下接した事情については、古辞書の表記が影響しているのではないかと考えることができる。黒川本『色葉字類抄』や観智院本『類聚名義抄』などには、「強顔」の二字に対して「ツレナシ」の和訓が見られるからである。「強顔」の「顔」にひかれて、ツレナシガホの訓が生じた可能性が考えられる。
　次に、形容詞「つれなし」にゲが下接しなかった理由について考える。「つれなし」の意味について『日本国語大辞典』の記述を見ると「表面何事もな

げである。表面に出さない。そ知らぬふうである」とある。ゲは語り手や話し手の感想を述べる表現として「～と感じる」といった意味を持つ。これが「つれなし」の意味と重複する部分があったためゲが下接しなかったのではないだろうか。

マコトシガホ

(17) 「ただ今申しつるは、たはぶれことなり。まことし顔に、人にかたりたまふな」
　　　　　　　　　　　　　　　　　　　　　　　　　　（曽我物語　巻四）

マコトシガホは『曽我物語』に2例見られる。「いかにも本当らしいまじめな表情」の意と考えられる。「顔」の意味がマコトシゲは今回の調査では見られなかったが、『日本国語大辞典』には『苔の衣』の例が挙げられている。また『曽我物語』には、次の場合のように、マコトシヤカの例が見られる。

(18) ぬしも身づからも、苦しかるまじきこと、まことしやかにこしらへければ
　　　　　　　　　　　　　　　　　　　　　　　　　　（曽我物語　巻二）

用例(18)は、真実ではない事柄について「いかにも本当らしく」という意である。マコトシヤカのようにシク活用形容詞にヤカが下接する場合は多くは見られず、管見では中世で他にオトナシヤカ、ヨロシヤカ、ヲカシヤカが見られるのみである。

## 4　ゲとガホの比較

　接尾辞ゲとガホの関連については、近世に富士谷成章の『あゆひ抄』に指摘されているところである。その記述は以下のようである。

　　［何げ］は［何がほ］といふに似たれど、［げ］は心おのづから様子に見ゆるを言ひ、［がほ］は心を思はせて様子をつくるをいふなり[7]。

これを解釈すると、ゲは「自然とそのように感じられる。そう見える」という意であり、ガホは「そう思わせるようなふりをしている」ということになるのではないだろうか。たしかに言い得た記述であると思われるが、必ずしもこれがすべてではないように思われる。以下、ゲとガホの対応がある場合について見ていくことにする。

## 4.1　ゲとガホに差異が認められる場合

シラヌゲ—シラヌガホ
（19）　これがせんやう見んとして、しりに立ちて行に、此女、時々は見かえりなどすれどもわがともに蛇のあるとも<u>しらぬげ</u>なり。
　　　　　　　　　　　　　　　　　　　　　　　　（宇治拾遺物語　五七）
（20）　年ごろも、むげに見知り給はぬにはあらねど、<u>知らぬ顔</u>にのみもてなし給へるを
　　　　　　　　　　　　　　　　　　　　　　　　（源氏物語　夕霧）

用例(19)のシラヌゲは、此の女が「気づかない様子である」と描写されている。これに対して用例(20)のシラヌガホは、意識的に「気付かないふりをして」という意味である。ゲは気付いていない様子を描写した場合で、ガホは気が付かないふりをしている様子の描写と考えられる。これは成章の指摘〈「げ」は心おのづから様子に見ゆる〉と〈「がほ」は心を思はせて様子をつくる〉という解釈の当てはまる場合と考えられる。

シタリゲ—シタリガホ
（21）　いみじく大事<u>したりげ</u>にて、くるしげに舌たれ、あせ水にてぞ入りたりける。
　　　　　　　　　　　　　　　　　　　　　　　　（宇治拾遺物語　一一八）
（22）　弁少納言こそ、<u>したり顔</u>にいみじゅうし侍りける人、さばかり賢しだち
　　　　　　　　　　　　　　　　　　　　　　　　（和泉式部日記）

シタリガホの用例は多く見られるものの、シタリゲはこの例が見られる程度

である[8]。この2語には意味の違いが認められる。

　まずシタリゲの場合について見ると、この場合は「いみじく大事したり」にゲがかかっている場合である。「ひどく大変なことをした」様子でという意味になる。ゲのこのような用法については時枝誠記『日本文法文語編』に記述が見られ、「一語を構成していると見るよりも、それよりも上の句全体を修飾語としてその被修飾語に立ってゐる」用法が指摘されている。

　これに対してシタリガホは、一単語としての用法である。ガホの中では延べ語数が多い語で、『落窪物語』に8例、『源氏物語』に14例など今回の調査では延べ63語が見られる。意味については「得意顔、うまくやったという様子、いい気になっている様子」という意味で慣用的に用いられる語である。

　他にもキキゲ—キキガホ、シリゲ—シリガホの場合が挙げられるが、いずれもシラズゲ—シラズガホの場合と同様に扱えるのでここでは省略に従う。

### 4.2　ゲとガホに差異が認められない場合

アリゲ—アリガホ
(23)　世と共に蔵人の君はかしづかれたる様殊なれどうちしめりて思ふことありがほなり。　　　　　　　　　　　　　　（源氏物語　竹河）
(24)　…と聞こえまほしげなることはありげなれど、いと苦しげにたゆげなれば　　　　　　　　　　　　　　　　　　（源氏物語　桐壺）

用例(23)のアリガホは一単語としての用法ではなく、「おもふことあり」が「ガホ」にかかっていく構成になっている。「思うことがありそうな様子」という意味に解釈できる。これは用例(24)で「きこえまほしげなることあり」がゲにかかっていく構成と同じものと考えることができる。ガホにもゲと同様に一単語としての用法だけではなく、上の句の修飾語になる用法が認められることになる。これはガホがゲと類似しているからこそ持ち得た用法と考えられる。

アルジゲ―アルジガホ
(25) 雪ばかり主げに降りつみたる庭の面のはるばると心細げなるを

(狭衣物語　巻四)

(26) 住みなれし人はかへりてたどれども清水の宿はあるじかほなる

(源氏物語　松風)

　用例(25)では「庭の雪」が、用例(26)では「清水の流れの音」が、その場を支配するかのように際立ち、「いかにも主人であるかのような様子」を表現しているのではないだろうか。どちらも「いかにも〜の様子だ」という意味であると考えられる。

　ここで注目したいのが、用例(26)が和歌中に見られる場合であることである。このアルジゲとアルジガホが同じ意味であると考えるならば、これらを置き換えることができるであろうか。もし用例(26)でアルジガホをアルジゲに置き換えたとするならば、この和歌の第五句は音数不足になってしまう。

　そう考えると、先に挙げた用例(10)の西行の和歌のウレシガホの場合も同様に考えられる。ウレシゲと意味に区別がなく、置き換えることができそうであるが、実際は和歌の音数上の制約を考えると不適当になるのではないだろうか。形容詞にあまり下接しないガホがウレシに下接しているのもこうした事情があるからではないだろうか。

　また、先に述べたように作品の量に比して、和歌にはガホが多く見られることや、ガホを接辞として見ることのできる初期の用例は比較的和歌に多いという状況は、ガホが音数律に適応させるために用いられた場合があることを示しているのではないだろうか。

## 5　まとめ

　中古・中世におけるガホについて見てきた結果、およそ次のようにまとめることができる。

　まず、ガホの発達過程を見ると『源氏物語』において最も盛んであり、以

後減少傾向であるという点ではゲと共通した傾向が見られる。

　また、用法についてガホは中古の中期以降に、一単語以上に影響を及ぼす用法を持つようになることもゲと同じ用法を持つようになった例である。さらに、中世になって漢語に下接する用法を持つようになることも、ゲの発達過程と類似していると言える。

　しかし、上接語についてはゲとガホは相違している。ガホの上接要素として最も多いのは動詞の連用形である。これはゲの上接要素が形容詞を中心としているという点と異なるものである。

　意味の面ではゲとガホは類似した場合も認められるが、原則的には相違するものである。上接要素が同じ場合について比較すると、両者ともそのような様子が観察された場合に用いられている。ゲは動作主体が無意識な様子について観察された場合で、ガホは動作主体が意識的につくろっている様子が観察された場合に用いられるという違いが認められる。

　またゲとガホが類似した意味として用いられるのは、和歌において多く見られる。これは、和歌の音数上の制約という点から、音数に不足が生じた場合に、ガホがゲの代用として用いられるということがあったということではないだろうか。

注
1　「〜顔」が、ガホとすべての場合で連濁を起こしているのかについては問題があるが、ここでは、ガホと統一して考えていくことにする。
2　『日本国語大辞典』での「知らん顔」の用例は『柳多留』の例が挙げられている。
3　小島憲之(1956)「遊仙窟の傍訓をめぐって」『訓点語と訓点資料』参照。
4　日本古典文学全集『源氏物語　六巻』(1976年2月　小学館)259ページ頭注参照。
5　田辺正男(1976)「源氏物語の〈―がほ〉について」『国学院高校紀要16』参照。
6　『日本古典文学大系』(岩波書店)の訳は「そしらぬ顔」、『古典文学全集』(小学館)の訳は「そしらぬふり」となっている。
7　中田祝夫・竹岡正夫(1960)『あゆひ抄　新注』風間書房
8　『日本国語大辞典』には近代の文献の例がある。川端康成の『春景色』の用例が

挙げられているが、シタリガホの意味の用例である。

# 第4章　近世前期の接尾辞ゲの用法

## 1　はじめに

　第4章から第7章では、近世でのゲとソウダについて記述していく。中世でやや減少する傾向を見せたゲと新たな萌芽が見られたソウダについて、それぞれが近世ではどのような状況を示すのかについて具体的に見ていく。

　近世は政治史の時代区分から見れば、江戸幕府の創設(1603年)から明治維新(1868年)の約270年間である。これは約400年に亘る中世に比べれば、期間としては中世よりも短い。しかし、文献の量は中世以上に豊富に存していると言える。またバラエティに富んだ作品がある。そこで本章では様々なジャンルについて、いくつかの文献を代表として用例を集め、見ていくことにする。調査対象については以下に記す通りである。

〔近世前期〕
噺本
　（醒睡笑　きのふはけふの物語　一休はなし）
狂言
　（虎明本狂言　狂言記　狂言記拾遺　狂言記外　狂言六義　山本東本狂言）
仮名草子
　（恨の介　竹斎　仁勢物語　浮世物語　大坂物語　清水物語　是楽物語　身の鏡　都風俗鑑）
浮世草子
　（好色万金丹　色道大全傾城禁短気　新色五巻　御前義経記　好色一代男　西鶴諸国はなし　好色五人女　好色一代女　本朝二十不孝　男色大鑑）
浄瑠璃
　（世継曽我　曽根崎心中　丹波与作夜の小室節　百合若大臣野守鏡　碁盤太

平記　大職冠　天神記　五十年忌歌念仏　夕霧阿波鳴渡　大経師昔暦　鑓の権三重帷子　博多小女郎波枕　心中天の網島　女殺油地獄　心中宵庚申他)

〔近世後期〕

読本

　(雨月物語　春雨物語　椿説弓張月)

洒落本

　(跖婦人伝　遊子方言　甲駅新話傾城買四十八手　繁千話　傾城買二筋道　他)

滑稽本

　(東海道中膝栗毛　浮世風呂　浮世床　酩酊気質)

人情本

　(春告鳥　春色梅暦)

合巻

　(偐紫田舎源氏　鱸包丁青砥切味　画傀儡二面鏡　娘金平昔絵草紙　関東小六昔舞台　花桜木春夢語　他)

草双子

　(金々先生栄花夢　名人ぞろへ　狸の土産等　山東京伝全集1)

その他

　(玉勝間　紫文要領　石上私淑言　鳩翁道話　柳多留　他)

　ここでは近世を前期と後期(読本以降)とに分けて見ていく。さらにゲとソウダについて別々に以下4章に分け、記述していくことにする[1]。

## 1.1　近世のゲとソウダの全体像

　ここではまず近世全体を見渡して、ゲとソウダの出現状況について作品ジャンルごとにどのような傾向が存するのかについて見ていく。

　まず前期の状況については、次表1に示す。表の数字は、ジャンルごとの異なり語数である。

第 4 章　近世前期の接尾辞ゲの用法　95

表 1　ゲとソウダの出現状況（近世前期）

|  | 噺本 | 狂言 | 仮名草子 | 浮世草子 | 浄瑠璃 |
|---|---|---|---|---|---|
| ゲ | 13 | 15 | 20 | 33 | 53 |
| ソウダ | 24 | 109 | 5 | 37 | 31 |

　表1を見ると、作品のジャンルによって傾向が異なることがわかる。近世の前期においては噺本や特に狂言資料といったジャンルでは、ゲよりもソウダの方が優勢になっていることがわかる。噺本の表現は「多少の差はあれ、全体的に言えば話しことばを基盤にしている」とされている。また狂言資料のことばは、「上方の口語が基礎になっている」とされており、こうした口語的性格を有する資料においてソウダが優勢である状況が見られる。

　これら以外のジャンルについては、文語の俗文体で書かれていると言われる仮名草子や浄瑠璃のように、ゲが優勢である状況が見られる。仮名草子の性格については多様ではあるものの「文語の俗文体で書かれているゆえ、当時の口語の影響が著しい」とされている[2]。また、浄瑠璃は、「話しことばの宝庫である」と言われるが、「雅俗折衷文であり文語的要素もきわめて強い」と言われている[3]。文語の要素が取り入れられた作品においてはゲが残存していることになる。

　仮名草子より後の時代の浮世草子では、ゲとソウダがほぼ拮抗した状況にあり、これはソウダが徐々に浸透していく様相を呈しているのではないだろうか。

　これらを考え合わせると、この時代のゲやソウダは、それぞれのジャンルにおける文語的性格と口語的性格の度合いと相関していると考えることができる。

　それでは次に、後期の全体的な状況について、表2に示す。

表2 ゲとソウダの出現状況(近世後期)

|  | 読本 | 洒落本 | 滑稽本 | 人情本 | 合巻 | 草双紙 | その他 |
|---|---|---|---|---|---|---|---|
| ゲ | 52 | 1 | 14 | 5 | 123 | 8 | 43 |
| ソウダ | 1 | 12 | 24 | 15 | 7 | 28 | 119 |

　表2を見るとやはり前期の状況と同様にゲかソウダのどちらか一方だけが優位を示すのではないことがわかる。ジャンルによって偏りのある状況を見せている。ゲは読本、合巻といった近世の文語を反映したジャンルにおいて、特に優勢であることがわかる。これに対してソウダは、洒落本、滑稽本、人情本、草双紙において優勢になっている。これは、洒落本や滑稽本は会話が中心に展開し、登場人物の言動や動作が表現されるという手法により描かれていることが影響しているものと考えられる。また、黄表紙などの草双紙は、口語資料性を示すという指摘も見られる。やはりソウダは口語的性格の強いジャンルにおいて優勢であると言える。

　また、後期であっても極端にソウダの出現が少ないジャンルも注目される。ソウダは一挙に増加し続けているだけではないことがわかる。近世では、古形としての文語的性格のゲから新語形としての口語的性格のソウダへと一気に移行した訳ではないことがわかる。

　以下近世におけるゲとソウダが、時代とともにそれぞれ具体的にどのように推移していくのかについて、その理由も考えながら以下4章にわたって見ていくことにする。

## 2　近世前期のゲの状況

　まず、近世前期におけるゲの出現状況を全体的に見る。

　ジャンルごとに異なり語数は、上記に見たように噺本(13)狂言(15)仮名草子(20)浮世草子(33)浄瑠璃(53)である。これは前代に比べて、極端に増加や減少している傾向は見られない。

　つぎに、近世前期全体ではどれだけの異なり語数があるかを見ると、各

ジャンルを合わせた異なり語数の総数は 104 語になる。以下この 104 語について考察していくことにする。

まずは上接要素について、品詞別に分類すると次のようになる。

表 3　ゲの上接要素の分類(近世前期)

|  | 形容詞 | 形容動詞 | 動詞 | 助動詞 | 名詞他 |
|---|---|---|---|---|---|
| 語数 | 72 | 8 | 11 | 8 | 5 |
| 割合 | 69.2% | 7.7% | 10.6% | 7.7% | 4.8% |

形容詞の内訳はク活用 35 語、シク活用 37 語である。シク活用形容詞の方が若干多くなっている。これはこの時代までの傾向と同じであり、ゲが感情表現と結び付きやすいということを示している。

ゲの上接要素の品詞別の割合では、最も多く見られるのは形容詞であり、これも近世までの状況と同様の傾向にあることがわかる。しかし、その形容詞の割合は、中古では 81.8%、中世では 77.3% であったのに比べて、近世では 1 割程度減少していることがわかる。形容動詞の割合は前代と変わらず、形容詞が減少した分は動詞、助動詞、名詞のそれぞれ割合が少しずつ増加していることがわかる。現代語においてゲは、形容詞、形容動詞および「あり」と一部の助動詞にしか下接しない状況を考えれば、この時代は一見すると、上接要素が多様であるように見えるが、実情はどのようなものであろうか。以下に考察していく。

## 3　上接要素ごとの用法

ここでは、ゲの上接要素ごとに特徴を見ていく。近世前期のゲの造語力はどの程度であったのだろうか、以下詳しく見ていく。

### 3.1　形容詞の場合

まず、ゲの上接要素が形容詞の場合について見る。先に見たように近世前期においてはゲの上接要素が形容詞の場合の割合は減少した。それでは造語

力についてはどのような状況にあるのだろうか、以下見ていくことにする。

　中古・中世には見られず、近世前期になって新しく出現するようになったゲを調べると、22語(30.6%)がある。これは、上接要素が形容詞の場合の3分の1弱になる訳で、近世でもゲの造語力はある程度認められると言える。具体的には次に挙げる22語になる。

　　いかつげ　いとしげ　いとしぼなげ　うそさむげ　おもはゆげ　かろがろしげ　かわいげ　ぎこつなげ　けうとなげ　このもしげ　さはいらしげ　仔細らしげ　自慢らしげ　殊勝らしげ　さもしげ　するどげ　まめしげ　みずぼらしげ　むぞうらしげ　面目なげ　りりしげ　わかげ

　これらの語は、どのような事情で近世以降に用例が出現するようになったのだろうか。言い換えれば、近世のゲの造語力とは、実態としてはどのようなものであるのかという点について考察していくことにする。

　まず近世以降見られるようになった場合について、上接する形容詞がどのような時代に存しているのか分類しながら見ていくことにする。

１)　上接形容詞が中古に見られる場合
　　かろがろしげ　このもしげ　面目なげ　わかげ
　これらは上接する形容詞は中古から存しているのに、ゲが下接する場合は近世まで見られなかったことになる。それではなぜ、近世以前にはゲが下接した場合が見られないのだろうか。以下その理由を考えるために、いくつか例を挙げながら見る。

　まず、近世までの傾向から見て感情形容詞に対応する他動詞が見られる場合には、ゲによって主体以外の感情を表現する用法が必要とされる度合は低いものと考えられる。上記の中で「このもし」については「このむ」の他に「このもしがる」という他動詞が見られた。このため、ゲによる表現の必要度が低かったのではないだろうか。そのため中古ではゲが下接した形が見られず、近世になって出現したということではないだろうか。これを裏付けるものとして、「このもし」の母音交代形である「このまし」については、「このましがる」という語形は見られないが、「このましげ」は中古から用例が

見られることが挙げられる。

かろがろしげ
（１）　わが妻にかたるに、「いつにても、それ程のことばの縁はあらん物を」
　　　と、かろがろしげに言ひつるが　　　　　　　　（醒睡笑　巻之五）

重複形容詞にゲが下接する傾向は中世にもあったが、この用法がやや遅れて見られたということではないだろうか。「いかにも簡単そうに」の意である。重複形容詞は元来「いかにも～ようだ」の意は持っていたが、中世以降その重複形容詞にさらにゲが下接した場合も増加してくる。これが少し遅れて近世でも出現したということではないだろうか。

わかげ
（２）　「仰せもっともに候。御存知のごとく、我等若気に候へば、軍法をも
　　　しかしかと存ぜず候」　　　　　　　　　　　　（大坂物語　上）

「わかげ」は、近世に見られるようになった名詞としての「若気」が、接尾辞ゲと混同したために生じたのではないかと考えられる。意味は「いかにも若く、未熟な様子」を表す語である。中古には既にこの意味を表す語として、「わかわかし」が存していた。また、心身の若さを表す「若やか」も見られた。中古で「若げ」が見られなかったのは、「わかし」が形状形容詞として意識されたためではないだろうか。

　以上のように、これらは特にこの時代までに出現しにくい事情は考えられるが、出現しなければならない理由が存するわけではない。単に他に遅れて見られるようになったか、「わかげ」の場合のように混同して見られるようになった場合ということではないだろうか。

２）　上接形容詞が中世までに見られる場合
　　　いとしげ　おもはゆげ　かわいげ　ぎこつなげ　するどげ　まめしげ　み

すぼらしげ　りりしげ
　これらの8語は、上接する形容詞自体は中世までに用例が存しているが、ゲが下接した形が見られるのは近世以降という場合である。
　これらの中で、ガル型動詞を持つ場合は「いとしげ」「おもはゆげ」「かわいげ」である。ゲもガルも主体以外の感情を表現するという点で類似した用法を持っているため、同時には生まれる必要はなく、ゲの誕生が遅れたということではないだろうか。
　また、ゲに上接する形容詞自身に既に「いかにも～らしい」の意を含んでいる語が存する。「ぎこつなし」「まめし」の場合で、いずれも他品詞から転成してできた形容詞である。「ぎこつなし」の「なし」は「切ない」等の「ない」と同じで上接要素を形容詞化する接尾辞である。他品詞から形容詞へ転成する際に、「いかにも～らしい」という意味が付加されたため、形容詞として成立した当初にはゲを下接させる必要がなかったのではないだろうか。
　「みすぼらし」「りりし」については、中世に見られるものの用例数は多くない。多用されるようになったのは近世以降であり、その際にゲが下接するようになったものと考えられる。
　以上のようにここに見られる語は、いずれも中世では何らかの事情があってゲが下接しにくかったものと考えられる。そうした語が時代が下り近世になってゲが下接するようになったということは、近世前期でもゲの造語力が存在していることを示していると言える。

3）　上接形容詞が近世以降に見られる場合
　　　いかつげ　いとしぼなげ　うそさむげ　さはいらしげ　子細らしげ　自慢らしげ　殊勝らしげ　さもしげ　けうとなげ　むぞうらしげ
　これらは近世で新しく出現した場合である。新しい語形にゲが下接することは、ゲの造語力を示すことになる。しかし、異なり語数としては10語とあまり多いとは言えない。ゲは造語力を失ってはいないが、盛んではない状況を示している。
　まず、形容詞を作る接尾辞「らしい」にゲが下接した「～らしげ」が注目

される。「らしい」助動詞「らし」が口語化したもので、本来は「いかにも〜の様子である」「〜にふさわしい」「〜と感じられる」という意味を持つ。これまで助動詞「らし」にゲが下接した例は見られなかった。これはゲと助動詞「らし」とに意味の重複があるためとも考えられる。近世になって「〜らしい」型の形容詞が見られるようになってから、ゲが下接する形が見られるようになる。以下用例を見ていく。

しさいらしげ
（3）「コリヤ尤もじゃ。稽古してやろ第一足取りを稽古せい。サアおらが
　　　歩行よふにせい」と。鳥居の馬場を能舞台。しさいらしげに身繕い。

（近松半二　伊賀越道中双六）

「子細らし」には、「わけがありそうである」という意味もあるが、ここでは「もったいぶっている。もっともらしい」という意味である。

さはいらしげ
（4）　座敷にいながらけぞりが諸色受込でさはいらしげに勿体顔

（博多小女郎波枕）

「差配」は「世話をすること。指図すること」の意がある。ここでは「いかにも指図がましく」の意である。

殊勝らしげ
（5）　殊勝らしげに取り出ししわいことのうそ八百　　（博多小女郎波枕）

「いかにも殊勝そうに」といった意味である。

むぞうらしげ
（6）　小宿さなへいんだがの。今で思へばむぞうらしげにそがいにせでも大

　　　　じなかたん　　　　　　　　　　　　　（博多小女郎波枕）

「むぞうらし」は「かわいそうである」意である。「無慙」を形容詞化した語で、これにゲが下接した「むぞうらしげ」は「いかにも不憫だ」という意味になる。以上の「〜らしい」を見るとこれらは漢語形容動詞を形容詞化する際に、接尾語的に働いたのではないかと考えられる。そのため、本来持っていた「いかにも〜らしい」という意味が意識されずに、ゲが下接するようになったものと考えられる。
　また上接する形容詞が、近世語として発達した語にゲが下接した場合が見られる。

うそさむげ
（7）　その身は紙子でごそめき、うそ寒げなるなりにて、衿のうすさは此山
　　　　の名物の剃刀の刃よりもうすくて　　　　　（一休ばなし　巻第四）

「うそ寒げ」の「うそ」は、接頭辞である。これは形容詞「うすい」の語幹「うす」の変化したものである。中世にも見られるが、「うそぎたない」「うそ気味悪い」等、実際に多用されたのは近世になってからである[4]。さらに、次の語は近世語として特徴的な形容詞に、ゲが下接した場合である。

いとしぼなげ
（8）　いとしぼなげに紙治様と私が中。さ程にもないことを
　　　　　　　　　　　　　　　　　　　　　　　（心中天の網島　上）

「いとしぼい」は「いとほしい」の「ほし」をさかさまにして出来た語で、近世的な語形変化により見られる語である。
　以上形容詞にゲが下接した場合で、近世以降に用例が出現する場合である。近世前期のゲは量的には盛んな状況は見られない。しかしその内容を見ると、中古から見られる化石的に残った語だけで構成されている訳ではない

ことがわかる。ゲは形容詞に下接する用法については、それほど強くはないものの造語力を示し、新しい語形が見られると言うことができる。

### 3.2　形容動詞の場合

近世前期に見られる形容動詞に下接したゲは、次の８語である。
　　あはれげ　阿呆げ　いたづらげ　おもはせげ　仰山げ　さすがげ　殊勝げ
　　へたげ

近世以降に見られるようになった語は「阿呆げ」「おもはせげ」「さすがげ」「殊勝げ」の４語であり、造語力が弱まっている状況が窺える。

次に挙げる「さすがげ」は掛詞として生じた場合のようだ。

（９）　こしにないがま<u>さすがげ</u>にやたけごころぞたくましき

(狭夜衣鴛鴦剣翅　第五)

ここは「流石なさま」と「差すがごとく」の意を掛けた場合で、ゲの造語力の影響と言うよりは、掛詞として表現技巧の一として生まれた語である。

また、漢語形容動詞にゲが下接した場合が「仰山げ」「殊勝げ」の２語しか見られなくなった。漢語形容動詞にゲが下接する用法は中世には盛んに見られ、中世でのゲの造語力を示していた。しかしここでは２語のみしか見られず、造語力が盛んな状況は失われたことになる。これは、詳しくは別に述べるが、近世では「殊勝そう」のように漢語形容動詞にソウダが下接する用法が盛んになってきたことが原因であると考えられる。ソウダが漢語形容動詞に下接する用法を盛んにしたため、ゲが漢語形容動詞に下接する用法は衰退方向にあるということである。

### 3.3　動詞の場合

動詞に下接している場合は異なり語数で11語ある。このうちの４例が終止・連体形に下接した「いふげな」「居るげな」のような「げな」の場合であり、これについて詳しくは以下で別に記す。「げな」以外の場合を見ると、

すべてが中世までに見られた造語法で「おもひありげ」「かいしょありげ」「こころありげ」のような「〜ありげ」の例しか見られない。

(10)　只其儘の榊の前と。まがふ計の詰袖にて思ひ有りげに立ち出る。

(芦屋道満大内鑑　第二)

用例(10)は、発話時に「思いがある」という状況が、語り手の感想として述べられているという用法である。この場合のように、近世前期では「あり」以外の動詞にゲが下接する用法は見られなくなった。現代語でもゲは「〜あり」にしか下接しなくなった。中世では「動きげ」「勝ちげ」という場合が見られ中世での造語力を見せた。しかし近世ではこうした用法は失われ、造語力をなくしていることが確認される。この要因としては、この時期に盛んになったソウダが、動詞に下接する用法を中心に発達させたためであると考えられる。もともと形容詞を中心に下接してきたゲについては、動詞に下接する用法は中心的な用法ではなかったこともあり、加速度的に衰退へ向って行ったものと考えられる。

### 3.4　助動詞の場合

　助動詞にゲが下接している場合は、異なり語数で8語である。新しく見られる用法は「ます」に下接した場合のみである。

(11)　「去によって武士の武の字は戈を止るとやら。書キますげにござります」

(義経千本桜　第二)

用例(11)の場合「書きますように」の意味で「書く」は非過去時制である。「ます」が助動詞として働くようになったのは、ほぼ近世以降のことであり、そこにゲが下接したことになる。

　従来から見られる用法としては、願望の助動詞「たし」に下接した「いいたげ」の場合が1例ある。

（12）　ふうふは物もいひたげにかほふりあげしがむせかへる。

(近松門左衛門　五十年忌歌念仏)

浄瑠璃では、他のジャンルに比べてゲがやや多く出現する。浄瑠璃は文語の俗語文で書かれているため、文語的要素が残っているということではないだろうか。

　残りの6語については、動詞の場合と同じく「げな」の用法であり、これについては以下で詳しく記す。表2で動詞、助動詞にゲが下接している場合が、若干多くに見えたが、実際は「げな」の場合が増えただけで、ゲの場合は造語力が失われている状況にある。

### 3.5　名詞および副詞の場合

　ゲが名詞に下接した場合についても、今回の調査では4例が見られるのみで、盛んな状況とは言えない。名詞に下接する用法は、中古にはわずかにあったが、中世では見られず安定した用法ではない。狂言資料中には次のように新しく出現する語も存している。

えびすげ
（13）　さりながら、頼ふだ人は、どこやらが夷げな、人じゃほどに

(狂言六義　栗焼)

用例(13)について頭注には「温和で気前のいい様子」とある。「夷のように見える人だ」という語り手の感想の用法である。

かみげ
（14）　シテ「反を返いて、腹を立つる、秀句を言わぬのみならず、神気なと
　　　ぬかいた、神気なと云は、物怪の付いた者をこそ、神気なと言へ、憎
　　　い奴じゃ

(狂言六義　秀句唐笠)

用例(14)は「神がついたような様子」を言う語である。そのような状態に見えるという、語り手による感想の表現である。

らうさいげ
(15)　毒買はうというて歩く男の姿を見れば、如何にもやせ衰へ、色せうせうと労瘵気なり。　　　　　　　　　　　　　　　　　　（醒睡笑　第六）

「らうさい」は、肺病や神経症などの病気を言う語である。眼前の状況から判断して「労瘵病のようだ」という意である。
　これらの名詞に下接したゲは、いずれも上接の名詞の性質を帯びているように感じられるという意味で用いられている。これは現代語では「〜のようだ」によって表現されるところである。また第5章で見るが、この時期には後に見るように「名詞＋ソウダ」にも類似の用法があり、「名詞＋ソウダ」の方がゲの場合よりもやや盛んな状況にある。これは、この時期に安定した用法と言えるまでにはなっていないものの、中古から用いられ古臭いイメージのあるゲよりも、新興のソウダの方が嗜好され、ソウダの造語力が発揮されたのではないかと考えられる。

〔副詞に下接した場合〕
　また1例のみであるが、副詞に下接したと考えられる「ちくりげ」がある。

(16)　取ものも取りあへず、先ちくりげに書かせて参り候。
　　　　　　　　　　　　　　　　　　　　　　　　（一休ばなし　巻二）

この語について、頭注には「ちいさめに」とある。「わずかであるさまを表す語」（『日本国語大辞典』）という意味の副詞「ちくり」にゲが下接した場合と考えられる。この用法は、他の副詞にもゲが下接するまでには及ばなかった。ゲの造語力が強くない状況を示している。

## 3.6 「げな」の用法

中世後期に見られるようになった「げな」は、近世前期にも動詞や形容詞、助動詞に下接した場合がある。これらはそれほど多いという訳ではないが、近世でのゲの上接要素として動詞や助動詞の割合が、以前より高くなっているのは「げな」が存しているためと考えられる。「げな」は、終止・連体形に下接するというゲとは異なった接続をしている。以下、「げな」の用法について見ていく。

１）　動詞に下接した場合

まず動詞に下接している場合から用例を見る。動詞に下接している場合は「あるげな」「いふげな」「居るげな」「お笑いやるげな」「反るげな」の異なり語数で５語見られる。

居るげな
(17)　聞きや此村へ来て居るげなが。互いにしらねばすれ合っても。嫁姑の明鬐。　　　　　　　　　　　　　　　　（義経千本桜　第三）

用例(17)の場合の意味は「聞きや」(聞くところによると)と共起していることから、「来ているそうだ」という意味で、「伝聞」の用法と考えられる。

反るげな
(18)　大夫花紫どの床へ入られて喜悦の時分には、十三里隔てて彼方にある、足の親指がびりびりとして名誉反るげな。　（傾城禁短気　三之巻）

用例(17)の場合も、発話時に実際にその様子を観察して表現しているのではなく、「反るということだ」という意味の「伝聞」の用法と考えられる。

お笑いやるげな
(19)　この太郎はまたしてもまたしても夫婦いさかいをするとあって、皆後

ろ指をさいてお笑いやるげな。　　　　　　　（山本東本狂言　鎌腹）

用例(19)のでは「お笑いやる」という動作が開始するのは、発話時もしくはそれ以降と考えられる。夫婦げんかを見て同時に笑うとも、夫婦げんかを聞いた将来の時点で笑うだろうとも解釈できる。ここでは皆「笑っていらっしゃるようだ」という意味の「様態」の用法と考えられる。
　以上の例を見ると、文末用法としての「げな」の用法が多いことがわかる。これは動詞に下接した場合だけではなく、他の場合でも同様の傾向が見られる。

２）　形容詞に下接した場合
　形容詞に下接した「げな」は次の１例がある。

(20)　内の女房は片足短いげなが、五十両の敷金に呆げて持って、その上悋気深いに迷惑するとや。　　　　　　　　　　（傾城禁短気　二之巻）

用例(20)は文末に「とや」（ということだ）が用いられていることからも、「短いそうだ」という「伝聞」の用法である。以上のように、動詞や形容詞に下接した「げな」は伝聞の用法と「様態」の用法があると考えられる。

３）　助動詞に下接した場合
　次に、「げな」が助動詞に下接した場合について見る。助動詞に下接している「げな」は異なり語数で６例である。そのうちの５例までが、過去・完了の助動詞「た」に下接し「たげな」の形になっている。テンス・アスペクトの助動詞に下接する用法は、中世までは「～たりげ」の形がいくつか見られた。近世では「げな」がこの用法を担うことになる。

(21)　此村のお作女郎は。北野の七本松に居られたげなが。今は建仁四條あたりに、　　　　　　　　　　　　　　　　　（新色五巻の書　一之巻）

用例(21)は、「以前はいらしたようだった」または「いらしたらしい」の意である。過去にはその様子だったという、過去の様態を推量した表現である。

(22)　いつともなしにすっきりと禿げて、をのづから法躰となり、此中も十徳着て茨木屋へござんしたげな。　　　　　　　　（好色萬金丹　巻之一）

用例(22)の場合も、発話時には動作が完了してしまっている状況について用いられている。他人の既に行われた発言を根拠として表現された部分で「伝聞」の用法である。現代語では「〜たそうだ」で表現されるところである。

(23)　女どもが遊びにこなたへ参たげにござる程に、もどれといふてくだされひ　　　　　　　　　　　　　　　　　（虎明本狂言　こひ聟）

用例(23)の場合も、発話時には女どもが「参上する」という動作が完了している場合であり、「参上していたようなので」の意になる。
　「た」+「げな」の形は、いずれも文脈によっては、「そのような様子だった」（過去様態）の意味とも「そのように聞いた」（過去伝聞）の意味とも取れそうである。ここで注目すべきは、「様態」を過去のテンスで表す用法は、現代語には「ようだった」があるが、この時期には他の表現は見られないということである。
　また、過去の伝聞や過去の推量を表現する用法については、古くは助動詞「けむ」や「らむ」によって表現されていた。しかしこうした助動詞は、次第に用いられなくなっていく。中世後期に「げな」が生まれ、この用法を担うことになるが、やがて「げな」も見られなくなる。「げな」は新しい表現が登場し固定化するまでの間、そのすき間を埋めるべく臨時的に行われた表現であると考えられる。
　「た」以外に下接している「げな」は次の例である。

(24)　「明日は日がらもよいとあって、伊勢参宮召さるるげな。めでとうこ

そあれ」 （山本東本狂言　素袍落）

　用例(24)は、発話時以降の明日の出来事についての表現であり、発話時には動作が行われる以前の状況である。すなわち「いらっしゃるようだ」という意味になり、「予測」の用法と考えられる。現代語では「予測」の表現はソウダの担う用法である。「げな」によるこうした用法が、近世で見られるものの、多用されている訳ではなく、あくまでも表現する選択肢の一つだったと考えられる。
　「げな」は、活用語の終止・連体形に下接するといった、ゲよりも比較的に自由な接続をする様子を見せる。終止・連体形は現代語では非過去時制を表現していて、これに「げな」が下接すれば「予測」の用法を持ち得たということになる。「げな」はそうした新用法を持っていたため、新たに発達していく可能性もあった。しかし「げな」があまり発達しなかった理由はいくつか考えられる。
　まず、「げな」は古くから用いられていたゲがその一部に含まれているため、新しい語感は持ち得なかったことがその発達を妨げたのではないかと考えられる。
　また、「げな」の用法は上記で見たように文末用法に偏っており、文中で連体修飾などの機能はあまり示していない。こうした用法の偏りも「げな」があまり発達しなかった理由ではないかと考えられる。
　また、仙波光明(1976)の記述にもあるように「げな」は「伝聞」と「様態」の2用法を持っていた。そのため、どちらの用法であるのかという弁別の必要が生じた。これは多機能の助動詞を用いなくするという、近代語化への流れに反するものとなる。そのために「げな」は会話文に用いられはしたが文末用法を主にしただけで、一般的には発達する所までには至らないまま、近世で発達した「そうだ」に追いやられて衰退してしまう。「げな」は、ゲによる表現では不足していた部分を一時的に充足して、その役割を終えることになった[5]。

## 4 まとめ

　以上に見たように、近世前期のゲは、衰退傾向にある。とは言うものの、中古から見られるゲが残存しているだけではなく、新しい要素に下接する場合もあり、多少の造語力は示している。しかし、一方でこの時期に新語形でありさらに多機能を持ったソウダが台頭したことによって、ゲは古くさい語として、衰退していく過程であると考えられる。ゲの衰退に応じて、「げな」が新しい用法を持ったものの、これもそれほど盛んにはならずに消滅する方向にある。

　それでは、近世後期では、ゲはさらに衰退していくのだろうか。次章以下に詳しく見ていくことにする。

注

1　一般には、近世前期は上方、後期は江戸文化との区分であるが、本書では読本以降を近世後期とし、雑俳、川柳は後期に含めて扱った。
2　『日本語学研究事典』2007　明治書院参照。
3　佐藤喜代治編(1973)『国語史』明治書院参照。
4　『日本国語大辞典』には、「うそぎたない」の用例は、歌舞伎『矢の根』(1729)、「うそ気味悪い」の用例は、浄瑠璃『伽羅先代萩』(1785)が挙げられている。
5　「げな」は文献上では一般には発達してはいない。しかし方言においては、「だそうだ」という意味を持ち、文末用法として広い地域での使用されていることが辞書類に記述されている。

# 第 5 章　近世前期のソウダの用法

## 1　はじめに

　前章において、近世では特に前期にゲが盛んではなくなっていく状況が確認された。その一方でゲと類似した「そのように判断される様子」という意味を持つソウダは、中世に萌芽が見られた。それではこのソウダは、近世前期ではどのような状況を示すのだろうか。本章では近世前期のソウダに注目して見ていくことにする。以下狂言資料以降を近世前期と考え考察を進めていく[1]。

　まず、近世前期のソウダのジャンルごとの異なり語数を示すと、以下の通りである。

　　噺本(24)　狂言(109)　仮名草子(5)　浮世草子(37)　浄瑠璃(31)

　また、近世前期全体でどの程度のソウダが見られるのかについて示すと、異なり語数の総数は 181 語になる。

## 2　上接要素ごとの用法

　近世前期のソウダの上接要素はどのような構成になっているのだろうか。ソウダの上接要素を品詞ごとに分類すると表 1 のようになる。

表 1　ゲの上接要素の分類(近世前期)

|  | 動詞 | 形容詞 | 形容動詞 | 名詞 | 助動詞 |
|---|---|---|---|---|---|
| 異なり語数 | 51 | 50 | 27 | 33 | 20 |
| 割合 | 28.2% | 27.6% | 14.9% | 18.2% | 11.0% |

　表 1 から、近世前期のソウダについて以下の 2 点が注目される。

・動詞に下接するソウダと形容詞に下接するソウダの割合がほぼ同程度であることがわかる。これは、ゲの上接要素は形容詞が中心であるが、ソウダについては必ずしも形容詞を中心に下接する訳ではなく、動詞や形容詞など、多様な品詞に下接している。

・名詞にもソウダが多く下接しているという点で、現代語のソウダの場合とはかなり様相が異なっている。名詞に下接する用法は現代までに失われており、初期のソウダは多様な上接要素を持ち、ソウダが発達していく過程である状況が窺われる。

### 2.1　動詞の場合

ここでは、ゲの場合と比較すると上接する割合が高くなっている、動詞に下接するソウダの場合について見ていく。これは上接要素の形態と言う観点から見て、ゲと大きな違いが存する点であり、そこにはソウダ独得の用法が見られることになる。

最初に、ゲの上接要素にもなり得る、動詞「あり」の場合から、ゲと比較しながら見ていく。

#### 2.1.1　「ありそうだ」の用法

動詞に下接するソウダの中で、述べ語数で最も多く見られるのが「あり」に下接した場合である。ここでは近世前期の「ありそうだ」の用法について見る。

（１）　一のくひはどこもとぞ、爰元でありさうな、　　　（虎明本狂言　牛馬）
（２）　さやうの事で有さうにござる。　　　（虎明本狂言　今まゐり）

ここでまず用例(1)、(2)に見られるソウダの用法について見る。これらは、現況(発話時点の状況)の観察に基づく「予想」の用法である[2]。発話時に得られた情報を元に、未確認の事項がどのような状態であるかという予想をする表現である。これは発話時およびそれ以降の状態についての表現である。

以下、この用法を「予想」のソウダとする。

　まずこの点について、ゲとの用法の違いについて考えてみる。ゲの場合もソウダと同様に、動詞「あり」に下接した「ありげ」の例が見られる。

（３）　尊阿弥だぶの庵室も此のあたりにてありげに候、しばらく此よしをきかばやと存候。　　　　　　　　　　　　　　　　　（虎明本狂言　松山）
（４）　百囀りの鳥のいろ、花ならねどもかうばしく、隙ありげにも胡蝶まひあそぶ。　　　　　　　　　　　　　　　　　　　（醒睡笑　巻之四）

用例（３）については、現況から判断して「この辺にあるのだろう」と推量している用法である。これは「予想」のソウダの用法に近い場合である。
　次に用例（４）の場合について見ると、これは現況を観察し、そのことに対して未確認の事柄を「予想」したのではない。「ありげ」は現況についての表現で、発話時点の状況について「〜と感じられる」と感想が述べられたのである。この点でゲとソウダの用法の違いが存することが確認できる。
　また、ソウダとゲとの互換性について考えてみる。まず用例（１）について「ありげ」と置き換えが可能かということについて考えてみると、ゲと等しくはないが、この時期に見られる「げな」の用法には近い例である。
　また、用例（２）の場合については、「ありそうにござる」には違和感がないが、「ありげにござる」に置き換えることはできない。
　これは、ゲとソウダには、影響の及ぶ範囲に違いがあるからではないだろうか。用例（３）では「ありげ」が受けているのは「このあたりで」であり、用例（４）では「隙」のみである。つまりゲの場合は、影響が及ぶのは直前の語か数文節程度であると考えられる。
　これに対してソウダは影響する範囲がゲの場合よりは広く、部分の陳述に影響している。ソウダは「様態」のモダリティを表現していると考えられる。これに対して、ゲは影響の及ぶ範囲が狭いため、「様態」のモダリティを表す用法は持ち合わせていないものと考えられる[3]。
　さらに比較のため、助動詞「べし」との用法の違いについて考えてみる。

（5）「これは何ぞ。蛸ではなきや」といふ時、坊主の返事、「さることもあるべし。ゆふべ蛸薬師の水をくみよせて、茶の湯をしかけさせたほどに」と。
(醒睡笑　巻之三)

（6）花ならば咲かぬ梢もあるべきに何に譬へん雪のあけぼの
(醒睡笑　巻之四)

助動詞「べし」は多様な意味を持つため、用例(5)、(6)の「べし」の意味を判断するには文脈の助けが必要になる。これは誤った解釈も生みかねない訳で、こうした不都合を避けるために、「べし」よりは煩雑でないソウダが用いられ、発達するようになったのではないかと思われる。

これに関連して富士谷成章『あゆひ抄』の「げ隊」には以下のような記述が見られる。

「サウニ」と当つる時〈可倫〉の里言と同じ。もとより脚結の心よく通ひたるうちに〈可倫〉は重く、この隊(つら)は軽きたがひあれど、里言に別つべくもあらねばかく当てたり

この記述を解釈すれば、①ゲをソウダと訳す時には「べし」意味と同じである。②ゲは「べし」ほど強い推量ではない、という内容と判断できる。成章は、ゲとソウダと「べし」に意味の共通性があると認識していたことになり、ソウダは里言との捉え方からも、口語的な要素としての意識が見られるものと思われる。

また、佐田智明(1972)には、中世末の『玉塵抄』における「べし」からソウダへの推移を見せる例が挙げられている。これは、原典である『韻府群玉』において「可食」(食シツベシ)とある部分が、『玉塵抄』では「クイサウナゾ(玉塵　九・五二五)」のようにソウダによって記述されている例が指摘されている。これらのことから近世でソウダが発達するようになった背景として、助動詞「べし」が衰退したことも考えられるところである。

### 2.1.2 他の動詞にソウダが下接する場合

次に、ソウダが動詞「あり」以外に下接している場合について見る。まず、ソウダに上接する動詞にはどのような語があるのか、次に挙げる。

あき　あけ　あたり　あひ　（ある）　いい　うつり　おさめ　落とし　思ふ　おり　かかり　かけ　きき　くい(食う)　くずれ　くれ　ござり　ししとどめ　すぎ　すみ　たち　たて　ちがい　つき　つけ　積もる　つりでき　とび　なおり　泣き　なり　なりあがり　抜け　盗み　のぞみ　はめ　踏み　降り　へり　まいり　まいりやり　見へ　持ち　やり　呼び

これらの動詞はほとんどが動作動詞である。まず、用例を挙げる。

（7）　とかく影を踏みそうでなりませぬ。影を踏まぬ用意を致いて剃りましょう。
　　　　　　　　　　　　　　　　　　　　　（山本東本狂言集　重喜）

用例（7）のように、動作動詞にソウダが下接すると、「まさに～動作が行われそうだ」という意味になる。発話時にはまだ開始していない動作について、発話時以降にどのような動作をするのかということが「予測」される状況を示す用法であると考えられる。以下この用法を「予測」のソウダとする[4]。なお、森田良行（2002）では、この用法を「推定」のソウダとし「結果が実現成立する以前に下す己の感覚的な推定判断」としている。やはりゲが動詞に下接した場合には、見られない用法である。

ゲの場合と比較すると、近世後期でゲが動詞に下接した場合は、異なり語数で11語見られる。そのうち「あるげな」「居るげな」「反るげな」の「げな」が3例で、その他は「おもひありげ」「心ありげ」等の「～ありげ」の場合しか見られない。したがって、動作動詞に下接しているソウダとは、上接する動詞が一致しない。近世ではゲが「あり」以外では、動詞に下接する用法を縮小した。その一方でソウダは動詞に下接する用法を拡大していく方向へと移行しつつある状況を示している。

そこでここでは時代を遡って、ソウダとゲが同じ動詞に下接した場合について考察し、用法の違いについて見ていく。第1章で見たように、中古の

20作品を調査した結果ではゲに上接する動詞は、異なり語数で23語見られるのだが、ここでソウダとゲに共通して見られる動詞がある。次に挙げる「ききそうだ」と「ききげ」の場合と「なりそうだ」と「なりげ」の場合である。以下、ゲとソウダが共通して見られる場合についてそれぞれの用例を見ていく。

（８）　あれもいひかかった事じゃ程に、<u>ききさう</u>もない（虎明本狂言　犬山伏）
（９）　この中納言たちも、<u>ききげ</u>にもおもはざりしかどいまはさもあらざめり。
　　　　　　　　　　　　　　　　　　　　　　　　（宇津保物語　沖つ白波）

用例(8)、(9)では、ともに後に打消しの表現を伴って、「聞き入れてくれそうにない」という意味になる。用例(8)「ききそうだ」は発話時にはまだ動作が開始していない場合について用いられており、発話時以降に起こり得る事態を「予測」して述べた表現である。
　一方用例(9)「ききげ」の場合は過去の助動詞「き」と伴に用いられており、発話時を含めて発話時点までの様子についての表現である。その時点及びそれより前の時点では「聞いていたとは思われなかった」という語り手による感想の表現である。これは「予想」のソウダには近い用法と考えられる。

（10）　誠に是は勤めに<u>なりさう</u>に御ざると云　　　　　（狂言六義　小傘）
（11）　宮司などは耳とどめて聞きけるに、ひさしう<u>なりげ</u>なるかたはらいたさに、こと方により入りて　　　（枕草子　宮の五節いださせ給ふに）

用例(10)の場合は発話時以降の状態について表現した「予想」のソウダである。先の「ありそうだ」で見た場合のように、「様態」のモダリティを表す用法である。用例(11)のゲの場合は発話時の状態についての感想を述べる用法である。「ひさしうなり」に影響が及ぶだけで、この２語の用法の違いを示しているのではないだろうか。
　ここでは、近世前期において動詞に下接するソウダには、発話時もしくは

それ以降の状態の「予想」か、発話時以降に起こり得る事態の「予測」に用いられ、「様態」のモダリティの構成要素になることが確認できる。

2.1.3　終止・連体形に下接する場合の用法
　近世前期のソウダの中には、あまり多くはないものの動詞の終止・連体形に下接している場合であっても、今日に見られる「伝聞」のソウダの用法ではない場合がある。以下用例を見ていく。

あるそうな
(12)　(座頭　うけて)オオ　ちょうど<u>あるそう</u>にござる。
　　　　　　　　　　　　　　　　　　　　　　(山本東本狂言　月見座頭)

用例(12)は、座頭が上京の者に酒を勧められ杯に注いでもらい、飲もうとする場面である。発話時点には、既に酒が注がれているようだと座頭が言う場面である。発話時に動作は既に完了していることになる。

思ふそうな
(13)　(通行人が去ると独白)さればこそ不審に<u>思うそう</u>な。
　　　　　　　　　　　　　　　　　　　　　　(山本東本狂言　米市)

『日本古典文学大系　狂言集』の頭注を見ると「らしい。様子だ」とある。この台詞の直前の部分を見ると、「さればこそ不審におもうは。」(思ったとおり、不審な感じがした)という台詞が見られる。二度目のこの台詞にソウダが下接している。この場合、発話時には既に動作は開始していて、不審に思う最中であったと考えられる。

積もるそうな
(14)　是は我等を<u>積もるさふ</u>ながと思ふことがあっても、覿面にそれを打込まず
　　　　　　　　　　　　　　　　　　　　　　(傾城禁短気　五之巻)

用例(14)は話題の人物の心中が地の文で述べられた部分で、頭注には「おれを見くびっているようだなと思っても」とある。やはり、発話時以降の動作が「予測」される場合ではなく、発話時にはある程度の動作が開始し、その最中であったことがわかる。

さらに、実現してしまった動作に用いられていると考えられる場合もある。

くふそうな
(15) ヤ、附子のそばへ行たが、滅却致さねばようござるが。さればこそはや食うそうな。いまに滅却致すでござろう。 （山本東本狂言　附子）

ここは、「案の定食べてしまったようだ」という意味である。次郎冠者が後方から太郎冠者の動作を見ながら言う台詞である。「はや」には「問題となる事態が、予測に反してすでに実現されているさまを表す」(『時代別国語大辞典　室町時代編』)という意味がある。この例を場面に即して考えると「ああ、もう食べてしまっている」という意味になるのではないだろうか。

ソウダが動詞に下接する場合の初期の用法として、現代とは異なるもう一つの用法が考えられる。ここで見られる終止・連体形に下接する場合には、現代でも見られる「伝聞」の用法とは別に、発話時に既に動作が開始(又は完了)してしまっている状況に用いられるソウダが認められる。以下これを「観察」のソウダとする。

ただ、近世前期でソウダがこの用法を持つことは、ソウダが終止・連体形に下接する場合に「伝聞」と「観察」の二つの用法を持つことになる。上記でも文脈から用法を判断したように、接続形態の違いから用法の違いを見分けることは困難になったと言える。これは用法を判断する際に煩雑さを生じさせるため、やがては滅びてしまったものと考えられる。

現在行われているソウダは、上接要素の活用形によって異なった2種類の用法を持つという、現代語では他に見られない方法によって用法の区別をした。その際に、既に完了した事実についての表現である「伝聞」は、現在の状況を表現できる終止・連体形を選んだ。未完了の事態について表現する

「予測」の用法は、終止・連体形に接続するのをやめて連用形を選んで、それぞれの用法を区別したものと考えられる。

## 2.2　形容詞の場合

　ここまで見てきた中で、形容詞に下接するのはゲの中心的な用法であった。そうした中で、近世以降はソウダの場合も形容詞に下接する場合が多く見られる。形容詞に下接するゲとソウダには違いが認められるのだろうか、以下詳しく見ていくことにする。

　今回の調査では、ソウダに上接する形容詞の異なり語数は50語で見られた。近世前期にゲに上接する形容詞は異なり語数で72語であり、この段階ではソウダは発達段階と見られるため、形容詞にはゲが下接する場合が多く見られる。以下、ソウダに上接する形容詞について、どのような状況を示すのか見ていく。

① 近世前期までを通して共通して見られる場合

　ゲとソウダの上接要素として共通して見られる形容詞は異なり語数で38語(76%)であり、4分の3が共通していることになる。まず、用法の違いは見られるだろうか、以下用例を挙げながら見ていく。

うらめしげ
（16）つゐ太鼓時分になれば残念さふなれど、是非なく人並に起て出て、尻目にかけて怨めしげに女郎を見て、　　　　　　（傾城禁短気　五之巻）
うらめしそう
（17）「あの客ばかりは退く筈の事ではなかったに、連れ衆の悪さに」と怨めしさうにいはるる所へ　　　　　　　　　　（好色萬金丹　巻之一）

「うらめしげ」も「うらめしそう」も主題の心情を語り手が表現している。これは上記で見た「観察」のソウダの用法である。

くるしげ
(18) 「何ぼうでわしや。死にとむない」も苦しげに今を限りの。其有様見る目もいとどいぢらしき。　　　　　　　　　（伊達競阿国戯場　第三）

くるしそう
(19) 夕陽西に入あひのなる比我住坊に帰りおきて見つ寝て見つくるしさうにいたはられけるを　　　　　　　　　　　　　（醒睡笑　巻六）

　以上の例にはゲの場合もソウダの場合も「話し手や語り手による主題の様子の表現」という用法であり、「観察」の用法として共通している。
　それではなぜ、同じ用法がゲとソウダの間に見られるのだろうか。これはやはり、ソウダが造語力を強めていき、その一方でゲが造語力を弱めていくという過程の中で起こったものと考えられる。ソウダが台頭することによって、ソウダはそれまでゲが担っていた用法を次第に獲得していくようになった。ソウダは動詞に下接する用法について造語力を増した。さらに伝統的な文語で発達していた、形容詞にゲが下接する用法にまでその勢力を伸ばしたものと考えられる。
　近世前期でも特に口語を反映した狂言資料の場合には、形容詞に下接するソウダは異なり語数で26語見られるのに対して、ゲは異なり語数で7語と少なくなっている。これは口語的性格の強いジャンルでのソウダが台頭している状況を示すものと考えられる。
　それゆえ狂言資料中に見られるゲには、いかにも古形が残存した感のある語が見られる。次の「うらかなしげ」の場合は、ゲの衰退の過程の中で見られる用例といえる。

(20) ふな人は、誰を恋うとか大島の、浦かなしげに声の聞うる。
　　　　　　　　　　　　　　　　　　　　（山本東本狂言　舟船）

　この例で「うらがなしげ」については『万葉集』に「うらかなしけ」（宇良我奈之家　巻十四・3500）の用例が見られるように、いかにも古代語の様相を

示す語である。この例の場合を見ても、柿本人麿の和歌の引用であり、古形が残存したものと考えられる。

ゲは、次章以下に記したが、近世以降の作品を調べると、すべての文章・文体において同時に、また一様に衰退していく訳ではないという結果を得ている。しかし、近世前期の口語的性格の見られる文章においては、その衰退が他の時期やジャンルよりも顕著であったこと状況が窺われる。これは、ソウダがそれまではゲの中心的な用法であった形容詞に下接する用法ついて、造語力を強めたため、ゲが急激に追いやられた状況であると考えられる。

さらに、次の例のように、ソウダはゲよりも上接形容詞の意味範囲が広いことを示す場合が見られる。

しぶそう
(21) 是は見事な柿じゃが、しぶさうなが、しぶうはなひか
（虎明本狂言　あはせ柿）

しぶげ
(22) この宮づかへをしぶげにこそ思給へれ。　（源氏物語　藤袴）

近世前期に見られる「渋い」の意味は味覚についての表現であるが、『源氏物語』の例は「心がすすまない」という意である。ゲは味覚を表す形容詞には下接しない傾向が見られ、用例(22)も味覚の表現に下接した訳ではない。これに対して、ソウダは味覚の表現にも下接することが可能であることがわかる。ゲには、上接形容詞の意味の制限があるが、ソウダにはそうした制限が見られないのではないだろうか。

② ソウダにのみ見られる形容詞　12語
あいたてなし　浅し　あじきなし　せつなし　なかよし　なりやすし　にあわし　広し　ひだるし　もったいなし　ゆるし　夜深し

これらは近世までゲの下接した場合が見られない。ソウダにのみが見られる場合については、どのような事情があるのだろうか。

あいたてなそう
(23) 「それやうに。あいだてなそうに物はいはぬものじゃ。(醒睡笑 巻四)

用例(23)は、「ぶしつけに、不遠慮に」の意である。「観察」の用法である。
　形容詞の意味的な分類には截然としない部分があるものの、これらの形容詞を「感情形容詞」「属性形容詞」「評価性形容詞」という分類で見るならば、「属性形容詞」か「評価性形容詞」に分類されるのではないだろうか。
　また、形容詞の出現時期という観点から考えると、「あいたてなし」は近世以降に見られるようになった新しい形容詞である。他の形容詞を見ても「にあわしい」が近世以降に見られ、「切なし」「ひだるし」「もったいなし」「ゆるし」が中世以降に見られるようなった形容詞であり、中古由来の形容詞ではないことがわかる。こうした形容詞には、古くさく感じられるゲよりも新しく見られるようになったソウダの方が下接しやすかったのではないだろうか。これらは用例の収集範囲を広げ、近代以降を見ると「切なげ」「ひだるげ」「もったいなげ」のゲが下接した形が見られるようになる。ただ、近代でゲが下接するようになったことついては、別の事情も考えていく必要があるものと思われる。
　また、次の場合のように、時代が下ってもゲが下接しない場合も見られる。

浅そう
(24) 　(主)エイエイ、ヤットナ。これは浅いことじゃ。(太郎冠者)まことに浅そうにみえまする。　　　　　　　　　　(山本東本狂言　あかがり)

用例(24)は、川の様子を観察して「いかにも浅く見える」と判断した場合である。

広そう
(25) 　さて、汝が腹中は広そうな。　　　　　　　(山本東本狂言　富士松)

「あなたの心の中は広そうである」という意味である。

　いずれも「観察」の用法である。ゲにも「観察」の用法はあるのだが、ゲはこれらの形容詞には下接しない。とすると、これまでのところで考えられるのは、ゲに上接する形容詞は、ソウダに上接する形容詞に包含されてしまうのではないかということである。形容詞「浅い」や「広い」には、ソウダには上接することができる。しかし、ゲは近代以降もこれらの形容詞に下接した形は見られない。ゲに上接する形容詞には、何らかの制限があったものと考えられる。ここまでのところで考えられるその制限は、属性形容詞の一部にはゲが下接しないということである。

　これは見方を変えれば、ソウダが発達する過程で、ゲが下接できないか、または下接しにくい形容詞に対して、ゲに代わってソウダが下接するようになったと考えることができる。ソウダにはゲを補完する機能があり、そのことがソウダを発達させる要因になったのではないだろうか。

### 2.3　形容動詞の場合

　ソウダが形容動詞に下接する場合は、異なり語数で 27 語であり、比較的多く見られる。次にソウダに上接する形容動詞を挙げる。

　　あはれ　いたづら　いとしげ　胡散　窮屈　仰山　きらひ　禁物　愚鈍　結構　窮屈　残念　殊勝　上手　息災　大事　道理　にぎやか　不思議　不精　見事　無病　迷惑　楽　利口　利根　慮外

　この中で注目されるのは、いわゆる漢語形容動詞にソウダが下接している場合である。割合を見ても、27 語中、「窮屈」、「殊勝」等の 21 語（77.8％）までが（和製漢語も含めた）漢語形容動詞になっている。

　第 2 章で見たように、中世では漢語形容動詞にはゲが下接した用法が発達する状況が見られた。中世はゲが減少傾向を見せる時期なのだが、その中でこの用法は他の場合に比べて造語力を持っていたと言える。近世になると、漢語形容動詞にゲが下接する場合は減少し、この用法はソウダに奪われたことになる。

　ただこの時期には、漢語に下接するのはソウダが固定化した用法になるの

ではなく、例えば次の「殊勝」の場合のようにソウダ、ゲ、ラシイによる多様な形が見られる。

(26) 何と殊勝なか。(茶屋)殊勝そうにござる。　　　(山本東本狂言　禰宜山伏)
(27) それにつき、この間隣在所へ参ってござれば、小庵にござる殊勝げな御出家を見受けてござる。　　　(山本東本狂言　泣尼)
(28) 説法などには、さめざめと落涙をして、聴聞をする者がなければ、殊勝らしゅうござらぬ。　　　(山本東本狂言　泣尼)

ソウダとゲによる表現は「殊勝さがある事が感じられる様子」について話し手や語り手の感想として述べる用法である。ラシイについては「いかにも殊勝らしい」という「殊勝さ」の有無ではなく、「典型」を表現している所に違いが見られる。

　また、用例(28)の該当部分について虎明本の該当箇所を見ると、「殊勝になひもので御ざあるほどに」となっており「殊勝らしい」は用いられていない。ラシイも近世前期では、用例は多くなく安定して用いられた訳ではないようだ。

　上接要素が漢語である場合については、ゲからソウダへの変遷は明確に捉えられる。中世から近世にかけてゲは漢語形容動詞に下接する用法をソウダに奪われることになる。漢語にソウダが下接する用法は現代語にも受け継がれており、「健康そうだ」「立派そうだ」のように、漢語形容動詞にはゲよりもソウダが下接するのが一般的になっている。

　それではこのような変化はなぜ起こったのだろうか。この時期に「〜の様子」を表す新語形には、「ようだ」も見られる。漢語形容動詞が「ようだ」を選ばずに「そうだ」を選んだのはなぜだろうか。これは「そうだ」や「ようだ」の起源と関わっているのではないだろうか。

　ゲに代わってソウダが盛んになった事情には、ソウダに比べヨウダは文法化の時期が異なっていたためと考えられる。「ようだ」は形式名詞「やう」が変化して生じた語と考えられる。もとになった「やう」は、連体形や、格

助詞「の」に下接する用法が中心であった。「のように」として用いられる場合も多く見られた。「ようだ」は体言的な要素を持った語と確たる結び付きがあった。一方「様態」や「予測」のソウダは、初期は動詞の連体形にも連用形にも下接した用法が見られる。そしてその用法は明確化と弁別の明晰化をめざして、次第に連用形のみに下接するようになる。これはソウダには「予測」の用法があり、これは発話時以降に起りうる事態の予測に使用される用法である。そうした用法に接続する際には、連用形が選択されたものと考えられる。したがって、体言的な要素に付く「ようだ」は、ここでは選択されなかったものと考えられる。

　また、次の語のような場合も見られる。

「いとしげそう」
(29)　いとしけそうに物おもはせんより。こなたより打あけ。

（御前義経記　五之巻）
(30)　いとしげさうに「伊勢様になんのとがが有事ぞ。御うたがひをはらし給ひ。」

（御前義経記　七之巻）

用例(29)、(30)は「いかにもいとしい様子に」の意と考えられる。ゲが下接した上にさらにソウダが下接した場合である。他の語でこのような場合が見られる訳ではないが、この時期にゲの機能が弱まった状況と、ソウダが強力な造語力を示し、積極的に多用な要素に下接した状況を示していると考えられる。

## 2.4　助動詞の場合
### 2.4.1　上接要素ごとの考察
　まず、助動詞連用形にソウダが下接した語にはどのような語があるのか。今回の調査で得られた異なり語数20語を次に挙げる。

　　いかせられた　いかれた　いわれ　おもえぬ　きがちがうた　来た　くれられた　くわれ　たたれ　たたっしゃれ　できた　取らせ　取られ　ねて

いた　はられ　ひいた　みえられた　みつけられた　もどさるる　ようた
これを、ソウダの上接要素ごとに分類整理すると、次のようになる。
① 「る」「らる」　8語
② 「る」「らる」＋過去・完了「た」　4語
③ 過去・完了「た」　6語
④ 使役「す」　1語
⑤ 打消「ず」の連体形　1語

これを見ると、多くの場合が「る」「らる」にソウダが下接していることがわかる。この場合の「る」「らる」の意味は尊敬又は可能の意である。この時代の「る」「らる」はあまり敬意が高くない用法として用いられている[5]。①、②、④を合わせるとソウダ20語中、13語までがヴォイスに関わる助動詞に下接していることになる。これはソウダが文全体の陳述に影響を及ぼすことを示している。次に、用例を挙げながら考察していく。

まず①の場合の用例を見る。
(31)　三十ならば、三十、くれられさうな事じゃが、四十くれられたらは、
　　　不審なことではないか　　　　　　　　　　　　　　　（狂言六義　栗焼）

用例(31)は尊敬の「らる」にソウダが下接した形で「下さりそうだが」という意味である。これは、発話時には「三十くれる」という動作は完了していない場合であり、未実現の行為について、「予測」するソウダの用法である。

(32)　くわるるくさびらかと存じて、取りてみたれは、くわれそうなくさび
　　　らでもござなかったに依って　　　　　　　　　　（虎明本狂言　くさびら）

用例(32)は可能の「る」にソウダが下接した形で、「食べられそうにない」という意味である。「食べられる」可能性を否定した用法になっている。可能性のないことを予測した場合になっている。

次に②の場合について用例を見る。
(33) （座頭）橋がかりの方を見ながら　イヤ申し　頼うだ人。頼うだお方。はや行かせられたそうな。　　　　　　　　　　（山本東本狂言　三人片輪）

用例(33)は「行ってしまわれた様子だ」という意味である。この場合は一見すると「伝聞」の用法のように考えられるが、ここでは「観察」の用法である。座頭が声をかけたものの、返事がないので「行ってしまった様子だ」と判断している場面である。この場合でも、やはり「はや」と共起していることもあり、「いかせられた」という動作は、発話時には完了していることになる。動作が完了した様態について述べる用法である。

　③の場合の用例は次のような場合である。
(34)　この道はいつも一筋じゃが、きょうは二筋にも三筋にも見ゆる。みどもはちと酔うたそうな。　　　　　　　　　　　（山本東本狂言　茶壺）

用例(34)は、発話時までに動作が完了し、発話時以降も継続している場合について用いられている。「酔ったようだ」という意味で、自己の状態について「観察」の用法が用いられている。なお、『狂言記』での該当箇所を見ると、ソウダは用いられておらず「いかうようた事かな」とより直接的な台詞が用いられている。ソウダで表現した場合には、ト書きのような説明的な表現になっていることがわかる。

　⑤の場合の用例は次のような場合である。
(35)　さてもさても奇特なことでござる。この頭巾を着たれば見えぬそうな。　　　　　　　　　　　　　　　　　　　　　（山本東本狂言　居杭）

用例(35)の場合も一見すると「伝聞」の用法に見える。しかしここでは、「この頭巾をかぶったら見えないらしい」という不可能なことを「予測」した用法である。発話時には「かぶる」という動作は完了していない。仮定した状

況によりもたらされる結果についての「予測」の表現である。

### 2.4.2 ゲとの比較

　ここで、助動詞にゲが下接する場合について考えてみる。近世前期で見られたのは、次の完了の「た」に下接した場合のみである。

(36)　おんなどもがあそびにこなたへ<u>参たけ</u>にござる程に、もどれといふてくだされい　　　　　　　　　　　　　　　　　（虎明本狂言　こひ聟）

ここは「参上しているらしくございますので」の意で、話し手による予想の意味である。発話時には既に完了している動作についての表現なので、過去・完了の「た」にゲが下接した形になっている。しかしこの場合のような助動詞にゲが下接している場合は、近世前期では盛んな用法とは言えない。
　時代をさかのぼって、ゲが助動詞に下接する場合を見ると、ゲに上接する助動詞の種類が異なることがわかる。第1章で見たように、助動詞に下接するゲは異なり語数で20語が確認されている。次に用例を見る。

(37)　老い人ははた、かばかり心ぼそきに、<u>あらまほしげ</u>なる御ありさまを、　　　　　　　　　　　　　　　　　　　　　　（源氏物語　総角）

この例では「あらまほしげ」は、「申し分のない様子の」といった意味である。この場合のように、中古の助動詞に下接するゲは一語の構成要素になっていて、文の陳述に影響するものではないと考えられる。

(38)　「さらにかやうの御消息うけ給はり分くべき人もものしたまはぬさまは<u>しろしめしたりげ</u>なるを、たれにかは」と聞こゆ。（源氏物語　若紫）

用例(38)の「しろしめしたりげ」は、「知っていらっしゃるご様子」という意味である。語り手の感想（思い）であって、ソウダの「予測」の用法とは用

法が異なっている。

　また、中古に見られるゲに上接する助動詞の多くは、この場合のように「まほし」であるか、「あるまじげ」のように「まじ」のどちらかに下接している場合である。これらの「まほし」「まじ」は近世前期ではほとんど消滅した助動詞である。したがってこれらはゲだけでなくソウダにも上接する例は見られない。また、この場合のゲの用法は、願望や意志、推量の助動詞、すなわちモダリティに関わる助動詞に直接下接して一語化する場合で、ゲの意味はその語にのみ影響する表現である。近世前期に見られるソウダの用法は、テンスやヴォイスに関わる助動詞に下接した、構文的に働く場合とは用法として異なるものであると考えられる。

　新しく見られるようになったソウダ自体に「様態」を表すモダリティの用法が見られた。そこにテンスやヴォイスを表す「る」「らる」や「た」を取り込み、「様態」のモダリティにバラエティを持たせる新しい表現を生み出したものと考えられる。現代語で「れる」「られる」とソウダの関係についてみると、「れそうだ」「られそうだ」は受身・可能＋様態の用法として次の例の様にごく普通に見られる表現になっていると言える。

(39)　私は部屋に帰っても、とても<u>寝られそう</u>になかった。
　　　　　　　　　　　　　　　　　　　（志賀直哉　大津順吉）

これは現在ではなくやや先で不可能な状況になることを「予測」した用法である。現代語としてもゲは見られるが、こうした場合については、ゲを用いては表現できない。「予測」の用法は、ソウダがとゲとの明確な違いを表していると言える。

## 2.5　名詞の場合

　ソウダが名詞に下接する用法は、近世前期には比較的に盛んであると言える。しかしこの用法は次第に収斂していき、現代語にはこの用法は失われている。ここでは現代語でもその用法を残していると考えられる「よさそう

だ」の場合から見ていくことにする。

### 2.5.1 「よさそうだ」「なさそうだ」について

　ソウダが名詞に下接する場合で注目されるのは、「よさそうだ」「なさそうだ」の場合である。この「さ」は語形を安定させる機能を持った接尾辞と考えられる。そのため不安定感のある語幹に下接したものと考えられる。「よし」「なし」は語幹が一音節であるため、不安定な感じを受け、ここに「さ」が下接したものと考えられる。

　今回の調査では、次のような場合もいくつか見られる。

(40)　一段つかひよさうなものじゃな　　　　　　　（虎明本狂言　鼻取ずまふ）
(41)　のうのうそこもとに粟田口はござらぬか。ジャア。ここもとにもないそうな。もそっと上京へ参ろう。　　　　　　　　（山本東本狂言　粟田口）

　用例(40)には「さ」が介されていない。中世のソウダにも「さ」を介していない場合が見られるが、時代が下るにつれて次第に「さ」を介した場合が一般化してくるようだ。

　用例(41)では、探し物が見つからず、「ここにもない様子だ」と言っている場面である。頭注にも「ないようだ」とあり、「伝聞」の用法ではない。ここでは、形態からソウダの用法を見分けることはできない。このことは用法の判断が簡潔にできないという不都合を生む。そのため、ソウダが「様態」や「予測」を表す場合には「さ」を介した用法に固定化していくものと考えられる。いくつか用例を挙げる。

(42)　佛師なら佛師でよさそうなものを、眞佛師と仰せらるるには
　　　　　　　　　　　　　　　　　　　　　　　（山本東本狂言　会津）
(43)　あの人も気に如在はなさそうなが、ぢたいの顔がにくていにけんどんに見へるゆへ　　　　　　　　　　　　　（山本東本狂言　大経師昔暦）

「よさそう」が安定した感じを持ち多用されたためか、「さ」を介した場合が他にも及ぶようになり、語幹が一音節でない場合についても「こころよさそう」「なかよさそう」等の語も見られるようになった。

　一方、形容詞「よし」「なし」にゲが下接する場合は「〜よげ」「〜なげ」の形が見られる。ゲが下接する場合は、接尾辞「さ」が介されていない。中古では「うちよげ」「こころよげ」「心地よげ」「いとまなげなり」などの場合のように「さ」を介していない「〜よげ」の語形が見られる。この要因の一つは、ソウダが助動詞であることにあろう。ゲの場合は接尾辞であるため、同じ接尾辞である「さ」を重複させることが回避されたということではないだろうか。

　また、「よさそうだ」は見られるが、「よさげ」は見られないことは、語の接続の順序という観点からも説明することができる。すなわち、「よさげ」は容認されにくい事情があったと考えられる。ゲの場合には、それほど多くはないのだが、既に次のような「げさ」という、ゲが「さ」に先行する語順が行われていたためである。

(44)　さる歌のきたなげさよ。　　　　　　　　　（伊勢物語　一〇三）
(45)　あさましううつくしげさそひ給へり。　　　（源氏物語　胡蝶）

歴史的に見ると、「げ」＋「さ」の語順が先に行われていたため、この順序を逆転させるのは難しかった。そのため「さ」には「げ」は下接しにくく、ソウダの方が下接しやすかったのではないだろうか[6]。狂言資料中にも「げさ」が見られる。

(46)　（謡）店なる餅のうまげさよ。　　　　　　（山本東本狂言　業平餅）

この場合のように「げ」＋「さ」の語順を保っている例が見られる。
　現代語では口語において、「気持ちよさげ」等の「げ」に先行する「さ」の使用も見聞されるようになった。これは「よさそう」よりも「よさげ」の

短い語形を選ぶ現象であると考えられる。これはより簡略な表現を望んだ結果である。類例として「なにげなく」よりも「なにげに」を選択する場合もこれと同じ事情と考えられる。短い語形を選択する方が優先され、本来は「げ」は「さ」を後接していたという歴史が忘れられてしまった使用法であると考えられる。

### 2.5.2 他の名詞にソウダが下接する場合

　名詞にソウダが下接するのは、例えば次に挙げる「歴々」や「酒」に下接したような場合である。ソウダの初期にはこの用法が見られたのだが、現代までにこの用法は見られなくなっている。

(47) （頭取）してを見つけて、いかさま是は<u>歴々さう</u>なと云う

（狂言六義　米市）

(48) 樽の体が、<u>よい酒そう</u>なと云う　　　　　　（狂言六義　舟渡聟）

用例(47)は、眼前の人物に対し「いかにも立派な人物だ」と判断した場合であるし、用例(48)は、樽を見て中の酒が「いかにも良い酒だ」と判断した場合である。いずれの場合も、語り手が眼前にしたものから判断して「いかにも～のようだ」と、発話時に判断した表現である。以下これを「典型」の用法とする。

　先に見た、「よさそうだ」「なさそうだ」以外の名詞に下接したソウダは、今回の調査では異なり語数で31語見られる。これを名詞の意味から分類すると、次のようになる。
① 　人、または人の性質を表す名詞に下接する場合　13語
　　田舎人　異な者　うつけ　浮気　御客　おさむらい　出家　僧侶　人　武悪　むさとした者　物知り　歴々
② 　場所を表す名詞に下接する場合　6語
　　市場　このあたり　沢　店　都　名所
③ 　～である物、他　12語

嘘　歌　これ　酒　猿　生姜　秀句　天神参り　鳩　松茸　物　連歌

　以上の名詞の性質について見ると、ほとんどがモノ名詞であることがわかる。名詞が人についての場合は「～である人」を表す名詞であるし、場所について場合は「～という場所」という意味である。その他の場合は、ほぼ「～である物」を表している。これらと異なる場合は、次の1例のみである。

(49)　や。あれへいかるるは。天神参りそうに御さる。よびかけ。道つれにいたさうとそんする。　　　　　　　　　　　　　　　　（狂言記　脛齧）

用例(49)は「天神参り」でこれは「～という行い」を指しており、この場合のみコト名詞になっている。

　おもに人や場所、物を表す名詞に下接したソウダは、話者が実際に見た人物や事物について、ソウダに前接する名詞と判断できるという意味を表す。「いかにも～の様子が感じられる」「～の様子と判断できる」という場合に用いられている。すなわちこれらは、現代語に置き換えると「のようだ」で表現されるところであり、現代では「ようだ」が担っている用法と言える[7]。

　また、ゲには名詞に下接して「～の様子だ」といった意味を表す用法は、中古から存していた。しかしこの用法は、中古に「にくさげ」「あるじげ」などに限られ、わずかに見られる程度であり、発達している状況になかった。そのため、この時期に盛んになったソウダが、ゲに代わって新しくこの用法を担うことになったものとも考えられる。初期のソウダは動詞、形容詞、形容動詞、助動詞、名詞のそれぞれに下接するという多様な接続を見せる。上接要素を限定せずに、さまざまに積極的に接続したと言える。しかし、上接要素の種類を増やし過ぎる事は、ソウダが多岐にわたる用法を担うことになってしまう。そうなれば、どの用法のソウダであるのか識別が必要になり、簡略な表現ではなくなってしまう。より明晰かつ簡略な表現を指向すれば、次の変化が必要となっていくものと考えられる。

　古代語から近代語へと移行していく過程で、助動詞が整理統合されるという変化がある。古代日本語の助動詞は、多機能を持った多種類の語により構

成されていた。これについて、「古代語では、一つの助動詞が多くの意味・機能を担い、表現内容の相違に応じて多種の助動詞が使い分けられるという総合的傾向が強いのに対して、近代語では単純な意味・機能を担う少数の表現単位の組み合わせによって複雑な表現内容を表すという分析的傾向が強い」[8]と言われている。「なり」「けむ」「らむ」といった多機能多種の助動詞による表現をやめて、単機能の助動詞の組み合わせによって分析的に表現されるように変化することになる。分析的表現へと移行していく過程で、ソウダが一時的に「予測」「予想」「観察」「典型」といった多くの用法を持つようになった。しかしこれは、用法を弁別する際に混乱が生じることや、一語の機能が過剰になってしまうといった不都合を生むことになる。そのためソウダの「典型」の用法は、新しく生じた「ようだ」の方に収斂していったものではないかと考えられる。

## 3 まとめ

以上今回の調査から、およそ次のようなことが考えられる。

- 近世初期に見られるソウダは、中心となる動詞に下接する用法の他に、形容詞等に下接する場合に、既に中古から存していたゲと類似した用法を持つようになった。ゲとソウダは文体の違いによる使い分けが行われるようになる。ゲは文語的な、ソウダは口語的な性格を持ち、それぞれの文体において主に使用されるようになった。
- ゲとソウダにはこうした文体の違いだけでなく、用法にも違いが見られた。すなわち、ソウダは動詞に下接して「予想」「予測」の用法を持ち「様態」のモダリティを担う表現として多用されるようになった。特に発話時に動作が開始していない状況について用いられる「予測」のソウダは、ゲとの違いを明らかにする用法であると言える。
- ソウダの中で、おもに形容詞に下接して、現状について「観察」する用法が、ゲと類似した用法であると言える。
- さらにゲに上接する形容詞とソウダに上接する形容詞の意味について比べ

ると、近世前期ではソウダに上接する形容詞の方が意味の幅が広いことがわかる。
・初期のソウダは、名詞に下接して「典型」の用法を担った時期もあったが、これはソウダが多機能を持つことになるため、次第に収斂されていく。
・このようにソウダが変化していくのは、近代語が分析的表現を求めたことが原因と考えられる。
・ソウダが近世前期に発達する一方で、ゲはソウダに完全に追いやられて消滅してしまう訳ではない。近世ではゲが下接していない形容詞に、近代以降下接するようになる場合も存している。詳しくは後段に述べるが、ゲにはゲの独自性がある。個別的な用法としての使用例も見られ、ゲとソウダは現代語としても共存を続けていると見ることができる。

それでは、近世後期以降ソウダはどのような状況であるのだろうか、次章以降に見ていくことにする。

注
1 ここでは、いわゆる「様態」用法のソウダについて扱う。「伝聞」用法のソウダについては扱わない。
2 「予想」と「予測」で表現した。発話時、およびそれ以降の状態についてを「予想」とし、発話時以降の動作についてを「予測」とした。
3 宮崎和人(2002)「認識のモダリティ」『新日本語文法選書4 モダリティ』くろしお出版
4 注2に同じ。
5 湯沢幸吉郎(1954)も、終止形に下接するソウダの様態の用法が記述されている。
6 ただ、この「げ」+「さ」の語順の考え方には例外となる場合がある。『大和物語』等に見られる「にくさげ」の場合である。度合いを表す「さ」が下接した「にくさ」が専攻したためこの語が生まれたのだろうか。「よさげ」の場合の「さ」は度合いの意味を持っていないと考えられる。
7 「ようだ」は、「少しも切ったようにはおりない」(山本東本狂言 三本の柱)のように、散見はされるものの、まだあまり一般的にはなっていない。
8 佐藤武義編(1995)『概説 日本語の歴史』朝倉書店

# 第 6 章　近世後期の接尾辞ゲの用法

## 1　はじめに

　ここでは、近世後期の資料を対象に考察を行っていく。本書で近世後期とは、近世の中期以降を指し、読本や雑俳等も対象とする。今回の調査で得られたゲの異なり語数を見ると、以下に示すように、ジャンルごとの出現状況に偏りが見られる。

　　読本(52)　洒落本(1)　滑稽本(14)　人情本(5)　合巻(123)　草双子(8)
　　雑俳(20)　宣長他(23)

まず、これらすべてのジャンルを合計した近世後期全体でのゲの異なり語数を見ると、173 語になる。異なり語数の総数について見ると、近世の前期では 107 語で、中世では 248 語なので、数の上では近世前期よりは多いものの中世には及ばない程度のゲが見られるということになる。

　しかし近世後期は百数十年程であり、中世の約 400 年間に比べると短い期間であることなどを勘案すれば、近世後期のゲは、単純に衰退傾向にあるとは考え難い。ただこの傾向は、近世後期のすべてのジャンルにおいて共通している訳ではない。洒落本、滑稽本、人情本、草双紙、雑俳などでは、ゲはあまり盛んであるとは言えず造語力が見られない状況である。

　近世前期では衰退傾向を示したゲが、後期になると再び増加傾向を見せることになる。この原因は、ゲが多く見られるジャンルがあることによる。ゲが衰退していないのは、読本や合巻において顕著な傾向であると言える。読本では例えば『雨月物語』には「上代や中古の古語が多く取り入れられ」ていることが述べられている[1]。合巻の中でも注目されるのは『偐紫田舎源氏』で、作品中のゲの異なり語数は 114 語見られる。中古では『源氏物語』のゲの異なり語数が 224 語と最も多く、これには及ばないが、次いで『栄華

物語』の異なり語数が 108 語なので、それよりも多く見られることになる。今回の調査の中で、近世では『修紫田舎源氏』中にしか見られない語は 72 語にも及ぶ。『修紫田舎源氏』のゲはどのような状況を示しているのだろうか。これは近世の文語の一面を見ることにもなると考えられる。以下この点にも注目しながら考察していくことにする。

## 2　ゲの上接要素の状況

### 2.1　品詞構成

　ここでは、近世後期に見られた異なり語数 173 語のゲについて、まず上接要素がどのような状況であるのかについて、品詞ごとに分類し、表 1 に示す。

表 1　ゲの上接要素の分類（近世後期）

|  | 形容詞 | 形容動詞 | 動詞 | 助動詞 | 名詞 |
| --- | --- | --- | --- | --- | --- |
| 異なり語数 | 136 | 6 | 20 | 10 | 1 |
| 割合 | 78.6% | 3.5% | 11.6% | 5.8% | 0.6% |

　上接要素の品詞別の構成を見ると、近世後期でも他の時代の場合と同様に、形容詞の割合が最も高く、ゲは形容詞を中心に下接していると言える。形容詞の活用の種類を見ると、ク活用が 60 語、シク活用が 76 語で若干シク活用の方が多くなっている。また、動詞の割合が前代までに比べると若干高くなっている。しかしこれは、中世後期から見られる「あるげな」のような「げな」の場合が多く見られるためである。これらのゲの中には、近世後期に新しく見られるようになった場合はどの程度存しているのだろうか、次に用例の出現時期について示す。

### 2.2　出現時期

　近世後期に見られるゲを考察するにあたって、ここに見られるゲがどの時期から出現するようになったのか、次に見ていく。

Ⅰ　中古に用例が見られる場合　　異なり語数　93（文語のゲ）
Ⅱ　中世用例が見られる場合　　　異なり語数　14
Ⅲ　近世に用例が見られる場合　　異なり語数　66（近世の文語のゲ）

　これを見ると、中古から存在する語が 173 語中 93 語 (53.8%) と最も多く、近世後期でゲが多いことの主な要因は、中古語を受け継いだためと考えられる。それぞれの場合においてどのような傾向が見られるのだろうか。以下、上接要素ごとに考察していく。

## 3　上接要素ごとの用法

　ここでは、近世後期に出現するゲについて、それぞれ上接要素に注目して品詞別に見ていく。また、用例の出現時期についても注目していく。

### 3.1　形容詞の場合

　まず、これまでの時代と同様に、ゲは形容詞を中心に下接していることがわかる。今回の調査で見られた形容詞 136 語存する中で、形容詞の活用の種類について見ると、シク活用の方が若干多くなっていることがわかる。中古や中世では、ク活用形容詞の方がやや多く見られた。しかし近世前期以降を見ると、シク活用形容詞の方が多くなっている。この原因として、ク活用形容詞の中には、近世前期になって次のような場合が減少していることが挙げられる。

・中古で異なり語数 34 語と多くあった「〜なげ」の形が、「かひなげ」「本意なげ」の 2 語しか見られない
・中古で 20 語あった「〜がたげ」の形が「しのびがたげ」「にくみがたげ」の 2 語しか見られない

　こうした語形の減少したことに加え、新しくゲが下接するようになった形容詞には、シク活用形容詞の方が多くなっていることがク活用形容詞の割合が減った原因と考えられる。近世後期で新しくゲに上接するようになった形容詞は 23 語であるが、そのうち 17 語までがシク活用形容詞である。近世

後期ではゲが、より情意性を持った形容詞との結び付きを強くしていることになる。

### 3.1.1　中古から見られるゲの用法（文語のゲの様相）

　中古に用例が見られる場合93語は、中古のゲが受け継がれた場合であり、いわば文語のゲであると考えられる。この93語中形容詞は86語（93.5%）を占めている。ク活用とシク活用の割合は、ク活用40語、シク活用46語であり、シク活用がやや多くなっている。

　また、中古に用例が見られる93語と最も多くなっている要因として、近世後期の作品の特色を考慮する必要があると考えられる。今回調査した中でも『修紫田舎源氏』にはこの93語中71語までが存しており、中古語の影響が強く見られる。これは中世や近世前期では一旦見られなくなった中古語のゲを、再び出現させた近世の文語の用法であると考えられる。以下詳しく見ていくことにする。

#### 3.1.1.1　『修紫田舎源氏』のゲの性質

　ここでは、ゲの出現数が多い『修紫田舎源氏』の場合について見ていく。『修紫田舎源氏』の文体については「文法・語彙ともに中古語を初め、各時代語を取り入れた混質的な文体から成っている」と言われている[2]。『修紫田舎源氏』に出現するゲについては、114語見られるうちの71語までが、中古までに見られるゲだということがわかる。『修紫田舎源氏』は『源氏物語』を翻案したという作品の性格から考えても、言語の上においても『源氏物語』の直接的な影響を受けていると考えられる。ここで直接的な影響というのは、『源氏物語』に存する表現を、そのまま、もしくは前後の字句を多少変えて用いたと見られる場合である。それでは、そのような場合は実際にはどの程度あるのだろうか。次に例を挙げながら見ていくことにする。

（１）　奥の間へゐざり入らんとし給ふも、初々しげに見えければ

(修紫田舎源氏　八編)

(1′)　奥ざまへゐざり入り給ふさま、いとうゐうゐしげなり

(源氏物語　末摘花)

　この例は、所作が「いかにも世間ずれしていない様子」を表現している。用例を比較すると、『修紫田舎源氏』の表現は、『源氏物語』とほぼ同じ表現であることがわかる。

　内容的にも『修紫田舎源氏』の例は、末摘花をモデルにした稲舟姫の動作についての表現であり、『源氏物語』の表現を踏まえて記述されていることがわかる。『修紫田舎源氏』には、この場合以外にも『源氏物語』の表現に類似していて、これを移して書いたと見られる場合が多く存する。以下いくつか用例を見ていくことにする。

（２）　ただ松の雪のみ暖かげに降り積もり、山里の心地して

(修紫田舎源氏　十編)

(2′)　松の雪のみ暖かげに降りつめる、山里の心地して　(源氏物語　末摘花)

　用例(2)の『修紫田舎源氏』の例は、稲舟姫の住む山里の風景を描写した例である。いずれも松に降り積もった雪についての表現であるので、体感する温度の暖かさではない。視覚的に「ふんわりと見える」の意であろう。校注には「ふんわり綿を着ているような感じ」とある[3]。

　「あたたかげ」は中古以来あまり用例が多く見られない語である。この語が使用される場合には、気温についての直接的な表現にはなっていない。中古では『宇津保物語』例が見られるが、「赤ん坊の肉付きの良さ」についての表現である。視覚的に「あたたかそうな様子」を表現する際に用いられている。『修紫田舎源氏』の「あたたかげ」は、中古でもあまり見られない表現をことさら取り入れていることがわかる。

（３）　哀れげなりつる住居の様、琴の音色を思ひ続け、忘るるとにはあらざれど

(修紫田舎源氏　八編)

(3′)　ありつる琴の音をおぼし出でて、あはれげなりつる住まゐのさまなども、やうかへて思ひつづけ　　　　　　　　　　　（源氏物語　末摘花）

用例(3)の『修紫田舎源氏』の例も、稲舟が住む「住まい」についての表現である。「琴の音」も両者に見られ、共通点が多い。『修紫田舎源氏』の中で、『源氏物語』の表現を移したと判断できる場合は、次の場合のように末摘花の巻以外にも見ることができる[4]。

（４）　撫子などの風にあひて、いとあはれげなる枝どもを、折添えて参るさま、立ち籠めし霧に隔て　　　　　　　　　　（修紫田舎源氏　三十六編）
（４′）　撫子などのいとあはれげなる枝ども取り持てまいる霧のまよひは

　　　　　　　　　　　　　　　　　　　　　　　　　　（源氏物語　野分）
（５）　懐に、顔入れさせていと小さく、美しげなる乳を哺め、戯れておはする姿、たをやかにして見所多かり。　　　　　（修紫田舎源氏　二十八編）
（５′）　懐に入れて、うつくしげなる御乳をくくめつつ、たはぶれゐたまへる御さま見どころ多かり。

　　　　　　　　　　　　　　　　　　　　　　　　　　（源氏物語　薄雲）

用例(4)の場合は、撫子、枝、霧が共通しており、用例(5)では懐、乳、戯れ等の語が共通していて、いずれも『源氏物語』の表現を踏まえたものであると考えられる。今回調査した中では、以上のように『源氏物語』に直接的な影響を受けて、『修紫田舎源氏』に表現されている場合は、ここに挙げた例以外にも「きよげ」「ここちよげ」「さびしげ」等の23語が見られる。さらに、『源氏物語』の翻案と見られる部分以外についても、先に挙げた中古に見られるゲ71語のうち55語（77.5％）までが『源氏物語』作品中に見られるゲで構成され、共通して見られる場合が多いことがわかる。

　以上のことから近世後期でゲが増加したことの一因として、『源氏物語』の表現を借りて中古語を再利用させたことが、近世後期でゲが多く見られることの要因になっていると考えられる。

## 3.1.2 中世から見られるゲについて

　ここで見るのは、中世にゲが下接した形が存している場合で、それを近世で受け継いでいる場合である。ここに属する場合は、異なり語数12語とあまり多く見られない。これは第2章で見たように、中世ではゲが生産力を弱めているため、近世に受け継がれた語が少なくなっているものと考えられる。具体的に見られる語は次に挙げる通りである。

　　おとなげ（なく）　おもしろげ　かひがひしげ　こざかしげ　せんかたなげ　たやすげ　なごりをしげ　まことしげ　ものはづかしげ　ものほしげ　よしありげ　不興げ

　これらの中には、次の場合のように中世で用いられている場合とは意味が異なる場合が見られる。

（6）　小さかしげなる軍兵、押とどめていふやう「（中略）」ととどめしかば、衆皆これにしたがひて、舟を舊の処へかへしぬ。

　　　　　　　　　　　　　　　　　　　　　（椿説弓張月　拾遺　巻之一）

「こざかし」の辞書的な意味には、「さしでがましく利口ぶっている」というマイナスの意味があるのだが、ここは発言をした兵に従って舟を返した場面で、マイナスの意ではない。「ちょっと賢そうな兵士」という意で用いられている[5]。この場合一般的な意味から少し変化させた用法と言える。

（7）　急にも飢て食ほしげなるに、彼此にあさり得ずして狂ひゆくほどに

　　　　　　　　　　　　　　　　　　　　　（雨月物語　夢應の鯉魚）

用例(7)は「食物が欲しそうな様子で」という意味である。一般には「いかにも欲しそうに」という意味で用いられる。ここは秋成の「多義の語に対しては漢字によって意味を特定化する」という用字上の工夫が見られるところである[6]。

　これらは、もともとの意味からそれほど離れてはいないが、意味が異なっ

ている場合である。上田秋成や曲亭馬琴が、それぞれ独自の用語として、中世で用いられた語を利用して、独自の方法で開拓した場合であると考えられる。既存の語に新しい意味を持たせるという、近世文語の一手法であると考えられる。

### 3.1.3 近世以降に見られるゲの場合

近世後期以降に出現したゲの異なり語数は 43 語と、近世前期の場合よりも多くなっている。これらにはどのような特徴があるのだろうか。中古や中世には見られなかった形が、どのような事情で近世になって出現するようになったのかという点について考える必要がある。近世に創造されたゲは、古語をそのまま移しただけの文語ではなく、新しい要素を取り入れた形の文語ということになる。これはゲが造語力を持っていることを示している。

文語について、橋本四郎(1986)は次のように述べている。「文語は一つの典型的な言語大系を志向する。変化しないことを理想としたのである。ところが、現実には文語も変化を見せている」[7]。近世後期に出現したゲは、こうした変化した部分の文語を含んでいることになる。以下、上接要素ごとにこの状況を見ていく。

### 3.1.4 近世の文語の用法

近世以降に出現したゲの上接要素が形容詞の場合は、異なり語数で 26 語であり、この内訳を示すと以下のようになる。

シク活用形容詞　19 語

　　痛々し　いぶかし　うたがはし　うとうとし　きむづかし　くるはし　心さびし　さみし　したし　せはし　たくまし　ただし　つまし　苦々し　似つこらし　まずし　まちひさし　胸くるし　よろこばし

ク活用形容詞　7 語

　　恐れおほし　面なし　機嫌よし　心かろし　さぶし　ちいさし　ねむたし

近世後期以降に出現した場合について、その上接要素がいつから存するのかという点に注目して見ていく。これは上接要素が生まれてすぐにゲが下接

したのか、それとも、以前から見られたものの、ゲが下接したのは近世以降になってからなのか、という上接要素の出現時期の違いにより、語の成立事情は異なるものと考えられるからである。
① 上接する形容詞が近世後期以降に見られる場合
シク活用…きむづかし　くるはし　さみし　似つこらし　まちひさし　むなぐるし
ク活用…機嫌よし　心かろし
　まず、①に属する場合については、上接要素の出現とゲの出現時期がほぼ一致する場合である。これは、新要素にゲが下接するようになった場合として、近世後期でのゲの造語力を示している。

（８）　しかるに袖、風のここちといひしが、何となく悩み出て、鬼化のやうに狂はしげなれば
　　　　　　　　　　　　　　　　　　　　　　　（雨月物語　吉備津の釜）

和文では「くるはし」の例は接頭辞「もの」を冠した場合以外は、他に見出しがたい。母音交代形の「くるをし」については訓点資料に用例が見られる。この場合は、これを利用した秋成の造語と考えられる。
② 上接する形容詞が中世以降に見られる場合
シク活用…痛々し　こころさびし　つまし　にがにがし
ク活用…おそれおほし　さぶし　ねむたし
　②については、上接要素の出現時期は中世であるが、ゲが下接した場合が見られるのは近世以降であり、やや時間的にずれが認められる場合である。これは、中世ではゲが下接しにくい制限があったためか、中世ではゲ自体が造語力を弱めていたことが原因であると考えられる。
③ 上接する形容詞が中古までに見られる場合
シク活用…いぶかし　うたがはし　うとうとし　したし　せはし　たくまし　ただし　まづし　よろこばし
ク活用…おもなし　ちひさし
　ここで注目されるのが③に属するゲについてである。上接する形容詞は中

古までに見られた。中古はゲが造語力を持っていた時期であったのに、その時期には下接せずに、なぜ近世になって下接するようになったのであろうか。これらの近世以降にゲが下接するようになった形容詞に共通点は見出せるのだろうか、以下考察していく。

### 3.1.5 位相から見た特徴

　上記の分類で③に属する形容詞の中には、次に挙げるように、訓点資料に用いられた形容詞が多く見られ、9語中7語を占めている。以下語例と括弧内に延べ語数を示す。

　　いぶかし（7）　うたがはし（1）　したし（7＊）　せはし（1）　たくまし（1）
　　ただし（1）　よろこばし（2＊）
　　（＊は『修紫田舎源氏』にのみ見られる場合）

　訓点資料に見られる語の中には「あやしげ」「いやしげ」のように、中古で用例が多い場合も見られ、すべてにゲが下接しにくいという訳ではない。しかし、第1章でも見たように、中古では一般には訓点語にはゲが下接しにくい性質が見られた。中世以降、訓点語にゲが下接するようになった場合が見られるようになり、近世後期になってやっとこれらの語にゲが下接するようになったとものと考えられる。訓点語にゲが下接するようになった理由として、まず時代とともに文体が変化したことによって、訓点語であるという意識が薄れたということが考えられる。また、読本や合巻に見られる近世の文語を反映しているのではないかと考えられる。上田秋成、曲亭馬琴、柳亭種彦はそれぞれ多彩な要素を取り入れながら自己の文体を確立していった。そうした各作家の手法が、これらの語をこの時期に出現させたものと考えられる。

　以下、上田秋成や曲亭馬琴の造語と考えられる場合を挙げる。

（9）　披き見れば、菅相公の論といふ事、手はおにおにしくて清からねど、
　　　ことわり正しげに論じたり。　　　　　　　　　　（春雨物語　海賊）

「ただしげ」は『日本国語大辞典』には立項されていない。今回の調査でも他に例は見られなかった。ここでは「いかにも理路整然とした様子で」という意味に用いられている。これは上田秋成の造語と言えるのではないだろうか。また、次の「たくましげ」のような場合も見られる。

(10)　これを見るもの駭然として舌を巻、「實にこの為朝は凡人にあらず、
　　　身丈の高やかなる、筋骨の逞しげなる、　　（椿説弓張月　前篇　巻之四）

この語についても今回の調査では他に例は見られなかった。『日本国語大辞典』の用例は近代の作品が挙げられている。曲亭馬琴は自己の用語として、上代語を多く取り入れていることが知られている。例えば、別稿（1996）で「かがなふ」をはじめとして「なふ」型動詞が多く採用されていることを述べたが、これも上代語の影響が強いことを示す一例である。
　近世後期には、鈴木丹士郎（2003）の指摘に見られるように、「古めかしさ」を表そうとした技巧的な造語と考えられる場合が多く見られる。例えば曲亭馬琴には「伝統的な語形に背馳してまでも既成の語でまかないきれない何か、詩的な趣というようなものを込めようとしてつくりだされた語形」があることも指摘されている。こうした語形は、例えば「あかやか」「あまやか」「あらやか」といったヤカ型形容動詞に見られたり、「いらやか」「てりやか」「なみやか」といったラカ型形容動詞に見られたりする。ここで見られるゲについてもこうした造語法が認められるのと言えるのではないだろうか。

3.1.6　意味から見た特徴
　これらの形容詞に共通した意味特徴を見ると、形容詞自体が中古で「いかにも〜と感じられる」「いかにも〜に見える」という意味を既に持っていたと考えられる場合がある。
　「いぶかし」「すきずきし」「うとうとし」について中古での用法を見ると、いずれの形容詞にも「いかにも〜らしい」という意味がある。これは中世以降に出現した形容詞の「いたいたし」「にがにがし」の場合も同様である。

形容詞自体に「～と感じる」という意味が備わっていた場合と考えられる。また、これまでに見たように重複形容詞は、その成立事情から考えて「～と感じる」という意味は既に含まれていたと考えられる。そこに話し手や語り手の感想を述べる際に付加されるゲは、下接する必要がなかったものと考えられる。しかし、近世後期になってこうした形容詞に本来備わっていた意味合いが薄れてしまえば、ゲが下接することも可能になるのではないだろうか。以下、中古の場合と比較しながら見ていく。

(11) 御はらからの君達あまたものし給へど、ひとつ御腹ならねば、いと<u>うとうとしく</u>、宮のうちかすかになりゆくままに　　　（源氏物語　朝顔）
(12) 我をば捨てて本妻に、それをし給ふなるべし、と心置かれてありしより、<u>疎々しげ</u>の有様を、光氏それとは推しながら（偐紫田舎源氏　十編）

用例(12)の「うとうとしげ」は人が離れていく様子を「いかにも冷淡に、よそよそしく振舞っている様子だ」という意味で用いられている。

(13) なほしるべせよ。我は<u>すきずきし</u>心などなき人ぞ。　　（源氏物語　橋姫）

この場合は会話主である薫が「自分は好色がましくない」と自己の心情を直接述べている場面である。自己の心情が述べられており、話し手や語り手の感想を述べる際に用いられるゲは下接していない。

(14) 我は心にいつとなくかの方違への夜の事さへも昨日今日の心地して、偲ばしきこといと多し。その仮寝にはひたすらに、村荻なりと思ひしゆゑ<u>好きすきしげ</u>に憎まるる事をも聞え続けしが」

（偐紫田舎源氏　二十四編）

これは中古でゲが「～がまし」や「～ばまし」には下接しにくかった事情や中世で「いそがはしげ」が生まれた事情と一致しているのではないだろ

か。すなわちゲは上接要素が既に「〜と感じられる」という意味を備えている場合には下接しにくかった。しかし時代が下ってその意味が感じられなくなった場合には、ゲの下接が可能になるのではないだろうか。

### 3.1.7 感情形容詞の場合

　自己の心情を表現する形容詞の場合について見る。例えば「うたがはし」「よろこばし」について中古での用法を見ると、「疑わしいと感じる」「喜ばしいと感じる」という意味を持っている。これらの形容詞は、主題の心情を表現する形容詞である。一般には感情形容詞と呼ばれている場合である。

　現代語において感情形容詞は、例えば「彼はうれしい」と言う表現は認められない。これは、感情形容詞は三人称主語には用いられないという主語についての人称制限があるからである。この問題を回避するためには、二つの方法がある。一つの方法はガル型動詞、ここでは「うれしがる」を用いて「彼はうれしがっている」と表現する方法がある。そして、もう一つの方法がゲを下接し「彼はうれしげだ」と表現する事である。すなわち主題以外の感情を表現するには、ガル型動詞かゲ型形容動詞を用いるということになる。

　ここで次に見る「うたがはし」「よろこばし」は、それぞれ動詞「疑う」「喜ぶ」から派生してできた形容詞である。これらはこの段階ではガル型動詞を持たなかった。そのため主題以外の感情を表現する際には、ゲが用いられたものと考えられる。まず「うたがはしげ」の場合について見る。

　まず、形容詞「うたがはし」の中古での用例は以下の通りである。

(15)　なをかの頭中将の常夏疑はしく、語りし心ざままづ思ひ出でられたまへど
　　　　　　　　　　　　　　　　　　　　　　　　（源氏物語　夕顔）

用例(15)の場合の「うたがはし」は、「それでもお頭中将の常夏の女ではないか」と「安心できずに疑問が残る心情」と主題の心情を表現した語である。

(16)　「縁を結び替へしならんと、疑はしげに言ひたるは、ただ一時の戯れ

なり。心にな懸け給ひそ」　　　　　　　　　　　　（修紫田舎源氏　二十三編）

用例(16)は会話主が、対象を「うたがわしいと感じている」という心情を表現した語である。ゲを下接すれば、話し手や語り手の感想として表現できることになる。

　次の「よろこばし」の場合もこれと同様に考えられる。

(17)　大王の仰せ極て喜ばし。然而家に貧しき老母あり。

（今昔物語集　三・一六）

用例(17)の「よろこばし」は、自分にとって「喜びたくなるような状態である」という意であり、主題の心情を表現した場合である。

(18)　紫は(中略)うち泣くこともありけるが、それも光氏帰り来れば、喜ばしげに出で迎へ、いと親しくうち語らひ　　　（修紫田舎源氏　九編）

用例(18)は、紫の心情を語り手が感想として述べる表現になっている。このようにゲを用いることで、主題以外の感情を表現していることがわかる。

　主題の心情を表す形容詞「うたがはし」「よろこばし」は、主題以外の心情を表現する方法であるガル型動詞を持たなかった。そこで近世になって、形容詞にゲを下接させた形によってこの代用としたのではないだろうか。ゲを下接させると、感想として自己の感情ではなく、語り手や話し手の心情を述べる表現になる。これは、ガル型動詞によって主題以外の心情を表す用法と類似していたと考えられる。

　日本語の動詞は、自他が同形である場合が見られるなど、動詞の自他について明確でない部分がある。その明確でない中でも、自動詞に対してガル型動詞が見られることは、自他の対応が明確になる場合と言える。これと同様に、感情形容詞とガル型動詞の対応も、主題の感情であるのか、主題以外の感情であるのかを、明確に区別しやすい場合だと言える。ただ、ガル型動詞

はすべての語に見られる訳ではないという点で体系的ではない。その際、ガル型動詞に代わることのできるものが、このゲではないかと考えられる。ゲは、主題以外の感情を表現し得るものであるからである。ゲのそうした機能が、中古にゲが下接した例が見られない場合でも、時代が下ってからもゲの下接が必要とした場合を生んだのではないかと考えられる。これは、日本語の体系的でない、いわば不備な部分を補うために、中古の用法に倣いゲを下接させる方法を取ったことになる。これが、近世の文語の用法だったと考えると、近世の文語とは、変則的であったり、奇をてらったりした方法が行われたのではないことがわかる。中古と多少用法が変わって見えるのは、上接語などの状況の変化に伴い、結果としては中古語の方法とは異なった語形として見られる場合があるからではないだろうか。

## 3.2 動詞の場合

動詞の割合については増加しているが、これはおもに「～ありげ」が多くなっていることが原因と考えられる。20 語中「～ありげ」は、「興ありげ」「心ありげ」等 11 語になる。また近世前期にも見られた「げな」の形が、「あるげな」「いふげな」「するげな」「習うげな」の 4 語が見られる。したがって、動詞に下接する用法が盛んになった訳ではないと言える。

### 3.2.1 近世後期の場合

近世後期で上接要素が動詞の場合は、次の 15 語である。

　　恐れ　興あり　さとり　子細あり　住み　する　絶ゆ　情けあり　習う
　　はやる　むねあり　もの案じ　ゆゑあり　用あり　用事あり

また、上記 15 語のうち、7 語までがこれまでにも多く見られた「～ありげ」の形である。

近世前期には一旦「～ありげ」および「げな」以外では、動詞にゲが下接する用法は見られなくなった。しかし後期では、別の用法として「おそれげもなく」「さとりげもなく」「住みげもなく」の 3 例が「～げ（も）なく」の形で見られるようになっている。

(19) 気をとり失ひし気色に引き替へ、恐れげもなく有りあふ菅笠、押つ取り上げて光氏を、後に囲ふて立ち隔たる。　　　　（修紫田舎源氏　五編）

　用例(19)は、「恐れた様子もなく」の意である。ゲには否定形を作りにくい場合が見られる。その部分を補うべくして生まれた語形と考えられる。動詞に下接するゲが盛んとは言えない状況のもとでは、それほど発達はしなかった。中世では「動きげもなく」の場合様に動作動詞に下接して、「予測」の用法を表す場合が見られたが、近世後期では次の1例が見られるだけである。

(20) 息も絶ゆげに俯し倒れ、今を限りの有様を、見る目も暮れ心も消え
　　　　　　　　　　　　　　　　　　　　　　（修紫田舎源氏　十三編）

　用例(20)「絶ゆげ」は、「今にも息が絶えそうに」の意である。開始前の動作に下接した「予測」の用法と考えられる。

(21) いつぞやわが君惟吉の、家に至らせ給ふ道、垣根に花咲く烏瓜、手折らせ給ふ御姿を、黄昏が思ひ初め、もの案じげな有様を、それと推量したゆゑ、　　　　　　　　　　　　　　　　（修紫田舎源氏　五編）

　用例(21)「もの案じげ」は、過去の事柄を回想して述べた場面である。話題に取り上げた時点で「考えていた様子」を表している。中古では「知りげ」「聞きげ」などの動詞に下接した場合が見られた。『修紫田舎源氏』で、中古でのこうした用法が模倣された場合であると考えられる。

### 3.3　形容動詞の場合

　近世前期と同様に6例とあまり多く見られない。前期に比較して、ゲ全体の異なり語数は増えているものの、形容動詞の場合については減少しており、近世後期に新しく出現した語も見られない。この用法では、造語力が弱まった状況を示している。

この要因として、中世ではやや盛んであった漢語形容動詞にゲが下接した場合が、近世後期には「殊勝げ」「大事げ」「不興げ」3語しか見られなくなったことが考えられる。「殊勝げ」「大事げ」は既に近世前期までに出現した語である。近世後期では形容動詞にゲを下接する用法は衰退してしまった状況にある。

　なおこの時期の漢語形容動詞には、多くはないが「らしい」のついた場合も見られる。

(22)　いしこらしう江戸子じゃ何たら角たら云ふても、上の者の目から見ては、トトやくたいじゃがな。<u>自慢らしう</u>いふことが皆へたこじゃ。

(浮世風呂　二編巻之上)

用例(22)の「自慢らしい」は「自らその性質を示しているように」の意になり「誇示」している用法である。ゲが示す感想の用法とは異なっている。また、これはゲ以外の表現が増え、多様化していくことを示唆している。

### 3.3.1　近世後期の状況

　近世後期で新しく形容動詞にゲが下接した場合は、「不興げ」「やすらげ」の2語のみであった。中世ではこの用法を発達させたのだが、近世では盛んではなくなった。近世後期では前期よりも異なり語数は増えているものの、動詞や形容動詞に新しく下接するという造語力は弱めていることがわかる。言い換えれば、近世後期のゲの増加は、ゲが新しい要素に下接するという造語力が引き起こした訳ではないと言える。

　また、「やすらげ」の場合はこの時期の造語力というよりは、馬琴の造語と見るべき場合であろう。

(23)　三間あまり落たる橋を、いと<u>易らげ</u>に飛越たるは、神か人かとばかりに、頻に賞嘆したりける。　　　　　(椿説弓張月　拾遺　巻之一)

「やすら」は「ゆったりと気持ちがよいさま」の意として『日本国語大辞典』に登録されている。この場合は「たやすく」の意であると考えられる。類語には「たやすげ」があるが、馬琴はこの語は選択しなかった。この場合は馬琴によって、古語を利用して造語された場合であると考えられる。

### 3.4　助動詞の場合

　助動詞にゲが下接した場合の異なり語数10語の中で、中古と同じ用法として用いられているのは「いいたげ」「まほしげ」2語のみである。これは、中古に用いられた語であり、中世以降は用例が見られなくなるのだが、近世後期に文語として再利用された場合であると考えられる。

(24)　主の僧は様々に、かの人々に追従しつつ、ここに宿さまほしげにて、
　　　頭掻きつつあちこちと走り歩くを　　　　　　　（修紫田舎源氏　三十二編）

用例(24)「宿さまほしげ」は主の僧が「泊まらせたく思っている様子」を表した場合である。これは、類似した場面の描写である、次の場合を踏まえた表現であると考えられる。

(25)　ほうしは、せめてここに宿さまほしくして、頭掻きありく。
　　　　　　　　　　　　　　　　　　　　　　　　　　（源氏物語　玉鬘）

用例(25)「無理にもここに泊めさせたくて」という意になる。ここではゲが用いられていない。「まほし」にゲが下接する用法は、「いかまほしげ」（『浜松中納言物語』、「いだかまほしげ」（『宇津保物語』）のように中古では異なり語数で11例見られる。これが、中古語として用いられたこれらの語が、『修紫田舎源氏』で近世の文語として再生されたということではないだろうか。
　また、他の語の場合を見るといずれも中世後期から見られる「げな」の形になっている。なかでも過去・完了の「た」に「げな」が下接した場合が7例で最も多くなっている。これは近世前期と同様の傾向である。

また 1 例のみではあるが、次のような場合が見られる。

(26) 引幕を積物にし、木戸へ総花をしければ、いよいよ酒楽が名高くなりける。「此積物は駿河の通じゃげな」　　　　　（山東京伝　吉野屋酒楽）

用例(26)の「じゃげな」は、断定の「なり」の変化に伴って生じた語形であるが、今回の調査ではこの 1 例のみで他には見られなかった。
　近世後期には、近世前期に比べ異なり語数では多くのゲが出現している。しかし、ゲの上接要素について見ると、形容詞の場合以外ではいくつか新しい形は見られるものの、いずれの場合も新用法が盛んになっている訳ではない状況が窺える。語数は増やしてはいるが、造語力は強めていないという状況である。これはすなわち新語を作り出していのではなく、古語を再生して利用しているということを示している。

### 3.5　名詞の場合
　名詞の場合については、中古から見られる「にくさげ」が延べ語数で 5 例存するのみで、他には見出すことができない。名詞にゲが下接する用法は近世前期の場合と同様に衰退した状況が窺える。ゲが名詞には下接しなくなったのは、名詞にはヨウダが下接するというように、上接要素によってゲが下接するか、ヨウダが下接するかという用法の分化が進んだ結果であると考えることができる。

## 4　構文から見た特徴

　近世後期でゲが使用されている状況について見ると、ゲが単独で述語になる用法があまり多く見られない。そこでどのような状況であるかを見るために、近世後期に出現したゲの延べ語数 466 語について、活用形ごとの分布状況を次表 2 に示す。

表2　近世後期のゲの活用形

| 活用形 | 連用なり | 連用に | 終止なり | 連体なる | 已然なれ |
|---|---|---|---|---|---|
| 延べ語数 | 2 | 314 | 19 | 130 | 1 |

　表2を見ると、近世でのゲは連用形として働く用法が中心になっており、次いで連体形としての用法が多くなっていることがわかる。

　ゲが単独で述語になっている場合について見ると、『修紫田舎源氏』に11例、上田秋成に7例、『椿説弓張月』の1例であり、これらはいずれも擬古的性格の強い作品で見られることがわかる。

　この結果を、中古の作品での場合と比較してみる。中古の作品では近世に比べ、ゲが単独で述語になっている場合が多く見られる。『源氏物語』でゲの延べ語数が多く見られる次の3語の場合について、どのような活用形であるのかについて見ると表3のようになる。「をかしげ」(延べ111例)、「らうたげ」(延べ98例)、「うつくしげ」(延べ65例)についてそれぞれの活用形の分布状況は次のようになる。

表3

|  | 語幹 | なら | 連用なり | に | 終止なり | なる | なれ |
|---|---|---|---|---|---|---|---|
| らうたげ | 1 | 3 | 4 | 54 | 18 | 17 | 1 |
| をかしげ | 2 | 1 | 1 | 41 | 26 | 36 | 4 |
| うつくしげ | — | 1 | — | 29 | 13 | 18 | 4 |

　表3を見ると、中古では最も多いのが、連用形「に」の場合であるのは近世の場合と同様である。しかし、近世の場合は連用形「に」の用法が極端に多い。中古では終止形「なり」の述語としての用法や連体形「なる」もある程度存する。近世では終止形「なり」の用法が極端に少ないことがわかる。つまり、近世後期のゲの用法として注目されるのは、連用形「に」の用法が突出して多く用いられていることである。以下、どのような用法であったのかについて見ていく。

① 前の句の述語になり、かつ次の句の修飾語になる場合
(27) 砂道に踏込し、足もおもげに、やうやく興津の駅にいたり。

(東海道中膝栗毛　二編　下)

用例(27)は、まず「砂道で足が重い様子に」という意味で前の句の述語になり、「足取りも重く」は後の句「駅にいたり」にかかる連用修飾語になっている。

(28) しののめまだき駅路(むまやぢ)のいそがしげに、ひきつつるる朝出の馬の嘶きに
　　旅労れの目をこすりながら　　　　　　　(東海道中膝栗毛　三編　下)

用例(28)は「早朝で忙しい様子に」という意味で前の句の述語になり、「忙しそうに」は「引き連れる」という後の句の連用修飾語になっている。
　これらの場合では、連用形「に」の形で述語の用法も担っていることになり、ゲは述語としての用法を減少させた訳ではないことがわかる。
　またこれらの場合は、会話以外の部分に、場面の状況を描写する際に用いられている。感想を述べるゲの用法は、語り手の視点で表現するには適した語であったものと考えられる。今回の調査で得られた、近世後期のゲはほとんどの場合で地の文中に見られ、会話文中に出現する場合は稀である[8]。

② 地の文で七五調を続けている場合
(29) 紫はいと恐しう、いかならんと身もわななかれ、そぞろ寒げに美しき、雪の肌(はだへ)も降り来る。　　　　　　　(修紫田舎源氏　八編)
(30) 御返事書き終り、君吉呼びて手に渡せば、姉の文ぞと心得て、忙はしげに赤松の、館へこそは帰りけれ。　　　　　　　(修紫田舎源氏　四編)

用例(29)「そぞろ寒げに」の場合ように、七五調の中に組み入れられている場合が多く見られる。
　また、用例(30)の「忙はしげに」は、直後の語である「赤松の」は修飾

しておらず、修飾するのは文末の「帰りけれ」である。七五調で書かれている部分であるため、音数律を保つために語順が入れ替わっているものと考えられる。このように音数律を持って表現される文は、流麗な感じで続いていき、続いていくことは単文による表現ではなくなることになる。複文として表現する際に、このゲの連用形は便利な機能を有していたことになり、そのことも近世後期でゲが多用されたことの一因になったものと考えられる。

## 5　まとめ

近世後期のゲについて、次のようにまとめることができる。
・近世後期は、前期に比べゲの異なり語数は増加している。しかし、これはゲが造語力を持ち、積極的に新しい語を増やしたという訳ではない。
・近世後期でゲが増加した理由には、近世後期の文体が、中世以降一旦見られなくなった文語のゲが再生されたことが挙げられる。
・近世の文語でのゲは上田秋成や曲亭馬琴によって創作された場合もあるが、奇をてらった方法で造語されたと考えるよりも、文語の手法を倣って創造されたものと考えられる。
・構文上の特徴として、連用形が述部と修飾部になる用法が存し、近世後期の独特の文体が見られる。
・また、ゲは七五調の中に取り込まれ、流麗な文体として用いられている場合が見られた。

注
1　『日本語学研究事典』(2007　明治書院)「雨月物語」(鈴木丹士郎執筆)の項目参照。
2　『日本語学研究事典』(2007　明治書院)「修紫田舎源氏」(鈴木丹士郎執筆)の項目参照。
3　『新日本古典文学大系　源氏物語』による。
4　『修紫田舎源氏』稲舟姫のモデルは『源氏物語』の末摘花であるとされ、この巻

の翻案が多いが、他の巻でも翻案と見られる場合がある。
5 『日本古典文学大系　椿説弓張月』(後藤丹治校注)の頭注にも「ちょっと賢そうな兵士」とある。
6 注 1 に同じ。
7 橋本四郎(1986)「近世における文語の位置」(『橋本四郎論文集　国語学篇』角川書店)
8 『修紫田舎源氏』中のゲについて、地の文と会話文での出現を見ると、地の文の出現率が 86.0% と高くなっている。

# 第7章　近世後期のソウダの用法

## 1　はじめに

　前章に見たようにソウダは、近世前期において発達する状況が窺われた。それでは、近世後期ではどのような状況を見せるのだろうか。まずジャンルごとのソウダの異なり語数を見ていく。
　　読本(1)　洒落本(12)　滑稽本(24)　人情本(15)　合巻(7)　草双紙(28)
　　雑俳(71)　その他(48)
　近世後期全体のソウダの異なり語数は154語である。これは前期の182語に比べると若干少ない状況になっている。これをさらに詳しく見ていくと前期とは様相を異にしていることがわかる。それは、近世後期ではソウダが多いジャンルと多くないジャンルに二分されるということである。ソウダが多くないジャンルは特に読本、合巻であり、また洒落本、人情本、草双紙もあまり多くはなく、これらを合わせた異なり語数は68語である。それに比して、雑俳やその他に含めた本居宣長の『古今集遠鏡』等での異なり語数の合計は116語である。調査の量としてはこれらの方が前者より少ないのだが、異なり語数は多くなっている。これは、ソウダは口語的性格を有するジャンルでは多く見られ、文語的性格を有するジャンルでは少ない状況を示していると言える。
　また、口語的と文語的という観点からは、本居宣長のソウダの使用状況が注目される。宣長の著作を見ると『紫文要領』『石上私淑言』『玉勝間』『源氏物語玉の小櫛』の中には、今回の調査ではソウダの使用例が見られなかった。しかし、『古今集遠鏡』での古今集の口語訳の部分には異なり語数で47語のソウダが出現している。ソウダはどのような語を口語訳した場合に見られるのだろうか。詳しくは以下で見ていくことにする。

近世後期にソウダが減少するジャンルでは、ゲは異なり語数を増やしている。ゲが近世前期では全体の異なり語数が107語であったのに対して、後期では170語と増加させている。逆にここでソウダの異なり語数が多い雑俳等を見ると、ゲは少なくなっている。このことは、ゲとソウダが表裏の関係にあることを示している。ゲが多く見られる時代や作品ジャンルでは、ソウダは多く見られないという関係である。

　これらのことは、どのような事情が影響したのだろうか。本章では以下ゲやソウダに類似した用法を持つ「ようだ」と比較しながら考察していくことにする。

## 2　上接要素ごとの用法

　まず、今回の調査で得られた、異なり語数154語のソウダについて、上接要素を品詞ごとに分類し、その異なり語数を表1に示す。

表1　ソウダの上接要素の分類(近世後期)

|  | 動詞 | 形容詞 | 形容動詞 | 名詞 | 助動詞 |
|---|---|---|---|---|---|
| 異なり語数 | 75 | 34 | 9 | 6 | 30 |
| 割合 | 48.7% | 22.0% | 5.8% | 3.9% | 19.5% |

　この結果を見ると、近世前期では動詞と形容詞の割合がほぼ同じ程度であったのだが、後期においては動詞が割合を増やし、形容詞の割合は減少する結果になっている。これは、「しそうだ」の類の「予測」のソウダが用法を広げたことを示している。また、名詞については割合を大きく減らしており、この用法が衰退傾向にあることがわかる。

　ゲとソウダの接続の形態上の大きな相違は、ソウダは動詞や形容詞に積極的に下接するのだが、ゲは動詞にはあまり下接せず、形容詞を中心に下接するという点にある。このことを考えると、近世後期のソウダは、動詞に下接する用法の割合を増やすという、ソウダが持つ固有の性格を強めていく方向であったと考えられる。以下、上接要素ごとに状況を見ていく。

## 2.1　動詞の場合

　近世前期の動詞に下接するソウダは異なり語数が 51 語である。川柳や『古今集遠鏡』を含めないソウダの異なり語数は 31 語であり口語的なものを含めないと前期より減少しているが、後期全体では 79 語と増加している。川柳等でのソウダが、動詞に下接するソウダの造語力を強めているといえる。

　動詞に下接するソウダの用法については、近世前期の場合と同様に「予想」「予測」「観察」の用法が見られる。ただ、終止・連体形に下接する「観察」の用法については、次に挙げるように「伝聞」の用法と混同しやすい場合が見られる。

（1）　北「アノ地蔵さま瘡の願がきくそうだ。おらが方のへたなすがあれでなおった。
　　　　　　　　　　　　　　　　　　　　　　　（東海道中膝栗毛　初編）
（2）　北「ヲヤすさまじい人だ。なにかあるそふだ
　　　　　　　　　　　　　　　　　　　　　　（東海道中膝栗毛　七編　下）

用例（1）の場合は、自分の病気が治ったことを根拠として、「あの地蔵の願掛けは効果があるようだ」と判断しているものである。用例（2）の場合も、人だかりができている様子をみて、「何かあったようだ」と判断している場合である。いずれの場合も情報源が視覚的に実感されたことであり、ここでは「伝聞」の用法ではないことを示している。これらの例を見ると、前後の文脈の助けがない場合にはソウダが「観察」の用法であるか、「伝聞」の用法であるかの判断がしにくくなっている。

　これに関連して次のような例が見られる。

（3）　まだ宮めぐりもせぬさきに、もつてへねへよふだが、ままのかは、やらかしやせう。
　　　　　　　　　　　　　　　　　　　　　（東海道中膝栗毛　五編　追加）

用例（3）は動詞に下接した場合ではないが、発話時点までの状況から「もったいない」と判断した場合である。これは、ソウダの「観察」の用法とほぼ

同じものと考えられる。

　森田良行(2002)は、現代語のソウダとヨウダの違いについて、およそ次のように区別している。

ソウダ…客観的根拠に基づかぬ、勘に頼った主観性の強い推定表現
　　(例)だいぶ体に力が入るようになった。この分ならじき起きられそうだ。
ヨウダ…判断の根拠は若干あるが、話者自身の主観的理解による弱い推定
　　(例)鍵がかかっている。まだ帰っていないようだ。

　この区分を見ると、用例(1)、用例(2)のソウダは、判断の根拠が示されており、用法の面からもヨウダの用法に近いため、混同を起こしやすくなっていると考えられる。別の見方をすれば、この時点ではソウダとヨウダにこうした用法の区別はなく、それが意識的に区別されるようになったのは、この時代以降のことなのではないかと考えられる。

　次に上接する動詞について具体的に見ていく。上接要素の語幹が一音節になる語については、ゲの場合は下接しにくいという傾向がある。しかし、ソウダの場合は「し」「来」「出」などが見られ、そのような制限は見られないことがわかる。次に用例を挙げる。

（４）　落話に為さうな実説が多くあるものさ。　　　　　　　（浮世床　二編）
（５）　又、何ぞ気味の悪い事でもしそうな人ゆへ、心遣ひをする。
　　　　　　　　　　　　　　　　　　　　　　（山東京伝　三筋緯客気植田　中）

用例(4)、用例(5)はいずれも、発話時には動作が開始していない場合に用いられる、「予測」の用法である。ソウダの「予測」の用法については、近世後期でも健在であることがわかり、この用法はソウダの独自性を主張しているものと考えられる。

## 2.2　形容詞の場合

　近世前期に形容詞に下接するソウダは異なり語数で51語であり、後期は34語とやや少なくなっている。このうち文語作品中における形容詞に下接するソウダは異なり語数14語で、そのうち9語までが近世前期に見られたソウダと一致している。しかし口語作品に出現するソウダは、近世前期には見られなかったソウダが多くなっている。

　近世後期にソウダが出現した場合については、ゲと上接要素が共通する場合がある。以下、どのような違いが見られるのかについて考えていく。

うつくしそう
（6）　ほんにおかかのいやる通り、美しさうなあの風俗、赤本に書いてある鉢かつぎの姫の格で　　　　　　　　　　　（関東小六昔舞台　二編）

用例(6)は、「美しい様子」という意味であり、発話時点の状況についての「観察」の用法である。

うつくしげ
（7）　姫君はうち笑みて、いと美しげに居給へるを、光氏つらつら見給ふに、　　　　　　　　　　　　　　　　　　　（修紫田舎源氏　二十八編）

用例(7)は、主題の状況について語り手による感想の表現である。用例(6)と用例(7)については、ゲとソウダに意味上の大きな差異は見られないのではないだろうか。別の語の場合についても見ていく。

重そう
（8）　こちらは下郎の悲しさは、ふつりと起こりし彼が悪心、中にてどうやら重さうな、鼻紙袋を盗み取り　　　　　　（娘金平昔絵草紙　前編）

用例(8)は、発話時にそのように「観察」されたことを語り手が表現した形

になっている。「重い」は物理的な重さについての表現で、属性形容詞としての用法である。

重げ
（９）　砂道に踏込し、足もおもげに、やうやく興津の駅にいたり。

(東海道中膝栗毛　二編　下)

用例(9)は、語り手によって「足取りが重そうだ」と観察された表現である。「重い」は属性形容詞としての用法ではあるが、ここでは単に物理的な重さだけではなく、疲労による辛さといった心理的な意味も表しているのではないだろうか。
　「重げ」については、現代語ではほとんど用いられない。近代にはわずかに用例が見られるが、ここで用いられているように、「〜も重げ」の形で「〜が重そうに」という用法としてしか用いられなくなり、文語のイメージを持った語として残存するだけになる。こうした属性形容詞にはソウダが中心に下接するようになり、ゲは次第に追いやられていくことが予想されるが、詳しくは次章以降に見ていく。

### 2.3　形容動詞の場合

　ここでも前期の異なり語数27語に比べ9語と極端に少なくなっている。前期では漢語形容動詞に下接する用法が27語中21語見られ、ゲに代わってこの用法が盛んになった様子が見られた。しかし後期では漢語形容動詞に下接した場合は、「正直」「難儀」「不思議」「不審」「利口」の5語しか見られない。

(10)　借りに来た時ハ正直そうな顔　十口　　　　　　　(川傍柳　四篇)

いかにも正直そうに見えるという「観察」の用法である。川柳の表現はほぼ口語と同様に感じられる。漢語に下接する用法は、前期より少なくなってい

るものの、他の表現に代わってしまう訳ではない。そのためこれが衰退したのではないものと考えられる。

　また、近世後期に見られる他の語は、「あたたかそう」「気の毒そう」「たくさんそう」「やはらかそう」の4語で、今回の調査では近世前期には見られなかった語であり、ソウダが造語力を失っている訳ではないことがわかる。また、「あたたか」「気の毒」「やはらか」についてはゲによる造語も見られるが、「たくさん」についてはゲによる造語は見られない。これはやはり意味との関連があると考えられる。「たくさん」は、元々は「数量の多いこと。またそのさま」の意を表す語である。これまでに見たように、ゲには下接しにくい意味領域があると考えられ、中古では「多・少」「大・小」「遠・近」等を表す形容詞には下接しにくいという傾向が見られた。たくさんは「多い」に意味が近く属性を表す形容詞であるため、ゲが下接しにくいということが考えられる。ゲが下接しにくい意味領域には、ゲに代わってソウダが下接していることがわかる。

　形容動詞にゲが下接した用例には次のような場合がある。

(11)　天川屋義平、此の男ばかりは暖かそふに着物をたんと着て、一つの長持を携へ出る。　　　　　　　　　　（山東京伝　義士之筆力　下）

これは、現状についての「観察」の用法である。上接要素を同じくする場合として、中古に「あたたかげ」の用例が見られた。これは「肉付きのよさ」や「ふんわりした感じ」に用いられていた。「あたたかげ」は直接、体温や気温の感覚について用いられてはいない。ゲについては上接要素に意味の制限が考えられるが、ソウダは、感覚を表す表現にも制限なく下接できることがわかる。

## 2.4　名詞の場合

　ソウダが名詞に下接する用法についても、前期とは大きな変化が見られる。前期には名詞に下接するソウダは異なり語数33語と多様な場合が見ら

れた。しかし、後期では「よさ」「なさ」等の特定の場合を除いては、名詞に下接するソウダの用法は衰退したと考えられる。これは「よい酒さうな」といった、近世前期に見られたソウダの「典型」の用法が失われたことを示している。ただ1例のみ見られるのは、次の場合である。

(12) ああ秋の日の短さ、もう暮るるに間もあるまい。和子様は<u>お眠気さうな</u>、お床にはまだ早かろう。　　　　　　　　　　（修紫田舎源氏　初編）

用例(12)は、発話時に眠い様子が「観察」されることが、語り手によって述べられる表現である。「眠そうな」では敬意を表せないために生まれた表現と考えられ、一般的な場合とは異なっている例ではないだろうか。
　近世後期には、ソウダが名詞に下接する用法が衰退したと考えられる。これは、近世前期でソウダが用法を増加させたことが原因と考えられる。一つの助動詞が多機能を担うことは、単機能の要素を積み重ねて表現を構成する分析的表現へと向かっていく近代語化の流れに逆行するものになってしまう。そのため、ソウダが急激に発達した近世前期の状況からは落ち着きを見せた近世後期に、このような用法を減少させる方向への修正が行われたのではないかと考えられる。

### 2.5　助動詞の場合

　近世後期で見られたソウダの上接要素が助動詞の場合の11例は、すべて「た」＋「ソウダ」の形になっている。近世前期に比べると、用法が縮小したことになる。語例を挙げると、次のようになる。
　　明けた　気が違った　来た　こぼした　した　でけた　寝た　はまった
　　　　見入った　酔った　悪かった
　これらは完了の助動詞「た」に付いて、上接動詞の動作が既に行われたことを「予想」または「観察」する用法である。いくつか用例を見ていく。

(13)　弥二「もふ夜が<u>あけたそふな</u>」　　　　　　（東海道中膝栗毛　三編　下）

用例(13)は、外から聞こえる音によって弥二郎兵衛が「夜が明けたようだ」と判断した場面である。聴覚を根拠に、発話時に動作が既に完了したと判断した表現で、「観察」の用法と考えられる。

(14)　ヲヤ　もふ、そふじが来たさふだ。いつそ匂ふよ。
（青楼畫之世界錦之裏）

用例(14)は、部屋の外の匂いから、「便所掃除が来たようだ」と判断している場面である。これは、嗅覚を根拠にして、発話時に動作が既に行われていると判断した「観察」の用法である。

　この用例(13)、(14)のソウダの場合についても、先の森田良行(2002)の現代語についての指摘の場合とは異なって、近世でのソウダの用法はある程度客観的な根拠を元に判断がなされているものと考えられる。

(15)　おきやがれ、気が違つたさふだ。　　　　　　（鐘は上野哉　下）

用例(15)の「気が違った」はこの時代に慣用的に「気が違ったさうだ」の形で「とんでもないことを言っている」の意で用いられる当時の流行語であった[1]。この場合も、ソウダに上接する動詞の動作は、発話時には開始していることになる。

　以上の用法について現代語で考えると、用例(13)の場合で見れば「夜が明けたようだ」や「夜があけたみたいだ」のように、「ようだ」(以下ヨウダと表記)や「～みたいだ」が担っている用法である。近世前期でソウダは用法を増やしたため、「観察」の用法については別の語であるヨウダが担うようになることは、ソウダの用法を明確にする上でも都合のいいことになる。それではヨウダは、近世でどのような状況を見せているのだろうか、後段で詳しく考察する。

　また、「た」に下接する場合については、文脈の助けを借りても「観察」の用法か、「伝聞」の用法か区別しにくくなっている場合が見られる。

(16)　弥次「あいつめが仮宅へでもはまったそふで、親方の金をちつとばかり、つかひこんだといふことだ。…」
　　　　　　　　　　　　　　　　　　　　　　　（東海道中膝栗毛　発端）

用例(16)は、後続する部分の「といふことだ」に注目すると「伝聞」の用法と考えられそうだが、「どうも〜のようだ」という意味として「観察」の用法とも考えることが可能な例であると思われる。近世でのソウダの用法は、こうした点で不明瞭である場合が見られ、その解消が求められる状況にあったと考えられる。

## 3　宣長のソウダからわかること

　今回の調査では、本居宣長の著作を見ると『紫文要領』『石上私淑言』『玉勝間』『源氏物語玉の小櫛』にはソウダが見られなかった。しかし『古今集遠鏡』の和歌の口語訳部分には異なり語数で47語と比較的多くのソウダが見られる。このことは宣長がソウダを口語としてのみ使用していることを示している。
　宣長の文章は規範的態度を貫いているものと考えられる。歌や文章を書く際には、『古今和歌集』や『源氏物語』を中心とする平安朝の言語を規範と考える態度が示されている。それは次のような一節から看取できる。

　　そもそもちかき世の人、文も歌もともにつたなき中に、文はことにおしなべてつたなくして、いささか歌のはし詞を、二くだり三くだり物する中にも、ひがごとのみおほく、或は書よみの詞づかひをえはなれず、あるは今の世のさとび言のふり流れなど、すべて雅言のさまを、よくわきまえしれる人の、をさをさよになきは、いかにぞや
　　　　　　　　　　　　　　　　　　　　　　　　　　　　（玉あられ）

　当時の人が世俗的な言葉ばかりを用い、雅言を知らない、と嘆く考え方のもとでは、宣長にとって口語の世界から生じたソウダは、世俗的な言葉であり、自らが使用すべき言葉ではないと意識され、使用しなかったのではない

かと考えられる。

　しかし、その一方で、口語訳としては、口語としてのソウダを使用したということになる。以下、『古今集遠鏡』のソウダの出現状況を見ていく。まず『古今集遠鏡』例言に見られる以下の記述が注目される。

　　らしは、サウナと譯す、サウナはさまなるといふことなるを、音便にサウといひ、るをはぶける也、然れば言の本の意も、らしと同じおもむきにあたる辭也、たとへば物思ふらしを、物ヲ思ウサウナと譯すが如き、らしもサウナも共に、人の物思ふさまなるを見て、おしはかる言なれば也、
　　　　　　　　　　　　　　　　　　　　　　　　（古今集遠鏡）

　宣長は「らし」を発話時点の観察に基づく「予測」のソウダに口語訳していることになる[2]。『古今集遠鏡』には、異なり語数で55語のソウダが見られる。上記のように「らし」(「けらし」) の訳語としてソウダが見られる場合が21例と多く見られる。しかしソウダは「らし」の訳語以外にも次のような場合が見られる。

① 「べし」の訳語として
(17)　風ふけば波うつ岸の松なれやねにあらはれてなきぬべら也
　　　　　　　　　　　　　　　　　　　　　　　　（よみ人しらず）
　　　…ドウヤラネニアラハレテ泣キサウニ思ハルル

「べし」の訳語としては延べ5例見られる。また、「む」の訳語としても延べ4例見られ、これは古語では種類の多かった推量の助動詞が、口語では「予測」のソウダに整理され、表現されている状況を示している。

②　ゲの訳語として
(18)　いざけふは春の山べにまじりなむくれなばなげの花の陰かは（そせい）
　　　…日ガクレタトシテモ　花ノ陰ガナササウナカイ

これは、ゲが文語的であり、ソウダが口語的であると捉えられていることを示す例である。ゲの訳語としてソウダが見られるのは、他にも1例見られる。ただ、次の場合のように、和歌中のゲがすべてソウダに訳出されている訳ではない。

(19) 玉かづらはふ木あまたになりぬればたえぬ心のうれしげもなし
(よみ人しらず)
　　…ソノタエヌ御心ガナンノウレシイ事モナイ

③　接頭辞「もの」の訳語として
(20) いのちとて露をたのむにかたければ物わびしらになく野べの蟲
(しげはる)
　　…難儀ニ思ウテカナシサウニ鳴ク

これもゲの場合と同様で、接頭辞「もの」による造語は中古以降には盛んではなく、文語のイメージがあるために、口語的なソウダに訳された場合である。

④　直接的な訳語ではない場合
(21) 大かたの秋くるからにわが身こそかなしきものと思ひしりぬれ
(よみ人しらず)
　　…人ハ此ヤウニハナイサウナニ　オレヒトリガ
(22) かつこえて別れもゆくかあふ坂は人だのめなる名にこそありけれ
(つらゆき)
　　…コレデハ逢坂ト云名ハ　頼モシサウニ聞エテ　頼ミニナラヌサ名ヂャワイノ

この場合のように、和歌中には直接ソウダに置き換えられる語が見られない場合にも、訳語としてはソウダが出現する例が比較的多くあり、こうした場

合は 22 例になる。いわば自然にソウダが用いられた場合で、口語としてのソウダが浸透していたと見ることができる。

　以上から、宣長は当時の解釈としての口語ではソウダを用い、それ以外の著述中にはソウダが見られないという様に、使い分けを行っていた。こうした宣長の使用状況から、近世後期のソウダは、規範が重視される場合や、文学の世界では盛んにはならなかったが、口語表現が行われる場合には、着実に定着している状況が窺える。

## 4　近世のヨウダについて

　ここまでに近世で活用語の終止・連体形に下接するソウダには、ヨウダに近い用法が存していることを見た。それでは、近世のヨウダはどのような状況にあるのだろうか。近世全般にわたる調査ではないが、近世でのヨウダの用法を以下の五種にまとめてみる。

① 「推定」
(21)　もふ小べんがもる<u>よふだ</u>。　　　　　　（東海道中膝栗毛　三編　下）
(22)　イヤこれは三文では高い<u>よふだ</u>。　　　（東海道中膝栗毛　四編　下）

前出の森田良行(2002)では、現代語のソウダの用法について、「くしゃみがでそうだ」の例を挙げ、「結果が実現成立する以前に下す己の感覚的判断」とし、「あくまで自身の内部的な感覚を手掛かりとしている」と記述している。この考え方に従えば、用例(21)は現代語では、ソウダによって「もれそうだ」記述されるべきところである。これは、やはり近世においてはソウダとヨウダの用法が明確になっていないということを示していると考えられる。

② 「例示」
(23)　煎つけるか、または煮豆などの<u>よふ</u>にいたして、たべることがござります。　　　　　　　　　　　　　　　　　　（東海道中膝栗毛　五編　下）

ヨウダに前接する名詞が例えとして挙げられている場合である。ほとんどが、格助詞「の」に下接して「のように」の形になっている。

③ 「比況」
(24) 弥次「イヤもふ、はらがさける<u>よふだ</u>。…」（東海道中膝栗毛　七編下）

これらのヨウダの場合は、ヨウダに上接する動詞は例えとして用いられたのであって、実際に動作が行われることは期待されていない。したがって、発話時には動作が行われていない場合である。

④ 「目的・方法」
(25) いや、ただ今の分にて御許容ある<u>やうに</u>御取成を頼む。

(醒睡笑　巻之三)

この場合は「ように」の形で用いられる。「動作の目的や努力の目標を表す」との記述もある[3]。

⑤ 「様子」
(26) かのあたりに使ふ馬は、糠につけ藁につけ、大豆など申すにおよばねな、実に骨ばかりなる<u>様なり</u>。

(醒睡笑　巻之一)

(27) ゆびをいれてつつきまわすうち、しきりにせうべんがもる<u>よふになり</u>

(東海道中膝栗毛　六編　上)

この用法についても名詞としての「よう」の意味が感じられる場合である。
　さらに、名詞「様子」が用いられている場合も見られ、助動詞ヨウダがまだ発達する途上にあると考えられる。

(28) 弥二「ときに腹がきた山だ。今飯をたく<u>ようすだ</u>。埒のあかねへ…」

(東海道中膝栗毛　初編)

用例(28)の「ようす」は、発話時の状況から判断した場合である。

以上に分類されたヨウダは、近世ではどのような状況を示しているのだろうか。ここでは、『醒睡笑』『雨月物語』『東海道中膝栗毛』において調査を行い、それぞれの用法が数量的にどのような分布状況を見せるかについて次表1にまとめた。

表1　ヨウダの用法の分布状況(近世前期)

|  | 推定 | 例示 | 比況 | 目的 | 様子 |
|---|---|---|---|---|---|
| 醒睡笑 | — | 18(22.2%) | 31(38.3%) | 22(27.2%) | 10(12.4%) |
| 雨月物語 | — | — | 9(56.3%) | 1( 6.3%) | 6(37.5%) |
| 膝栗毛 | 24(30.8%) | 15(19.2%) | 31(39.7%) | 1( 1.3%) | 7( 9.0%) |

表1を見ると、ヨウダはいずれの場合でも「比況」の用法が多いことがわかる。ここで「様子」とした場合は、ヨウダが名詞としての用法と考えられる場合である。また、ヨウダの「推定」の用法については前期ではあまり発達していないものと考えられる。ただ、次のような場合がこの用法につながっていく例だと考えられる。

(29)　舌まはらず、わけもなきこわつきにて尼崎といふやうなり。

(醒睡笑　巻之五)

用例(29)は、酔った相手の答えが「尼崎」と言っている様子を表現しているが、はっきり聞き取れず「推定」している場合とも考えられる。つまり近世初期においては、ヨウダは発達過程であるため、ヨウダの推定の用法については明確にしがたい部分があるものと考えられる。

近世にはまたこれらと類似した要素を用いた表現も見られる。

(30)　いろおとこはちがつたもんだろふ。　　　(東海道中膝栗毛　五編　上)

用例(30)は「だろう」による表現で、ここは「推量」というよりは、相手に同意を求める用法である[4]。

さらに、類似した用法として「ふうだ」の用例もわずかながら見られる。

(31) 弥次「人のことをいふ手めへのふうは、蓆木寸伯さまの代脈に来たというふうだ」
　　　　　　　　　　　　　　　　　　　　　　（東海道中膝栗毛　八編　中）

用例(31)の場合は、「というふう」という形で比喩を表す用例になっている。これらは、いずれも近世において様々な表現が試行された状況を示す場合と考えられる。

　以上を見ると、近世のヨウダについては、名詞や形式名詞としての「やう」と截然と区別しがたい部分が見られる。また、類義関係にあるソウダとの用法の区分についても、現代語の用法とは異なり、明確でない部分があると考えられる。ソウダのソウも形式名詞としての用法は見られるが、ヨウの場合ほどは多用されていなかったため、ソウダの方が文法化しやすかったということではないだろうか。その結果、近世では助動詞ソウダがまず発達するようになったものと考えられる。

## 5　まとめ

　近世前期で急激に発達したソウダは、近世後期ではその発達の度合いを緩やかにする。なかでも名詞に下接する用法についてはほとんど見られなくなる。近世前期に見られた「よい酒さうな」といった「典型」の用法が失われたことになる。これは、ソウダが発達していくのに伴って、一度に多機能を持つようになったため、その用法を整理する必要が生じたためであると考えられる。

　また、本居宣長は古語の解釈としての口語にはソウダを用い、それ以外の著作にはソウダを使用しないという使い分けをしていた。これは、ソウダが口語的であり、この段階においても規範が重視される場合にはふさわしくな

いとの意識があったのではないかと考えられる。ソウダの更なる発達への過渡的な段階であったということだ。

　さらに近世ではヨウダも見られるようになるが、名詞や形式名詞としての「やう」と截然と区別しがたい場合が見られ、ソウダに比べ文法化が遅れている状況が見られる。


注
1　『日本国語大辞典』の意味記述には、①「精神状態が正常でなくなる。②とんでもないことをいう意の、江戸の流行語」とある。
2　ここではソウダの上接要素の活用形については触れなかったが、山口堯二(2003)に、『古今集遠鏡』中の終止連体形につく、「推定」のソウダの例が指摘されている。
3　『日本語新辞典』(松井栄一編　2005　小学館)による。
4　『日本国語大辞典』の「だろう」の語誌には以下のような記述がある。
　　「であろう」がもっぱら推量の用法を表すのに対して、「だろう」は、推量用法と並んで、発生後かなり早い時期、少なくとも文化文政の滑稽本「浮世床」「浮世風呂」には同意、確認を求める言い方の例が見られる。

# 第 8 章　近現代における接尾辞ゲの用法

## 1　はじめに

　本章では近代および現代に見られる接尾辞ゲについて見ていく。言語の消長を見ると、類似した用法を持つ新語形が登場した場合には、従来の旧語形は漸次、衰退に向かっていくのが常である。ゲとソウダには類似した用法が見られるのだが、これらの場合ではどのような状況を示すのだろうか。ゲは平安時代に盛んに用いられるようになり、古い歴史を持っている。一方ソウダもこれまでに見たように、中世後期頃から江戸初期頃にかけて用いられるようになり、ある程度の歴史を持った語であると言える。

　『日本国語大辞典』には接尾辞ゲについての記述に、——現代語では「そうだ」「〜らしい」に代わられるなどしてあまり使われなくなっている——とある。しかし、ゲは、新しく類似した意味・用法を持つソウダが出現した後にも、消滅することはなく、今日に至っている。これにはどのような理由があるのだろうか。

　本章では、近代と現代のゲについて記述する。なお、ここで言う現代とは、第二次大戦後以降の日本語として近代と区別して考えていくことにする。

## 2　近現代のゲの出現状況

　まず近代、現代でそれぞれどの程度のゲが見られるのか、その出現状況についてそれぞれ見ていく。

### 2.1　近代のゲの出現状況

　ここでは明治から昭和の前期に見られるゲの状況を見る。調査は明治以降

の作家、二葉亭四迷、尾崎紅葉、森鷗外、樋口一葉、国木田独歩、田山花袋、小泉八雲、上田敏、夏目漱石、伊藤左千夫、石川啄木、泉鏡花、長塚節、芥川龍之介、志賀直哉、太宰治の各作品および訳文について行った[1]。また、太陽コーパスからも用例を収集した。

その結果、今回の調査で得られた接尾辞ゲを含む語は次のようになる。

　　異なり語数　224 語　　　延べ語数　1015 語

比較のため、ゲが最も多く用いられた『源氏物語』の場合を見ると次のようになる。

　　異なり語数　236 語　　　延べ語数　1204 語

この結果、近代に見られるゲは、『源氏物語』とほぼ同程度の数量が見られることになり、決して少なくはないことがわかる。中世以降に、一度は減少していく傾向が見られたゲであるが、近代以降では単に減少している状況ではないことがわかる。これにはどのような事情があるのだろうか、以下考えていく。

### 2.2　現代のゲの出現状況

次に、現代語においてどの程度のゲがどのような状況を示すのかについて見る。調査は、北杜夫、遠藤周作、星新一、沢木耕太郎、椎名誠、米山公啓、大橋巨泉、石原まき子、吉本ばなな、山田詠美の現代作家の作品を対象とした。また、新聞記事 3 ヶ月分からも用例を収集した[2]。

その結果、異なり語数で 105 語、延べ語数で 494 語のゲを含む語が得られた。調査量が一定ではないので単純な比較は出来ないが、ゲは近代に比べて異なり語数を減らしており、近代以降は増加の傾向ではないという状況が確認できる。

## 3　上接要素の構成

ここでは、近現代のゲの上接要素がどのような状況であるのかについて、以下時代別に見ていく。

## 3.1 近代のゲの場合

　まず、今回の調査で得られた異なり語数で224語の近代のゲについて、その上接要素を品詞ごとに分類し、その異なり語数と割合を次の表1に示す。

表1　ゲの上接要素の分類（近代）

|  | 形容詞 | 形容動詞 | 動詞 | 名詞 | 助動詞 |
|---|---|---|---|---|---|
| 異なり語数 | 169 | 18 | 18 | 5 | 14 |
| 割合 | 75.4% | 8.0% | 8.0% | 2.2% | 6.3% |

　この結果を見ると、ゲは形容詞を主な上接要素にしていることがわかる。そしてそれは歴史的に見ても中古から同じ傾向が続いていると言える。それでは、ゲはどのような形容詞に下接しやすいのだろうか、以下で考えていくことにする。

## 3.2　現代のゲの場合

　次に今回得られた異なり語数で105語のゲについて、その上接要素を品詞別に分類し、その異なり語数と割合を、次表2に示す。

表2　ゲの上接要素の分類（現代）

|  | 形容詞 | 形容動詞 | 動詞 | 名詞 | 助動詞 |
|---|---|---|---|---|---|
| 異なり語数 | 68 | 26 | 9 | 1 | 1 |
| 割合 | 64.8% | 24.8% | 8.6% | 1.0% | 1.0% |

　この結果を見ると、ゲが形容詞を主な上接要素にしていることは近代の場合と同様であることがわかる。しかしその割合を見ると、近代より若干減少して、形容動詞に下接する場合が増加していることがわかる。近代の場合では形容動詞に下接している場合は18語で8.1%であったので異なり語数では若干の増加ではあるが、割合を見ると約3倍になっている。さらに、名詞や助動詞についても異なり語数を減らしているのが注目される。これは近代のゲと現代のゲには何らかの変化があることを示すと考えられる。なぜ助動詞が減ったのか等についても、以下で詳しく見ていくことにする。

ここで先行研究について見ると、ゲと形容詞の関係については、ケキゼタチアナ(2002)に次のような言及がある。

> 「重たい」という言葉には「げ」が付くのに対し、「重い」という言葉には付かない。また、「苦しい」という形容詞と「大変(な)」という形容動詞は、似たような状態を表していると考えられるが、「苦しい」という言葉には「げ」が付くが、「大変」という言葉には付かない。こうした事実から、現代日本語において「げ」が付く言葉と「げ」が付かない言葉が慣用的に決まっていることが多いと言えるのではないかと考えられる。

これについてはいくつか疑問が残る。まず、単に「慣用」として片付けてしまって良いものか、という点がある。また「重たい」と「重い」についても、今回の調査で近代の作品には「重げ」の次のような例が見られる。

（１）　重げに戴ける夜会結に淡紫のリボン飾して　　　（尾崎紅葉　金色夜叉）

また、宮沢賢治の詩にも次のような例がある。

（２）　ねむのきくもれる窓をすぎ　稲みなその穂を重げなり。（兄妹像手帳）

これらは、やや文語の趣のある例ではある。近代語まで溯って見れば「重い」にゲは下接しないとは言い切れないものである。ゲはもちろんすべての形容詞に下接する訳ではない。しかし、現代語のみを見ることで慣用的に決まっていると言ってしまうのは早計だと考えられる。さらに、「苦しい」と「大変」が似たような状態という言い方も詳細さを欠いている。これらにゲが下接するか、しないかという違いは、上接要素の意味よりも活用の形態によるところが大きいと言える。ゲは「苦しい」という形容詞には下接しやすいが、「大変」という形容動詞には、歴史的に見ても、下接しにくいという

ことである。やはり上接要素の品詞もゲが下接するかどうかについて考える際の要因になる。

　本書では、ゲと特に形容詞との関係について様々な点から考察をしていくことにする。その際、歴史的な観点を踏まえつつ考察を進めていく。現代語の問題を扱うにあたっても、目の前の事象だけから結論してしまうのではなく、その前代の状況を手がかりに考えていくことも問題を理解する指針になると考えられるからである。

## 4　上接要素ごとの用法

### 4.1　形容詞の場合

#### 4.1.1　形容詞の場合（近代）

　ここでは、近代にゲが形容詞に下接する場合ついて、上接する形容詞の時代的な観点や意味、語構成の面から考えていくことにする。

① 出現時期による分類

　まず、今回得られた異なり語数 169 語のゲについて、どの時期に用例が出現するのか、という点について見る。そこでこの 169 語を次の 3 類に分類して、次に示す。

　Ⅰ　中古までに用例が見られる場合　　　　92 語(54.4%)
　Ⅱ　中世から近世に用例が見られる場合　　25 語(14.8%)
　Ⅲ　近代以降に用例が見られる場合　　　　52 語(30.8%)

　Ⅰに属する中古までにも用例が見られる場合が最も多くなっているが、Ⅱ、Ⅲに属する語の合計も約半数を占めている。平安時代から連綿と続いているゲが過半数程度見られる一方で、中世以降に新しく出現する場合も半数弱を占めることになる。これはゲが中古以降に造語力をなくし新語を造らなくなったわけではなく、中世以降も生産力を保っていることを示している。さらに近代以降に用例が出現するようになった場合も約 3 割ある。近代語でゲがそれほど衰退していないことの要因として、近代においてもゲはある

程度の造語力を持っていたためと考えられる。そこで、以下の2点に問題を整理し考察していくことにする。

第1は、古くからゲと結びついた形容詞はどのような性質を持つのか。

第2は、新しくゲと結びつくようになった形容詞にはどのような性質があるのか。

以上に注目しながら時代ごとに考察を進めていくことにする。

② 中古までに用例が見られる場合について

a 上接要素の意味分類

最初に、平安時代からゲと結びついている形容詞について見る。Ⅰに属する92語は中古からゲを下接した形を持つのだが、これらの形容詞はどのような性質を持っているのだろうか、以下考えていく。

『類語新辞典』(三省堂)では、語を以下のように分類している。

（Ⅰ）自然(天文・気象、物象、土地、自然物、植物、動物)
（Ⅱ）人間(人体、生理、関係、属性、感性、活動)
（Ⅲ）文化(社会、生活、学芸、産物・製品、抽象、認定・形容)

の3分類が行われている。

中古からゲを下接している92語について見ると、この分類では、(Ⅱ)類の中の属性の下位分類(人物評、人物、職業)か、感性の下位分類(感覚、感情)。または(Ⅲ)類の中の認定・形容の下位分類(ひろがり、たしからしさ、ねうち、ありよう、つながり)の中に分類される。

そこでこの92語の分布状況を見ると、最も多いのが(Ⅱ)類のうちの感性に分類される場合である。35語までが「感情」を表す形容詞であって最も多く、「感覚」に分類される形容詞も6語見られる。他には、属性の下位分類の人物評が11語。また(Ⅲ)類の認定・形容の下位分類の「ひろがり」が3語、「たしからしさ」が1語、「ねうち」が8語、「ありよう」が3語になっている[3]。

ただ、実際の用例を見ると次のような場合がある。

（3）　蚊遣りの烟にむせばぬまでも思ひにもえて身の<u>暑げ</u>なり。

（樋口一葉　にごりえ）

「暑い」は「気温の高さ」については「感覚」に分類されるのだが、（3）の場合では「自分の心の高まり」についての表現で「感情」に分類するのが適当な場合である。これらのことから「感情」以外に分類されている場合にも「感情」を表すと考えられる場合もあり、「感情」を表す形容詞に下接するゲが多いことが予想される。

b　中古語との関連

ここではまず、中古には多用されていた語が、近代でも共通して用いられているのかという点に注目する。次に挙げる 20 語は、中古に延べ語数が多く見られるゲを抽出した場合である[4]。

あはれげ（20）　いとほしげ（37）　うつくしげ（192）　うらめしげ（31）　おそろしげ（40）　きよげ（267）　ここちよげ（60）　こころぐるしげ（64）　こころぼそげ（84）　たのもしげ（36）　つつましげ（40）　なつかしげ（23）　なめげ（38）　なやましげ（49）　にくげ（50）　はかなげ（23）　はづかしげ（131）　よわげ（36）　らうたげ（188）　をかしげ（336）

＊　（　）内は延べ語数を示す。

これらの語が近代でも同様に用いられているのかについて見ると、20 語中 15 語までは今回の調査でも用例が見られた。用例が確認できなかったのは次の 5 語である。

いとほしげ　こころぐるしげ　なめげ　よわげ　らうたげ

この 5 語のうち「いとほし」、「なめし」、「らうたし」については、形容詞自体が近代以降には既にあまり用いられなくなっていたようだ。その結果ゲの下接した形も見られないのだと考えられる。以上から考えると、近代に出現するゲは、中古に多用されたゲをほぼ踏襲していると見ることができる。

中古に多用されたものの、近代では見られなくなった語の中で、ゲが衰退しソウダに代わった場合もある。「よわし」の場合は「よわげ」よりも、ソウダによる造語の「よわそう」が用いられるようになっている。
　さらに、形容詞の意味が中古とは変わったため、ゲの下接が必要でなくなったと考えられる場合も見られる。これは例えば次の「こころぐるしげ」の場合である。
　中古語において「心苦しい」は以下のような意味を持っていた。「人の上を思って心が痛むさま。切ないほど気の毒だ。いたわしい。自他の区別がなくなって、他者の苦痛・不幸で心の痛むさまにいう。」(『角川古語大事典』)用例は次のような場合である。

（4）　岩木にしあらねば、心くるしとや思ひけん、やうやうあはれと思ひけり。
　　　　　　　　　　　　　　　　　　　　　　　　　　(伊勢物語　九六)

用例(4)は「(女が男の)心のうちを気の毒だと思ったのだろうか」と書き手による推量である。自己の心中と、相手に対する配慮を持った表現である。ゲのついた場合の用例を見る。

（5）　「立蔀、透垣などの乱れたるに、前栽どもいと心くるしげなり」
　　　　　　　　　　　　　　　　　(枕草子　二〇〇　野分のまたの日こそ)

用例(5)の「心苦しげ」は、「見た感じ気の毒であるが」という意味である。「対象がいかにも気の毒だ」という表現に「いかにも〜のように見える」という意味のゲは下接しやすい。
　しかし現代語の「こころぐるしい」は、「人に迷惑をかけたり、自分だけがいい思いをして申し訳なく思う」(『例解新国語辞典』)という意味で用いられている。他者への配慮の表現から、自己の心情の表現へと変わり、古語で持っていた意味はなくしてしまった。自己の心情を表現する際には「いかにも〜のように見える」という意味のゲを下接する必要はなくなるものと思

われる。こうした「心苦し」の意味変化の結果、ゲの下接が必要とされなくなったケースと言えるのではないだろうか。

　近代に見られるゲの約半数は、中古からの用法を受け継いだ伝統的なゲであると言う状況は、近世後期でゲが比較的多く見られた場合と同じ状況であると考えられる。つまり、文語から見られた伝統的なゲは、近代にもある程度固定化して出現することになる。文学作品に用いられた、いわば文学語としてのゲの使用が、ゲを保存させる力になった。このことが、近代以降急速にゲが姿を消すという状況に歯止めをかけたものと考えられる。

③　近代になって用例が見られる場合について

　Ⅱに属する中世から近世に見られるようになったゲについては、前章までの記述を参照されたい。ここでは、Ⅲの近代に新しくゲと結び付くようになった形容詞に注目する。Ⅲに属する52語は近代になってゲを下接するようになった形容詞である。以下どのような事情で近代になってこれらの語が出現するようになったのか考えていくことにする。

　まずゲに上接する形容詞は、いつの時代から存しているのかについて、見ていく。すなわち、上接する形容詞は古くから存しているか、または近代になって出現するようになったのかという点に注目する。

　ゲの歴史的変遷を見ると、中古以降は、造語力は認められるものの、自由に造語力を強めたという訳ではない。近代以前のゲの上接要素には、何らかの意味的な制限があると考えられた。近代語では、その状況に変化が見られるのだろうか。まず、この52語について、上接する形容詞の出現時期から次の5類に分類し、所属する語を挙げる。

1）　中古までに用例が見られる場合　　13語
　　いさまし　いとけなし　うやうやし　おおし　けがらはし　さとし　したし　慈悲ぶかし　是非なし　たくまし　冷たし　まずし　やるかたなし

2）　中世までに用例が見られる場合　　15語
　　いそがはし　いたいたし　いたまし　うっとうし　けたたまし　思案深し　切なし　だるし　苦々し　ねたまし　まぶし　もったいなし　物めずらし

余念なし　弱弱し
3 )　近世までに用例が見られる場合　　11 語
　　　いじらし　意地悪し　気づかはし　気味悪し　じれったし　ずるし　憎々
　　　し　にくらし　待ち遠し　待ち久し　むさくるし
4 )　近代以降用例が見られる場合　　　4 語
　　　意味深い　いらだたしい　きまり悪い　興味深い
5 )　その他　　　　　　　　　　　　　9 語
　　　あてもなし　あどなし　言い訳なし　うれひなし　機嫌よし　心軽し　し
　　　どくなし　罪もなし　ものいたし
　この結果を概観すると、1 )〜3 )に属する語が多いことがわかる。これは、ゲの下接していない形容詞のみの用法は前代までに存在し、ある程度の時間が経過した後に、ゲが下接するようになった場合がほとんどであると言える。つまり形容詞が出現した当初では、ゲが下接できなかったか、下接する必要がなかった場合である。これらは、上接する形容詞が時間の経過とともに意味や用法を変化させたため、その結果ゲが下接するようになったものと考えられる。
　また、一方で 4 )〜5 )に属する語は、新しく生まれた形容詞にゲが下接するようになった場合である。中古以降は、形容詞自体が新しい語を生むという生産力があまり強くないと考えられる。しかし「〜良い」「〜悪い」「〜ない」といった複合形容詞の場合には生産力が見られる。これにゲが下接したものと考えられる。これは「新要素との結合」によるゲの造語と言える。
　ここではまず、ここに見られる形容詞の位相について見る。1 )〜3 )の中には、もともとは和文の用語ではなく、訓点語であった語が見られる。以下列挙する。
　　　いそがはし　うやうやし　したし　けがらはし　さとし　たくまし　ねたまし
　ゲは元来の用法としては、和文語に下接したため、訓点語に下接することは稀であった。しかし、時代が下ってこれらの語が訓点語と意識されなくなったときに、ゲが下接することも可能になったものと考えられる。すなわ

ちここに見られる近代でのゲの造語力は、「上接要素の変化による新結合」が要因であると言える。

さらに近代以降に出現したゲについて、意味との関連からも明らかになった場合がある。上記に属する語の中で、もとの形容詞から語形を変え、意味を変えた場合にゲが下接するようになった場合が存する。具体的には、「痛い」「苦い」「弱い」は近代ではゲの下接した形は見られない。しかし、これらが重複形容詞として用いられると、「痛々しげ」「苦々しげ」「弱々しげ」のようにゲを下接した形が見られるようになる。もとの形容詞「痛い」「苦い」「弱い」は「感覚」を表す形容詞であるが、これが「痛々しい」「苦々しい」「弱々しい」になると、元の形容詞とは意味を変え、「感情」を表す形容詞になる。ゲは「感情」を表す形容詞と結びつきやすい。したがってこうした語形の変化により、意味が変化したため、このような語が生まれたものと考えられる。

以上から、近代になって見られる形容詞に下接するゲは、次のタイプに分類できる。

1　ゲの造語力を示す、新要素との結合の場合。
2　上接する形容詞が時代とともに意味や用法を変化させたために、新しく下接することが可能になった場合。上接要素の変化による新結合の場合。

近代以降のゲは、こうした形で生産力を持っていたと考えられる。

### 4.1.2　形容詞の場合（現代）

今回得られた現代語の形容詞に下接するゲの異なり語数 67 語について、ゲの用例の出現時期について、次の 4 類に分類して見ていくことにする。

Ⅰ　中古までに用例が見られる場合　　　　33 語
Ⅱ　中世から近世に用例が見られる場合　　 8 語
Ⅲ　近代に用例が見られる場合　　　　　　17 語
Ⅳ　現代以降に用例が見られる場合　　　　 9 語

この結果を見ると、現代になって出現する場合は 67 語中 9 語 (13.4%) である。これは、現代語に見られる形容詞に下接するゲの 8 割以上が近代まで

に見られる語であるということになり、現代でのゲの造語力の低下を示している。近代の場合を見ると、形容詞に下接するゲ169語中52語(30.8%)が近世までに見られない語であり、ある程度新しい語が出現していて、ゲの造語力は認められた。しかし、現代ではその造語力は弱まりを見せている。それでは、現代になって出現した語はどのような語であろうか。次に例を挙げる。

　　うさんくさげ　おいしげ　気分悪げ　自信なげ　如才なげ　すきなげ　にくらしげ　ほほえましげ　面倒くさげ

　この9語に上接する形容詞は、いずれも中古や中世には見られなかった形容詞であることがわかる。近世以降に生まれた形容詞に現代になってゲが下接するようになった場合と言える。中古から存している形容詞に近代になってゲが新たに下接するのではなく、比較的近い時期に成立した形容詞にゲが下接したことになる。

　これらのことは次のように考えられる。近世から近代にかけての時期には、文語から口語へという大きな変化が見られたため、「上接要素の変化による新結合」が起こりやすかった。

　また「新要素の登場」も認められ、形容詞に下接するゲはある程度の造語力を持っていた。しかし近代から現代にかけては、前代ほどの大きな変化も見られないため、「上接要素の変化による新結合」は起こりにくい。また形容詞には「新要素」もあまり見られなかったため、造語力は発揮できなかった。以上から現代語で形容詞に下接するゲは、近代と比較すると造語力を弱めていることがわかる。

## 4.2　形容動詞の場合

### 4.2.1　形容動詞の場合（近代）

　今回の調査で得られた形容動詞に下接するゲは異なり語数で18語見られる。その中には近世までに用例の見られる語として、次の6語が挙げられる。

　　あわれげ　いたづらげ　おとなげ　殊勝げ　不興げ　不精げ

　残りの12語については、近代になって出現した場合である。以下、語例

を示す。

　　おぼろげ　気軽げ　気楽げ　心配げ　退屈げ　得意げ　ねんごろげ　不思議げ　不審げ　満足げ　愉快げ　利口げ

　近代以降になって出現した語の割合を見れば、形容詞の場合よりも、形容動詞の場合の方が、多いと言える。またゲに上接する形容動詞を見ると、12語中10語(83.3%)までが漢語形容動詞であることがわかる。

　「満足」「愉快」「利口」といった漢語は近代以前から用例が存する。これらにゲが下接するようになったのは近代以降ということになる。漢語形容動詞にゲが下接する用法については、以前に中世で漢語の使用が増加した際に発達したことがある。しかしこの用法は、ソウダが発達すると次第にソウダに奪われてしまう。そして近代の漢語の普及や一般化という現象が起こったとき、ゲは再び漢語形容動詞に下接する用法を見せたことになる。漢語形容動詞という新要素に対して、ゲは造語力を発揮したと言える。しかしその一方で、漢語形容動詞には、ソウダが下接することも可能であり、この用法も盛んである。そのため、ゲが圧倒的に勢力を伸ばすまでには至らなかったと考えられる。

### 4.2.2　形容動詞の場合(現代)

　表2に見たように、形容動詞に下接するゲは、異なり語数で26語と近代の場合と比べて異なり語数が増加し、全体に占める割合も高くなっている。次に、どのような語が見られるのか、ゲに上接する形容動詞を具体的に挙げる。

　　意外　臆病○　億劫　おぼろ○　窮屈○　さかしら　残念　自慢○　邪悪　深刻　親切○　心配○　大切　得意○　不安　不機嫌　不思議○　不信　不服　不満　満足○　無心　迷惑　憂鬱　愉快○　怜悧
　　（近代にも用例が確認される場合には○を付した）

　これを見ると、形容動詞にゲが下接する用法は、近代以降盛んになりそれが現代まで続いていると考えられる。そしてそれは特に漢語形容動詞にゲが下接している場合が多いと言える。今回の調査では、漢語形容動詞以外に下

接する場合は、「おぼろ」と「さかしら」の２語のみである。現代語に見られるゲの造語力は、近代以降見られる漢語形容動詞に下接する「新要素との結合」によるものだと言うことができる。現代語では、形容詞には新要素が生まれにくい。その一方で、形容動詞には新要素が生まれやすい傾向がある。このため形容動詞に下接する場合の全体での割合も増加したものと考えられる。

　しかし、この方法によるゲの造語は、普遍的、一般的なものであるという訳でもない。というのは、作家による嗜好性が看取されるからだ。つまり作家による個別的な使用が、いくつか指摘できる。以下例を見ていく。

（６）　滅多に弟と話す機会のない欧州はあからさまに<u>意外げ</u>な、おどろいた顔つきをした。　　　　　　　　　　　　　　　　　（楡家の人びと　第二部）
（７）　年長の兄峻一はおもおもしく言い、少し<u>残念げ</u>につけ加えた。
　　　　　　　　　　　　　　　　　　　　　　　　（楡家の人びと　第二部）

これらは、いずれの場合も「意外そうな」や「残念そうに」といったソウダによる造語の方が一般的であるように思われる。実際に北杜夫の作品中にも次のようなソウダによる造語も見られる。

（８）　「患者さんか……」と<u>残念そう</u>に未練らしく院代はなお呟いた。
　　　　　　　　　　　　　　　　　　　　　　　　（楡家の人びと　第二部）

用例(8)の場合のように、ゲとソウダには類似した用法が認められる。この問題については第10章で論じていくことにする。

　また、これらの語以外にも、北杜夫の作品中には、漢語＋ゲの用例で、他作品には見られない場合が存している。それは以下のような語である。
　　億劫げ　さかしらげ　邪悪げ　残念げ　深刻げ　大切げ　不機嫌げ　不思
　　議げ　不信げ　迷惑げ　憂鬱げ　恰悧げ
　漢語形容動詞にゲが下接する用法のなかには、「邪悪げ」等に見るように、

あまり見慣れない語がある。これはジャンルとしての特徴ではなく、作家個人の独特の用法ではないかと考えられる。ただこれは、この用法自体が、北杜夫だけに見られる固有のものだと言うわけではない。これは他の作家の場合にも見られることである。最近の例としても、「親切げ」は米山公啓の作品に1例のみ見られ、また「不服げ」は山田詠美の作品に1例のみ見られる。このように現代に見られるゲの中には、個別的な使用法があると言える。これは、その作家や、あるいはその場面に限られた使用法であり、一回性を帯びたパロール的な用法ということになる。こうした用法は盛んな用法であるとは言えないが、ゲが生命力を持ち続ける一因となったものと考えられる。

### 4.3　助動詞の場合

#### 4.3.1　助動詞の場合(近代)

今回の調査で得られた、助動詞に下接するゲは異なり語数で14語見られる。具体的にどのような助動詞に下接しているのかを見ると、それぞれ以下のようになる。

① 願望の助動詞

　　〔たい〕　言いたげ　きりあげたげ　問いたげ　みせたげ　もの問いたげ
　　　　　　　もらいたげ

　　〔まほし〕　言はまほしげ

② 完了の助動詞

　　〔たり・た〕　あわてたりげ　もちたりげ　えひたげ　笑うたげ

③ 打消の助動詞

　　〔ず〕　知らぬげ　飛べぬげ

④ 推量の助動詞

　　〔らし〕　得意らしげ

これらと比較するため、近代以前にゲはどのような助動詞に下接していたのかを見ると、次のようになる。

中古・中世…「まほし」「まじ」「たり」「ず」

近世…………「たし」「まほし」

近代ではこれまで見られた助動詞に加え、「得意らしげ」の「らしい」の推量に付く用法が新しく見られるが、それ以外では近代までに見られる用法を受け継いでいると言える。

ゲが下接可能である助動詞を見ると、打消の助動詞とモダリティやテンス・アスペクトを表す助動詞の一部という範囲に限定されていることがわかる。この点は、第9章で見るソウダの場合とは異なっている。

### 4.3.2　助動詞の場合（現代）

現代語でゲ、助動詞に下接する場合について見ると、今回収集できたのは「いいたげ」の1語のみと少なくなっている。現代で助動詞に下接する場合が少なくなった原因は、次の二点が考えられる。

一つは、現代語の助動詞は古語の助動詞に比べて、種類が整理統合されたということである。近代の場合には、古語の助動詞「まほし」「たり」「らし」が一部残存していて見られ、そこにゲが下接した形が存した。しかし現代語には、これらの助動詞は用いられなくなったため、こうした用法は消滅した。

もう一つは次章に詳しく述べるが、ソウダが助動詞に下接する用法を拡充させたということである。この用法ではソウダは盛んな状況を見せる。その一方でゲは衰退したものと考えられる。これはゲが上接要素の品詞の種類をを狭めていく過程を示している。ゲは造語力を弱めていく方向にあることを示している。

## 4.4　名詞の場合

### 4.4.1　名詞の場合（近代）

今回の調査で得られた、名詞に下接するゲは次の、

　　遠慮げ　屈託げ　懸念げ　笑止げ　憎さげ

の5語である。この中で「憎さげ」については次のような例が見られる。

（9）　知れる人のもとに常に通ふに、いと<u>憎さげ</u>なる女のあるを

(大和物語　二条家本附載)

「憎さげ」はこの例のように、中古から用例が見られる、いわば文学語である。しかし「にくさげ」以外の場合では、名詞を作る接尾辞「さ」とゲの語順については、「うつくしげさ」「はかなげさ」のように、「げ」+「さ」の語順が一般的である。したがって、現代の話し言葉に見られる「よさげ」等のような「さ」+ゲの語順が流行するには至っていない。

　また、他の4語については、いずれも明治以降に用例が見られるようになったようだ。名詞にゲが下接する用法は、近代以前もない訳ではなかった。そして近代においても一部の漢語に下接すると言う形で残存している。4語の意味的な共通性を考えると、いずれも人の心理にかかわる語に下接していると言える。しかしゲが名詞に下接する用法については、あまり振るわなかったと言える。その理由についても先の形容動詞の場合と同様に、ソウダがこの用法を盛んにしていたためと考えられる。

4.4.2　名詞の場合(現代)

　次に名詞に下接する場合について見る。全体的に見れば、この用法は消滅しつつあるように思われるが、「なさげ」「よさげ」についてはその限りではない。今回の調査で得られた例は、いかにも現代的な用法で、次の「仕方なさげ」の1語である。用例は次のようになる。

(10)　「…昨日はご飯とみそ汁だけ」。愛知県内に住む農家の八十四歳の男性が<u>仕方なさげ</u>にそうつぶやいた。　　　（中日新聞　2007年3月5日）

一般的には「仕方なさそうに」が用いられる場合である。しかしここでは現代の口語で行われている「よさげ」や「なさげ」といった「さ」+「げ」の語形になっている。接尾辞「げ」と「さ」の語順は、歴史的に見ると一部を除いては、「うつくしげさ」のように、「げ」+「さ」の語順が一般的であった。しかし時間の経過とともにこの用法が忘れられ、その後にできた新しい語順

である。本来は話し言葉に見られる用法だが、「そうに」を用いて語形が長くなることが嫌われたためか、ゲによる語形が登場している。こうした場合が話し言葉だけでなく、用例(10)のように新聞記事にも見られるようになったことがわかる。このことからもこうした用法は次第に容認されて、今後は広がっていくことも予想される。

## 5　作家ごとの諸相

### 5.1　近代作家の用法

　ここでは、近代のゲの使用状況を、作家ごとに見ていく。作家ごとに使用の多少が見られる。まず次の「いとけなげ」は、表現効果をねらって、擬古的な再生が行われた場合だと考えられる。

(11)　その恋の辞など余りに穉げ(いとけな)なりといはむか。　　（上田敏　海潮音　解説）

この部分は、全体が文語調でかかれたもので、古語による効果をねらって擬古的に再生されたものであると考えられる。『海潮音』では、外国詩を邦訳する際に古語を効果的に使用している例が見られる。ここもそうした用語法が垣間見られる場合ではないだろうか。
　このほかに、作家の個人的な造語であって、他に例を見ない語も見出せる。次の「さとしげ」の場合がこれにあたる。

(12)　夜は星が聡しげに輝いていた。　　　　　　　　　（田山花袋　田舎教師）

「さとしげ」は他に例も見出せないし、辞書にも登録されていない語である。作家による個人的な使用ではないかと考えられる。近代に見られるゲを作家ごとに分けて見ると、調査した作品の量に違いはあるものの、作家によってゲの使用量について多少の差異が見られる。次表3にその状況を示す。

表3　作家ごとのゲの出現状況（近代）

|  | 森 | 樋口 | 国木 | 田山 | 小泉 | 上田 | 夏目 | 伊藤 | 石川 | 泉 | 長塚 | 芥川 | 志賀 | 太宰 |
|---|---|---|---|---|---|---|---|---|---|---|---|---|---|---|
| 異なり | 33 | 24 | 28 | 12 | 7 | 6 | 43 | 3 | 10 | 33 | 18 | 11 | 11 | 52 |
| 延べ | 49 | 25 | 47 | 22 | 14 | 6 | 80 | 4 | 12 | 44 | 31 | 18 | 17 | 85 |

　小泉八雲、伊藤左千夫、石川啄木、長塚節についてあまりゲが見られないのは、調査対象が1作品のみであり、調査量が少ないことも影響している。調査量が多いにもかかわらず、ゲがあまり多く見られない場合は、芥川龍之介や志賀直哉の作品である。これは、現代に向ってゲが減少していく傾向を示しているとも考えられる。しかしその一方で、太宰治の作品には、他の作家と比較してゲが多く見られる。今回の調査で、太宰治の作品にのみ見られるゲを挙げると、次の10語になる。

　　いじらしげ　意味深げ　おもおもしげ　おかしげ　気軽げ　興味深げ　思案深げ　慈悲深げ　もったいなげ　余念なげ

　これらの語は近代以前には用例が見られる場合が多い。しかし近代ではあまり用いられなくなった中で、太宰治によって再生された場合である。このように、特定の作家が個人的な嗜好としてゲを用いていると考えられる場合がある。これは、やはりゲには個別的使用があることを表しているものと考えられる。

## 5.2　現代作家の用法

　ここでは、現代のゲの使用状況について、作家ごとにどのような差異が存するのかについて見ていくことにする。次表4は各作家に見られるゲの異なり語数、延べ語数を示したものである。

表4　作家ごとのゲの出現状況（現代）

|  | 北 | 遠藤 | 星 | 沢木 | 赤川 | 椎名 | 米山 | 大橋 | 石原 | 吉本 | 山田 |
|---|---|---|---|---|---|---|---|---|---|---|---|
| 異なり | 79 | 9 | 6 | 12 | 16 | 18 | 7 | 2 | 2 | 7 | 18 |
| 延べ | 198 | 10 | 9 | 16 | 35 | 27 | 16 | 2 | 3 | 9 | 30 |

これを見ると、調査した作品の量に違いはあるものの、作家ごとにゲの使用にばらつきが大きいことがわかる。先に漢語形容動詞にゲが下接する場合、北杜夫のみに見られる語が多いことを指摘した。表4からも北杜夫作品にはゲの異なり語数が多く、他の作家より好んでゲが用いられていることがわかる。近代の場合でもゲを好んで使用する作家が見られ、ゲの個別的使用法があることを示している。

　また、現代語ではゲは減少傾向にあることを考えると、昭和の後期以降の作品や平成の作品にはゲが極端に減少していくのではないかと予測された。実際には、大橋巨泉や石原まきこの日記、また吉本ばななの作品にはゲは極端に少なくなっている。大橋には「うらめしげ」「得意げ」の2語が、石原には「意味ありげ」「寂しげ」の2語が見られるのみで、ゲが減少している度合いは著しくなっている。

　しかし、極端にゲの使用が少ない作家がいる一方で、現代でも山田詠美の場合のように、ゲがやや多く出現している作家もいる。山田詠美の作品中には、具体的には次のような語が見られる。

　　いぶかしげ　いまいましげ　意味ありげ　うらやましげ　うれしげ　くやしげ　くるしげ　さびしげ　自慢げ　所在なげ　せつなげ　たのしげ　得意げ　はかなげ　不服げ　不満げ　ほほえましげ　ものほしげ

　ここに見られるゲの中には文学語として生命を保っていると考えられる語がある。「うれしげ」「かなしげ」などは先行する文学作品に使用され、それがその語の雰囲気を保ちながら、保存され続けたのではないだろうか。しかしそうした古くから見られる語ばかりではない。例えば「せつなげ」や「不服げ」、「ほほえましげ」は、今回の調査では他作家の作品中には見出されなかった語も含まれている[5]。次に、用例を見る。

（13）　そんな時、ジョイスは、本当にせつなげな様子で、あんたが大好きよ、
　　　と、お決まりのせりふを　　　　　　　　　　　（ぼくはビート）
（14）　ぼくは、その言葉に不服げな表情をうかべる。　（ぼくはビート）
（15）　店員は、そんな私たちを微笑ましげにながめている。

（チューイングガム）

　用例(14)「不服げ」や用例(15)「微笑ましげ」は、『日本国語大辞典』には語自体が登録されていない。これはゲが新要素と結合し新たに生まれたことを示し、現代語でもゲには依然として造語力が認められるということになる。

　さらに用例(14)の場合は、これまでに存したゲの場合と用法を異にしている。近代以前に見られたゲは、話し手や語り手の感想を述べる用法であった。しかしここでは自己の感情の表出に用いられている。ただ自己を客観視し、他者が見たら不服に感じられるような表情という意味で用いられている。これはゲの用法の変化というよりは、描写方法の変化と考えられる。

　またこの16語中には、例えば「うれしげ」や「くやしげ」は、それぞれ「うれしそう」「くやしそう」のようにソウダによる表現が可能な場合も含まれている。現代語においてはゲからソウダへ変遷していく流れは認められるのだが、すべてのゲが等しく一様にソウダに代わってしまうのではないことを示している。

　現代作家においては、ゲの使用の減少の著しい作家も認められる。しかし、全体的に見渡せば、現代のゲは同時に、均等に減少に向う一方ではなく、ある程度の勢力を保ち続けている場合も認められるということになる。これは作家によるゲの個別的な使用や嗜好性が原因と考えられる。別の言い方をすれば、ゲには個々の状況で使用された、個別性、一回性を帯びた、パロール的な性格が見られると言えるのではないだろうか。

## 6　ゲの用法の考察

　ここではゲによって表出される感情と、感情形容詞の用法との二つの視点からゲの用法について考えていく。

### 6.1　感情の表出

　まず、ゲで表される感情がどのようなものかについて考える。ここでは、

新聞記事に見られるゲを例に見ていく。新聞の記事3ヶ月分に見られるゲを収集したところ、異なり語数で40語、延べ語数で248語のゲを含む語を得た[6]。近代で太陽コーパスを利用した調査の場合は、異なり語数が151語に対して延べ語数が467語であったので、これと比較すると新聞は異なり語数が少ないわりに、延べ語数が多くなっているのがわかる。これは同じ語の使用頻度が高く、固定化された表現になっていることを示している。それではどのような語の使用頻度が高いのだろうか、次に新聞に見られる上位10語を挙げる。

　　満足げ(36)　感慨深げ(20)　誇らしげ(20)　興味深げ(12)　寂しげ(11)
　　楽しげ(11)　自慢げ(8)　涼しげ(6)　得意げ(6)　不満げ(6)

　これらの語を見ると、「自慢」と「涼しい」を除いた8語はいずれも感情を表現する語である。新聞記事では記者自身の直接の感情が表されるのではなく、記者の視点で、記事に書かれた主体の感情が表現される。したがって、これは、表現主体(記者)が、(記事にする)対象の感情を、「いかにも〜の様子だ」という感想として述べる表現として使用されていることになる。

　この点について、寺村秀夫による形容詞の分類が参考になる。寺村秀夫(1982)では、感情を表す形容詞を「感情の直接表出」と「感情の品定め」との2種に分類している[7]。

　それぞれの定義は、「感情の直接表出」は「話し手自身の、ある特定の対象に対する感情を直接表出するタイプのもの」であり、「感情の品定め」は、「感情の直接表出というよりはむしろ感情をもとにした主観的な性状規定、判断のような性格のもの」としている。これをもとに、以下用例を見ていく。

(16)　町民たちからは、大きな存在が舞台から退場することに、感慨深げな声が聞かれた。
　　　　　　　　　　　　　　　　　　　　　　　　(中日新聞　2007年4月27日)
(17)　「いくら問題になっても飲酒運転はなくならない」。先日こう語った陽子さん。その時の悲しげな顔が忘れられない。
　　　　　　　　　　　　　　　　　　　　　　　　(中日新聞　2007年4月11日)

これらは新聞記事であることを考えれば、その性質として「記者が対象のことをそう感じ取った様子」の表現になる。用例(16)は町民たちの声を感慨深い様子だという記者の感想であり、用例(17)は取材対象(陽子さん)の表情を見てその心中を推察した表現である。こうした場合では、ゲの感想を述べる用法によって表現するのにふさわしい場合である。

　新聞記事は記者の視点でまとめられるもので、感情主自身の「感情の直接表出」によって表現されるのはふさわしくない。そのため記者が観察した対象の感情を感想として表現する方法がとられる。その際に、ゲを用いた表現がふさわしいものであると考えられる。つまりゲは、話し手(ここでは書き手である記者)以外の第三者の感情を表現することを可能にする用法を持ち、これが新聞記事の表現として多用されたということになる。

## 6.2　感情形容詞とゲの関係

　形容詞を意味・機能・用法から見て、属性形容詞と感情形容詞に2分類する考え方がある。属性形容詞は、客観的な状態・性質を表す形容詞で、感情形容詞は主観、感情、感覚、評価を表す形容詞という分け方で、この両方に働く場合も認められている。

　ここで今回得られた現代語のゲの例について、感情形容詞にゲが下接した場合について、ゲを下接しない形に置き換えると、次に挙げる例のように、容認度が低くなる場合が見られる。

(18)　町民たちからは、大きな存在が舞台から退場することに、<u>感慨深げな</u>声が聞かれた。
　　　　　　　　　　　　　　　　　　　　(中日新聞　2007年4月27日)再掲

用例(18)を、ゲを取った「感慨深い」には置き換えることの容認度は低いのではないだろうか。これを単純化して表示すると次のようになる。

(18a)　町民たちは<u>感慨深い</u>。
(18b)　町民たちは<u>感慨深げ</u>だ。

これらの語について『日本国語大辞典』の記述を見ると、「感慨深い」には「感慨の度合いが強い。しみじみと深く感じられる」とあり、「感慨深げ」には「しみじみとした気持ちにひたっているさま」とある。「感慨深い」は感情形容詞であるため、(18a)の三人称を主語とした表現の場合には不適切な表現になる。これは、感情形容詞には主語の人称制限が認められるためである。しかし(18a)は、ゲを下接した(18b)のようにゲを下接することで、語り手や話し手によって感想を述べる表現になり、容認できるようになる。すなわち感情形容詞にゲが下接することにより、感情形容詞による人称制限から回避できることになる。言い換えれば、ゲの機能には、感情形容詞の人称制限を解除する機能があるといえる。

　次に「涼しげ」の場合について見る。ある一つの形容詞について、それが属性形容詞であるのか、または感情形容詞であるのかどちらか一方だけに限定できない場合が見られる。例えば「涼しい」の場合では、「ほどよく冷ややかだ。ひんやりして気持ちよい」という意味のように、属性形容詞としての性質を持つ。しかし人物について用いた場合には、「顔や見た目のさわやかさや美しさ」の表現になり、単なる属性を表す形容詞とは異なってくる。用例を見ると次のような場合である。

(19)　自分好みの風鈴で涼しげな音を楽しむ。　（中日新聞　2007年4月18日）

用例(19)は、誰にとって「涼しげ」なのかを考えると、これを書いた記者にとってではなく、風鈴の音を聞く人にとってということになる。

(20)　季節も流行も先取りのナナちゃん。いつもの涼しげな表情を浮かべ
　　　　　　　　　　　　　　　　　　　　（中日新聞　2007年4月12日）
(21)　涼しげな目元にぐっと引き込まれる。　（中日新聞　2007年4月19日）

用例(20)、(21)の場合も同様に、表現した記者にとってではなく、見る人一般という意味になる。

感情形容詞の人称制限を避けるため、感情形容詞に下接したゲは、(18a)「町民たちは感慨深げだ」のように「表現主体にとって～と思われる」という意味を獲得した。そしてそれが次の段階として「表現主体にとって～と思われる」だけではなく、「それを見たり聞いたりする人にも～と思われる」という意味を獲得して、「そのことが一般的にも～と思われる」という意味を持つに至ったのではないだろうか。

　ゲは感情形容詞の人称制限を回避できる機能を持っていた。すなわち感情形容詞にゲが下接すると、主体以外の表現対象の感情が表現できるようになる。その結果、表現主体の感じ取った様子を、対象の持っている属性としての表現に転換できるということになるのではないだろうか。

　ところで、感情形容詞に人称制限が見られることは、歴史的に見た場合にも現代語と同様であると言えるのだろうか。近代以前の日本語には、感情形容詞には人称制限が見られるのだろうか。ここで、「いたいたし」「いたまし」「うっとうし」の場合について見る。これらの意味について『日本国語大辞典』には以下のように記述されている。

・いたいたしい…非常にかわいそうだと感じられるさまである。見ていて気の毒だと思う状態である
・いたましい……かわいそうで見るに忍びない。ふびんだ。いたいたしい
・うっとうしい…気分や雰囲気がはればれしない。また、天候が悪くて重苦しい感じである

　これらは感情形容詞と見られるが、それぞれ中世までに形容詞の用例は存しているが、ゲが下接した場合が見られるようになったのは、近代以降のことである。ゲが下接しなかったのは、どのような事情が見られるのだろうか。次に用例を見ていく。

(22)　「可愛の形なりや、いたいたしや」　　　（浄瑠璃　丹波与作夜の小室節）
(23)　「主人の下知によてしいでたることゆゑ、忽に命を失ふ事せちにいた

ましく覚えければ」

(十訓抄　一〇　陸奥守師綱部藤原基衡賂斬信夫郡司季春事)

(24)　「天上、人間には子ある人を富人とす。子なき人をばいたましき事とす。

(今昔物語集　一・一五)

　これらの例を見ると、いずれの場合もゲを下接せずに、表現主体または書き手が、対象のことを「いかにも〜と感じる様子だ」と表現しているのではないだろうか。これらの例を検討するとそれぞれの場合で、ゲとは別の要素が働いているために、これらの表現が可能になっているものと考えられる。

　用例(22)の場合は、喚体句の形になっている。こうした際には人称にかかわりなく感情形容詞が使用できると考えられる。

　用例(23)の場合は「覚えければ」の語が後接している。「〜と感じたので」という意味の語が後接している。「彼は痛ましい」ではなく「彼は痛ましく感じた」に相当する表現になっているため可能になった場合と考えられる。

　用例(24)の場合も「事とす」が後接しており、「天上は〜と考える」という表現をとり、人称制限が回避されているのではないだろうか。

　しかし近代以降では、喚体句や「事とす」といった表現が用いられる場合は少なくなった。そのためゲを下接させることが、人称制限を回避するのに容易な方法として行われたのではないだろうか。近代で以下のゲが新しく生まれた理由はここにあると考えられる。

　近代でのゲを下接した用例は、それぞれ次の通りである。

(25)　そういっていかにも痛々しげに泣きながら女は立ち去った。

(小泉八雲　おしどり)

(26)　予は父を見あげたるに父の顔は麗しくも亦傷ましげなりき。

(岸上質軒訳 ベン・アミ　長靴の由来)

(27)　家鶏は荷車の蔭に隠れて羽翼の振る様の鬱陶しげなる、

(国木田独歩　わかれ)

これらの場合はいずれも、対象のことを「いかにも～と感じる様子だ」という意味で使用されている。ゲを下接させれば、人称を考慮に入れなくとも表現できることになる。

このように見ると、ゲが感情形容詞の人称制限を回避する機能は、ゲが現代に至っても生産を続け、消滅してしまわない理由、ゲの存在意義を示す機能にもなっているのではないかと考えられる。ただ、この機能はソウダの場合も持ち合わせているので、ゲが急増するような事態にはならなかったものと考えられる。

## 7　ゲの修飾機能

ここではゲとゲによって修飾される、被修飾語との関係について見ていく。

① 「涼しげ」の場合
(28)　自分好みの風鈴で涼しげな音を楽しむ。

(中日新聞　2007年4月18日)再掲
(29)　季節も流行も先取りのナナちゃん。いつもの涼しげな表情を浮かべ

(中日新聞　2007年4月12日)再掲
(30)　涼しげな目元にぐっと引き込まれる。(中日新聞　2007年4月19日)再掲

ここで上記(28)～(30)を、ゲを用いない表現の「涼しい」に言い換えてみる。すると、それぞれは意味が変わってしまうか、または不適当な表現になってしまうことがわかる。

(28*)自分好みの風鈴で涼しい音を楽しむ
(29*)いつもの涼しい表情を浮かべ
(30*)涼しい目元に

用例(28*)、(30*)の場合ではこの表現は不適当に感じられる。また、用例

(29*)の場合は「そ知らぬ顔つき」といったように意味が変わってしまう。その理由は形容詞とその被修飾語との意味との関係にある。すなわち、「涼しい」が修飾する語が涼しいの意味と直接関係ない場合には、不適当な用法になる。こうした場合には、ゲを下接させれば、不適当な表現ではなくなる。別の言い方をすれば、ゲを下接させて連体修飾を構成すると、修飾語と被修飾語の意味があまり密接でない場合にも使用できるということになる。

② 「感慨深げ」の場合
(31a) 彼は感慨深い表情を見せた。
(31b) 彼は感慨深げな表情を見せた。

この場合は、ゲが下接した場合もしない場合もどちらも容認できる表現である。両者の違いは、(31b)のゲを用いた表現の方が、そのように見えるという意味が付加され、やや朧化した表現になっている。それでは、次の場合ではどうだろうか。

(31c) 彼は感慨深い後姿を見せた。
(31d) 彼は感慨深げな後姿を見せた。

(31d)については、問題はないが、(31c)の表現については、容認度は低くなるのではないだろうか。「後姿」にしても(31d)が可能であるのは、ゲの持つ機能のためであると考えられる。「表情」から「感慨深い」様子を見て取るのは直接的な結びつきと言えるが、「後姿」から「感慨深い」様子を見て取るには、意味の上で直接的に結びつきが感じられない。そこでゲの介入が必要とされた。このように、ゲにはそれが修飾する要素と、意味上直接的にはかかわりが深くない場合についても使用できる用法が見られる。ゲのこうした用法が、例えば「悲しげな余韻」、「楽しげな季節」のような含みを持った表現を可能にしている。こうした表現はまた、文学的な表現とも言えるものである。

ここで見られるゲの機能は「何かしら上接の形容詞の性質を帯びている、特徴を見せている」という意味合いを付加し表現を朧化させる効果があるということではないだろうか。

## 8　まとめ

　近代から現代にかけてのゲは、減少傾向にある。これは類似した用法を持つソウダが発達したことと関連していると思われる。しかし、ゲは減少傾向にあるものの、その用法や機能の面で注目すべき点が挙げられる。

　まずは、言語に対する嗜好性という面から、ゲには一回性を帯びたパロール的な使用が見られ、現代でも作家による個人的な使用法が続いている。

　次に、ゲの機能の面からは、いくつか有用な場合がある。

　まず、感情形容詞にゲを下接させると、主体以外の感情の表現にも使用できる機能が認められる。さらに、ゲは被修飾語との意味的な関連が密接でない場合にも使用できるため、直接的な表現には見られない、含みを持った多様な表現を可能にしている。

　こうした用法や機能を持っている限り、ゲは今後も残存し続けるものと考えられる。

注
1　調査を行った作品名については、巻末の資料を参照されたい。
2　注1に同じ。
3　すべての形容詞が『類語新辞典』に掲載されていないため、総数92語に満たない数になっている。
4　中古の延べ語数が多い語を抽出するにあったって、村田菜穂子(2005)を参考にした。
5　「せつなげ」は、山田詠美の固有の語という意味ではなく、谷崎潤一郎の作品にも使用例が見られる。

6　調査したのは、中日新聞 2007 年 2 月から 5 月までの 3 ヶ月分である。
7　どちらか一方に限定されるわけではなく、語によっては「感情の表出」と「感情の品定め」の両方の機能を持つ場合も認められる。

# 第 9 章　近現代の助動詞ソウダの用法

## 1　はじめに

　本章では、近代から現代にかけての、いわゆる「様態」の用法を持つソウダが、どのような状況を示しているのかについて見ていく。このソウダは、『日本国語大辞典』の記述を見ると、意味としては「状態や性質などに関してそうであろうと推察し、判断される様子であることを表す」とある。また登録されている最も古い用例を見ると、「無興そう」（『応永本論語抄』1420）が挙げられている。

　このようにソウダは、中世以降に見られるようになり、以後、近世前期には狂言資料などのいわゆる口語資料では徐々に用例を増やしていくことが確認されている。近世後期ではソウダがあまり見られない分野もあるのだが、近代以降は急速に発達している。また発達の過程で接続や意味・用法の点でも分化するなどの変化を見せる。ここでは、近代以降にソウダがどのような状況を示し、それが現代に向けてどのように変化していくのかという点について、意味・用法を考察しながら見ていく。

## 2　近現代のソウダの出現状況

### 2.1　近代のソウダの出現状況

　ここでは明治から昭和の前期までのソウダの出現状況を見る。調査対象については、前章で近現代のゲの出現状況を見た場合と同じものを用いた。
　今回の調査では、近代のソウダを上接する場合は、次のようになる。
　　異なり語数　696 語　　　延べ語数　3273 語
　これと比較するために、近代でのゲについて見ると、異なり語数 223 語、

延べ語数1015語である。近現代のソウダはゲと比較して、異なり語数、延べ語数とも3倍程度見られることがわかる。近代では、ソウダはゲよりもかなり発達していると言える。

それではこの698語のソウダを、まずその上接要素と用法の違いから、次の2類に分けて考えていくことにする。ソウダの上接要素の違いは、意味の違いとも対応していると考えられるので、以下の2類に分けて考えていく必要があると思われる。

I 「観察」の用法を表す場合

「～のようだ、～に見える」といった意を持ち、ゲと類似した用法を持つ類。外見から、いかにもその様子をしているという意味を持つ。形容詞、形容動詞、形容詞型活用の助動詞の連用形に下接する場合。

II 「予想」「予測」の用法を表す場合

いわゆる「～しそうだ」の類。外見からある事態が予測されるという推察・判断を表す。動詞連用形や、助動詞(形容詞型活用を除く)に下接する場合。

今回の調査で得られた698語中、Ⅰ類に属するソウダは、284語(40.8%)になる。これは、近代のソウダの状況は、動詞連用形等に下接するソウダの方が過半数を占め、中心的な用法になっていることを示している。

ここではまずこのⅠ類の284語について、その上接要素の品詞別の内訳を見ると、次の表1のようになる。

表1　ソウダの上接要素の分類(近代)

|  | 形容詞 | 形容動詞 | 名詞 | 助動詞 |
| --- | --- | --- | --- | --- |
| 異なり語数 | 162 | 95 | 21 | 6 |
| 割合 | 57.0% | 33.4% | 7.4% | 2.1% |

前章で見た近代のゲの場合では、形容詞に下接する場合が223語中169語(75.4%)という高い数字を示した。しかし、ソウダが形容詞に下接する場合は57%であり、ゲの場合に比べるとやや低い割合になっている。そして形容詞が少ない分、形容動詞に下接している場合がやや増加していることが

わかる。

次に近代のゲとソウダについて、作品ごとの異なり語数を表2に示す。

表2　作家ごとのソウダの出現状況（近代）

|  | 森 | 樋口 | 国木 | 田山 | 小泉 | 上田 | 夏目 | 伊藤 | 石川 | 泉 | 長塚 | 芥川 | 志賀 | 太宰 |
|---|---|---|---|---|---|---|---|---|---|---|---|---|---|---|
| ゲ | 33 | 24 | 28 | 12 | 7 | 6 | 43 | 3 | 10 | 33 | 18 | 11 | 11 | 52 |
| ソウダ | 38 | 20 | 71 | 77 | 18 | 0 | 267 | 15 | 0 | 128 | 147 | 72 | 96 | 80 |

表2から、以下のことが看取できる。まず。明治初期の森鷗外や樋口一葉の作品ではゲとソウダの異なり語数はほぼ拮抗した状況にある。初期では拮抗しているが、次第にソウダが勢力を増している。

また、上田敏『海潮音』や石川啄木『一握の砂』の韻文ではソウダの用例が見られない。新用法として用いられたソウダは、伝統的な言葉を使用する韻文の世界には用いられにくい性質であったと考えられる。近世で口語的な『柳多留』ではソウダが見られ、小林一茶や与謝蕪村の俳諧ではゲが見られたのも、これと同じ傾向であると考えられる。

ここでは韻文以外においては、ソウダがゲよりも圧倒的に優勢になっていくことがわかる。近代はゲが衰えを見せ、一方ではソウダが発達を始め、盛んになっていく時期であることがわかる。

## 2.2　現代のソウダの出現状況

ここでは、戦後以降の作品等に出現するソウダが、どのような状況を示すのかについて見る。調査対象は、ゲの出現状況を見た場合と同じものを用いた。今回の調査では、現代のソウダに上接する語は、異なり語数で677語、延べ語数で3022語になる。

この677語の中で、先にⅠ類に分類した、状態・性質の意を表す、形容詞や形容動詞を上接要素とするソウダは221語になる。近代の場合と同様に、この221語の品詞の内訳を見ると、表3のようになる。

現代では近代に比べわずかではあるが、形容詞の割合が減少している。そして、それに対応する形で形容動詞の割合が増加していることがわかる。

表3 ソウダの上接要素の分類（現代）

|  | 形容詞 | 形容動詞 | 名詞 | 助動詞 |
| --- | --- | --- | --- | --- |
| 異なり語数 | 117 | 84 | 15 | 5 |
| 割合 | 52.9% | 38.0% | 6.8% | 2.3% |

表4 作家ごとのソウダの出現状況（現代）

|  | 北 | 遠藤 | 星 | 沢木 | 赤川 | 椎名 | 米山 | 大橋 | 石原 | 吉本 | 山田 |
| --- | --- | --- | --- | --- | --- | --- | --- | --- | --- | --- | --- |
| ゲ | 79 | 9 | 6 | 12 | 16 | 18 | 7 | 2 | 2 | 7 | 18 |
| ソウダ | 118 | 27 | 28 | 115 | 45 | 31 | 39 | 21 | 27 | 138 | 85 |

　次に現代のソウダとゲの作品ごとの異なり語数を表4に示す。

　表4を見ると、ゲとソウダは作品ごとで出現状況の違いが著しいことがわかる。ゲについて見れば、北杜夫作品ではある程度出現するものの、それ以外の作家にはあまり多く出現せず減少傾向が見られる。しかしソウダについて見ると、比較的異なり語数の多い場合が見られ、ゲの異なり語数が極端に少ない場合であっても、ソウダはある程度出現していることがわかる。これらのことから、ゲは減少傾向にあり、多用されるようになったソウダに圧倒されている状況を示している。

## 3　上接要素ごとの用法

　ソウダの用法についての研究は既に様々に行われているが、ソウダがどのような要素に下接しやすく、どのような要素には下接しにくいのかということについては、あまり言及されていない。まず、ケキゼ　タチアナ（2000）には次のような記述がある。

　「げ」の生起には制限があるが、――「そうだ」にはこのような制限がなく、形容詞、形容動詞、動詞に下接し広く用いられる――

　しかし、まず歴史的に見れば例えば中世や近世などから比べると、近代以降のソウダには上接要素に制限が加えられたことになる。中世や近世では、名詞や動詞また形容詞等の終止・連体形にソウダが下接して、「様態」の用

法を表している次のような場合も見られた。

（１）「此のあたりそうな、参る程にこれじゃ」　　　　（虎明本狂言　賽の目）
（２）「爰元には無いそうな」　　　　　　　　　　　　（虎寛本狂言　末広がり）

用例(1)では「このあたり」という名詞、また用例(2)では「無い」という形容詞の終止・連体形にソウダが下接して、前者は「このあたりのようだ」の意になり、後者は「なさそうだ」の意を表しており、「伝聞」の用法ではない。いずれも、発話時点で観測した状況のに基づいた「観察」の用法である。

　ソウダが発達していく過程で、名詞や動詞、形容詞等の終止・連体形に下接した場合は後に、上接要素に示差性を指向して、接続が行われなくなったり、意味・用法を変えたりする。名詞には「のようだ」が下接するようになり、動詞や形容詞の終止・連体形に下接したソウダは意味・用法を変え、「伝聞」として分化する。

　また、ソウダがすべての形容詞に均一に下接する訳ではない。例えば「さかしげ」と「さかしそう」の場合ではソウダよりもゲの場合の方が、容認度が高いのではないかと考えられる。この場合のように、ソウダにも結びつきやすい形容詞とそうでない形容詞とが考えられるのではないだろうか。そこで、ソウダは、どのような形容詞、形容動詞に下接しやすいのかという点に注目して、以下の考察を進める。

## 3.1　形容詞の場合
### 3.1.1　形容詞の場合(近代)

　上記に見たとおり、今回の調査で近代において、ソウダに上接する形容詞は異なり語数で162語見られるのだが、これらに特徴は見られないものだろうか。

　近代ではゲに上接する形容詞は異なり語数で169語存していた。そこで、このゲに上接する形容詞169語とソウダに上接する形容詞162語は、どの程度一致しているかについて見る。あつげ―あつそう、危なげ―危なそうの

ように、ゲとソウダに共通して見られる形容詞は、異なり語数で162語中79語(48.8%)となる。実に約半数の形容詞がゲにもソウダにも上接していることがわかる。

　ここではソウダは、どのような形容詞に下接するのかという点に注目して考察する。そこで、まず今回の調査でゲに下接した場合の見られない、残りの83語の形容詞について考えていくことにする。

　ところで、今回の調査ではソウダにのみ上接して、ゲには上接していない形容詞は、83語であるが、このすべてが常にゲに上接しないという訳ではない。つまり、この83語には、時代や調査対象が変われば、ゲを下接し得る語、また、下接が想定できる語が含まれている。具体的には、次のような形容詞である。

〔ゲもソウダも下接が想定できる形容詞〕　38語
　　暑苦しい　ありがたい　うさんくさい　薄気味悪い　うそさむい　奥深い　おとなしい　かいがいしい　かよわい　考え深い　気づかわしい　きはずかしい　気まずい　気難しい　くやしい　けだるい　険しい　心強い　好ましい　好もしい　騒がしい　たっとい　注意深い　慎み深い　強い　つらい　照れ臭い　ぬくい　残り惜しい　はがゆい　激しい　人なつかしい　まぼしい　面倒くさい　ものぐさい　弱い　わずらわしい　悪い

　これらの語とは違って、調査対象を変えても、ゲと共通した場合は見られない、または想定しにくい語、さらに、辞書にもゲが下接した場合が登録されていない語がある。これらの語は、ソウダのみが下接する語ではないかと考えられる。以下、例を見ていく。

〔ソウダのみ下接する形容詞〕　46語
　　厚い　新しい　あてはまらない　甘い　言いにくい　痛い　うけにくい　うまい　えらい　大きい　おこりっぽい　かゆそう　きつい　具合悪い　くすぐったい　くだらない　暗い　けったるい　けぶい　けむい　けむったい　こすい　こずるい　こわい　しつこい　しやすい　すべこい　たま

らない　陳腐らしい　つまらない　なまぐさい　にがい　根強い　のみにくい　早い　ひだるい　ひもじい　太い　不平らしい　古い　まずい　みぜわしい　よかり　よろしかり　若い　わからない

　以上の 46 語になるが、それではこれらの語の特徴をどう捉えることができるだろうか。

　これらの語は、形容詞の意味分類から見ると、感情形容詞がほとんど見られないことが指摘できる。これはゲが感情形容詞に下接しやすいことと表裏の関係にあると言える。

　それ以外の場合はどうだろうか。ここに含まれるのは以下のような意味の形容詞である。
・「甘い」「痛い」「かゆい」といった感覚形容詞
・「大きい」「太い」といった属性形容詞
・「くだらない」「しつこい」といった評価性形容詞

　以上のようにソウダに上接する形容詞の意味分類は多様であり、必ずしも限定されている訳ではないことがわかる。そのため意味分類以外の面からソウダの上接要素を捉える必要があるのではないかと考えられる。

　ソウダは表現主体にとって、程度の大小や強弱、感じ方の濃淡が観察できる場合には下接することができるのではないだろうか。つまり判断や解釈の余地がある際に用いられるのではないかと考えられる。このことは以下のソウダが下接しない場合に詳しく記述する。

### 3.1.2 形容詞の場合(現代)

　今回の調査で得られた、現代のソウダに上接する形容詞の異なり語数は 117 語である。現代語においての調査ではゲに上接する形容詞の異なり語数は 68 語見られる。そこでソウダとゲに共通して見られる形容詞の数を見ると 32 語(27.4%)になる。これは近代の場合に比べると少なくなっているが、その要因はゲの衰退ということにあるようだ。例えば「疑わしそう」「重たそう」は、近代であれば「疑わしげ」「重たげ」が見られた。しかし今回の調査ではゲによる用例が見られなかった。すなわち現代以前にはゲに上接し

ていた形容詞が、ゲの衰退によって現代では見られないということである。
　そこで上記に従って、ソウダにのみ結合可能と考えられる語を挙げる[1]。
　　あたらなそう　言い出しにくそう　いいにくそう　いけなそう　いづらそう　いなそう　薄そう　うまそう　縁遠そう　かったるそう　きつそう　暮らしやすそう　しゃべりづらそう　しんどそう　少なそう　すばしこそう　すまなそう　住みやすそう　高そう　だるそう　手強そう　照れ臭そう　入りにくそう　話しにくそう　人なつこそう　待ちきれなそう　見たそう　安そう

　ここでは語構成の面から見ると、「〜にくい」「〜やすい」といった複合型の形容詞が多くなっている。これらはソウダが積極的に用法を広げた結果として生まれたものではないと考えられる。なぜなら、歴史的に見ると、「あなづりにくげ」「さぶらいにくげ」「こころやすげ」のように「〜にくい」や「〜やすい」がゲの上接要素として見られた。しかし現代に向けてゲが衰退方向へ向った結果、ゲがこれらには下接しなくなっていく。それを補うべくして生じたもので、ソウダが積極的にこれらを上接要素にした訳ではないものと見られる。

〔ソウダが下接しない場合〕
　ソウダが下接しない場合はどのような場合であろうか。ソウダに上接している例の見られる形容詞から考えると、ソウダが想定しにくい例は次のような場合が考えられる。
・古語の雰囲気のある形容詞…
　　危うい　いかめしい　さかしい　せんかたない　たゆい　はしたない　待ち久しい　ゆかしい
　これは、ソウダが新語形であるため、古語の雰囲気のある語には下接しにくいということではないだろうか。
　次に、形容詞が、動かしようのない現況や普遍的事実について表現している場合にもソウダは下接しにくい。
・色彩…赤い　青い　黒い　白い

・形状…四角い　丸い
・外見…きたない　きれい

　これは、「観察」のソウダは、見たままを表現する際には使用できないという性質があるためであると考えられる。例えば「月は丸い」「雪は白い」という事実に対して、「観察」のソウダは下接することができない。ソウダがこれに下接した場合には、伝聞に意味を変えてしまう。

　歴史的に見ると「観察」のソウダは連用形にも終止連体形にも下接した。しかしのちに連用形に下接するソウダと終止連体形に下接するソウダに意味用法を分化させる。連用形に下接するソウダは、終止連体形よりそこで終わらないという安定感の欠ける活用形を選択し、「様態」や「推量」という意味を保ったものと考えられる。

　しかし、これらの場合でも、次に挙げる例のように、共起する語や文脈で「仮定」や「予想」の意味が補われた場合には、ソウダの使用が可能になる。

（３）　一見きれいそうな道端も一歩中に入ると弁当の容器やふとんの真綿、
　　　　中には小型テレビやパチンコ台なども捨ててあって
　　　　　　　　　　　　　　　　　　　　　　（中日新聞　1998年5月31日）

用例(3)は、「一見」とともに用いられているので、仮定の文脈としてソウダの使用が可能になっている。未確認な事柄についての「予想」の用法である。

（４）　「女の人がきれいそうで楽しみですね」と冗談交じりに話をしたのは
　　　　ロシアに当たった栃東。　　　　　（中日新聞　1997年12月27日）

用例(4)では、仮定の文脈で、発話時以降に観察されるであろう事柄の「予測」の用法になっている。

## 3.2 形容動詞の場合

### 3.2.1 形容動詞の場合（近代）

近代でソウダに上接する形容動詞は、異なり語数で94語(33.2%)である。近代でゲに上接する形容動詞は異なり語数で18語であるので、ソウダのこの用法は注目される。それではソウダはどのような形容動詞に下接しているのかを見ると、例えば次に示すようにいわゆる漢語形容動詞が多い。

意外そう　横着そう　臆病そう　億劫そう　温順そう　頑丈そう　窮屈そう　屈託そう　愚鈍そう　健康そう　幸福そう　剛腹そう　傲慢そう　小利口そう　残念そう　実直そう　質朴そう　自慢そう　正直そう　冗談そう　上品そう　丈夫そう　心外そう　辛気そう　真剣そう　親切そう　心配そう　大儀そう　退屈そう　大事そう　大切そう　達者そう　単純そう　強健そう　当惑そう　得意そう　難儀そう　難渋そう　熱心そう　皮肉そう　不安そう　不快そう　不機嫌そう　不気味そう　複雑そう　不思議そう　不審そう　不平そう　不満そう　不愉快そう　平気そう　平和そう　満足そう　無念そう　迷惑そう　面倒そう　愉快そう　陽気そう　利口そう　利発そう　怜悧そう

ここに挙げたように、94語中61語(64.9%)までが、漢語形容動詞にソウダが下接した場合であることがわかる。漢語形容動詞にはもともとはゲが下接した。中古では、「艶げ」(『源氏物語』)が見られた程度であったが、中世になると漢語形容動詞に下接したゲは、異なり語数で15語と増加する。しかし近世では減少傾向を見せる。今回の調査を見ても、近代で漢語形容動詞にゲが下接している場合は、「殊勝げ」「退屈げ」「不審げ」「満足げ」等の異なり語数13語に過ぎない。

近代語では、漢語形容動詞には、ゲよりソウダの方が下接しやすいと言える。近代以降、漢語の使用が増加し、前代よりさらに一般化していく。それに伴って、近代以降盛んに用いられるようになったソウダが、漢語に下接するようになる。従来はゲの持っていた機能が、ソウダに取って代わられたことになる。漢語形容動詞がソウダを下接するようになるという新用法が盛んになることは、ソウダがゲを凌駕していくことの一因になるのではないだろ

うか。

### 3.2.2　形容動詞の場合(現代)

　現代でソウダに上接する形容動詞は84語(38.2%)である。近代に比べ若干割合は高くなっている。ここでこの84語について語種はどのような構成か、次の表5に示す。

表5　ソウダの上接要素の分類(現代)

|  | 漢語 | 和語 | 外来語 |
|---|---|---|---|
| 異なり語数 | 63 | 19 | 2 |
| 割合 | 75.0% | 22.6% | 2.4% |

　以上のように近代以降の形容動詞に下接するソウダは和語よりも、漢語形容動詞の占める割合が4分の3になり、高くなっていることがわかる。漢語形容動詞にはソウダが専用でゲは下接しないかどうかを見ると、現代でも「意外げ」「残念げ」のような例があり、ゲのこの用法は完全には消滅していない。しかし、漢語といういわば新要素を取り入れる際に、中古以来用いられているゲより、近代以降盛んになってきたソウダの方がふさわしく感じられたのではないだろうか。そのため、ソウダが積極的に採用されたということになる。

　さらに、用例数は多くはないが、次のような新要素にもソウダが下接することになった。それは、外来語にソウダが下接した場合である。

（5）　いかにもマッチメーカーとしてタフそうな山県に、とにかくやってみようと言われると　　　　　　　　　　　　　　　（沢木耕太郎　一瞬の夏）
（6）　スイスの会社員セリーヌ・ジュバレーさんは「町並みはきれいでとても日本的なイメージ。祭りもパワフルそうで面白い」と笑顔を見せていた。　　　　　　　　　　　　　　　　　（中日新聞　2007年3月11日）

いずれもソウダは、発話時に「観察」される状態について表現した用法で、

「いかにも〜のように見える」という意味を付加し、断定的ではなくやや控えめに表現したものである。

これらの場合のように、助動詞が外来語と融合して一語化して混種語をつくる例は、ソウダ以外ではあまり見られないのではないのではないだろうか。これはソウダの造語力の強さを表していると言える。

近代以降「いかにも〜のように見える」という意味を付加するには、ソウダ以外にも「ようだ」「らしい」「風だ」「ぽい」等が挙げられる。この中で「ぽい」については「ロックっぽい音楽」のように、カタカナ語に下接する場合も見られる。しかし、助動詞としてはソウダのこの用法は、他に例を見ない独特の用法であると考えられる。

さらに数は多くないが、「華やかそう」「豊かそう」といった、形容動詞語幹を構成する接尾辞「やか」「か」等にも下接した場合が見られるなど、ソウダが上接要素を多様にしている状況が窺える。

上接要素の範囲を広げつつ、拡大していくというのは、最も拡大しやすい方法である。こうした拡大の方法をとったソウダが、ゲを凌駕していくのは当然の流れであったと言うことができる。しかし、ゲは消滅する訳ではなかった。それはなぜなのかといった点については、第10章でソウダの用法と比べながら考えていくことにする。

### 3.3　名詞の場合

#### 3.3.1　名詞の場合（近代）

近代で名詞にソウダが下接している場合は、異なり語数で21語である。これらはどのような語がみると、「いなさそう」「ぎこちなさそう」「心地よさそう」「心持よさそう」のようにほとんどが形容詞「ない」「よい」の語幹に名詞を作る接尾辞「さ」の下接した「よさそう」「なさそう」の形であることがわかる。これ以外では「楽しみそう」が見られるのみである。

（7）　楓に欅に檜に蘇鉄位なものだが、それを内に入れたり出したりして、楽しみそうに眺めている。　　　　　　　　　　　　（田山花袋　田舎教師）

「楽しみそう」は他に泉鏡花にも1例見ることができる。ただ、「楽しみそう」は、形容動詞語幹に、ソウダが下接したとも考えられる。現代語では「楽しそう」で表現されるところではないだろうか。

　名詞にソウダが下接する用法は、接尾辞「さ」を伴う場合以外でも、時代をさかのぼれば、狂言資料には「歴々そう」「田舎人そう」などの例がいくつか見られた。近代にこれらが行われなくなったのは、ソウダの衰退を意味する訳ではない。これらの用法は、分析的表現によって記述しようとする現代語の方向性に合致しないため、次第に整理統合されて行ったものと考えられる。一つの助動詞が多くの機能を担うことが、避けられた結果である。そのため名詞に下接するソウダは、「のようだ」という表現に分化し、近代では衰退してしまう。接尾辞「さ」に下接する形だけが残ったものと考えられる。

### 3.3.2　名詞の場合（現代）

　今回の調査で、現代で名詞にソウダが下接している場合は、異なり語数で15語である。これらを見ると近代の場合と同様で、「仕方なさそう」「気持ちよさそう」のように、「なさそう」「よさそう」の形である。ただ、これらの中には「上がらなさそう」「つまらなさそう」「やりきれなさそう」が含まれている。助動詞「ない」「たい」には語幹に直接下接するが、語幹が一音節の形容詞には、語幹に「さ」を添えた形に付くという原則からすれば、本来は接尾辞「さ」を介さない「上がらなそう」「つまらなそう」「やりきれなそう」が期待される場合である。しかし、「なさそう」「よさそう」の形に慣れていたためか、過剰に「さ」が付いた形も見られるようになっている。

### 3.4　Ⅰ類のソウダの用法

　近現代のⅠ類のソウダについて、上接要素ごとに見られる傾向を見てきた。ここで、以上に見られるソウダについて、以下のようにまとめられる。
　ゲよりも新しく、上接要素について制限が緩やかなソウダは、近代以降発展した様相を見せている。この語は形容詞や形容動詞については積極的に下

接している様相を見せ、形容動詞の場合は、ゲに代わって漢語形容動詞に下接する用法ほぼ担うようになった。またそれだけでなく、外来語に下接する用法も新たに獲得するようになった。

　ただ、名詞に下接する用法については「ようだ」に用法を譲り、機能の分担を行うことで、用法を明確にする方向を選んだ。

　上接要素の制限については、「推量」や「予測」の余地がない意味の形容詞には下接しにくいという傾向が見られる。しかしこの場合も、共起する語や文脈で「仮定」や「予想」等の意が補われれば、使用することができるようになる。したがって、ソウダは上接要素にあまり制限がなく、広く行われることになった。

## 4　Ⅱ類のソウダの用法

　次にⅡ類のソウダに注目する。このソウダは、動詞連用形や助動詞(形容詞型活用を除く)に下接したソウダのことで、「主に発話時点での観察に基づいて蓋然性の高いと思われることを推量」する用法である[2]。これらのソウダは、ゲとは用法が異なっている。ゲには置き換えることができないソウダである。

　今回の調査では、近代および現代でそれぞれ次のような結果を得た。

近代　　異なり語数 696 語中 413 語(59.3%)
現代　　異なり語数 675 語中 454 語(67.2%)

　これを見ると、この用法でのソウダの発達は近代・現代ともに顕著であることがわかる。また、現代語ではこの用法が近代より発達している状況が窺える。これらの語について、それぞれの上接要素の内訳について見ると次のようになる。

近代　　413 語中、動詞が 346 語(83.1%)、助動詞が 70 語(16.9%)
現代　　453 語中、動詞が 381 語(83.9%)、助動詞が 73 語(16.1%)

　近代・現代ともに動詞と助動詞との割合はほぼ同じであることがわかる。助動詞の割合の面では近代と現代とに変わりは見られないが、構成する助動

詞の内容の面では、近代と現代では違いが見られる。近代の助動詞を見ると、「れる」「られる」のみであるが、現代ではこれに加えて、「加速させそう」「活発化させそう」等の「せる」「させる」も見られるようになり、上接する助動詞のバリエーションを増やしていることがわかる。

ここで注目されるのは、このⅡ類はその用法を活発化させることにより、ゲとの用法の差異を顕著にしているということである。つまりここに見られるソウダは、ゲには持つことのできない用法をあらたに獲得していきながら発展した状況が窺われる。

### 4.1　接続の区別による分化

ソウダは次の二点からゲとの差異を明確にしていることがわかる。

まず、一つ目は、近代以前のゲは、「あり」以外の動詞に下接した場合も見られた。しかしこうした場合は近代では衰退し、「あり」以外の動詞に下接するのは、ソウダ専用になったと言える点である。

中古のゲは、「あり」を含め、「おはし」「おもひしり」「きき」「きこしめし」「ここちゆき」等、異なり語数で22語の動詞にゲが下接した場合が見られる。近代以降は「あり」以外の動詞には、ゲは下接しなくなり、ソウダが専用に下接するようになった。これは、ソウダが動詞に下接する用法を特化することになり、形態の上では単純化へ向ったということにもなる。

また、ソウダは近代以前においては、動詞の終止連体形に下接する場合であっても、近代以降とは異なり、必ずしも「伝聞」を表してはいなかった。それが近代以降では、連用形に下接する場合と、終止・連体形に下接する場合とで、截然と用法を変えるという区別をすることで、他の助動詞には見られない方法を用いて示差性を見せたということになる。

### 4.2　新用法の獲得

#### 4.2.1　新用法の獲得（近代）

ゲとの差異を明確化させたもう一点は、ソウダが助動詞に下接する際にも顕著に見られる。それはソウダが、ゲには見られない新しい用法をいくつか

獲得していったという点である。ゲが助動詞に下接する際には、願望の助動詞「たい」、または中古では完了の助動詞「たり」、打消の助動詞「ず」に限定されていた。しかし、ソウダの場合は新しく、「うなされそう」「怒られそう」といった受身表現や「あり得そう」「歩けそう」といった可能の助動詞にも下接する場合が見られるようになった。ゲが下接したのはモダリティにかかわる助動詞だけであるが、ソウダは受身や可能といったヴォイスにかかわる助動詞にも下接したことになる。このことをソウダの用法の変化として捉えると、ソウダはどういう用法を獲得したことになるのだろうか。以下用例を検討する。

〔可能＋ソウダ〕
（8） 話はそれぎりで誠に呆気ない。そんな事なら家でも話せそうなものを、というのは岡目の評で、当人同志はしかしそれを何とも思わないのであった。　　　　　　　　　　　　　　　　　　（二葉亭四迷　其面影）
（9） 其の鷹匠町にこそ、御邸ばかりで、僕等の住めそうな家はないのだ。
　　　　　　　　　　　　　　　　　　　　　　　　（泉鏡花　婦系図）

これらはいずれも可能動詞にソウダが下接した場合である。発話時点に実現していない事態について、その実現の可能性を「予測」した表現である。この場合のソウダは、いわば推量のソウダで、発話者の主観を根拠として推測している用法で、発話者の意志が感じられる場合である。
　近代にはこれ以外に可能を推量で表現する方法として、「れる」・「られる」＋「だろう」という、可能動詞（または可能の助動詞）＋「だろう」による次のような表現も見られた。

（10）　いつまた逢われるだろう。　　　　　　　　　（二葉亭四迷　あひびき）
（11）　こんなことならまだ幾らでも列べられるだろうが、列べったってつまらない。　　　　　　　　　　　　　　　　　　　　　　（二葉亭四迷　平凡）

用例(10)はやや翻訳調で表現された場合である。用例(11)については、発話者の意志にかかわらず、その状況が生起する可能性を推量した表現である。

　また、現代語の場合について見ると、「れる」・「られる」+「だろう」は、以下のように受身+推量の意味として用いられる場合が多いようだ[3]。

(12)　世界からも中国型民主主義の第一歩として評価されるだろう。
　　　　　　　　　　　　　　　　　　　　　（中日新聞 2007 年 9 月 25 日）

用例(12)は、新聞記事などの報道や論評などで、発話者の主観ではなくより客観的な姿勢で表現をしようという場合に用いられるのではないだろうか。
　日本語の歴史の中で、可能態が推量で表現できるようになったのは比較的新しいのではないだろうか。これまでの表現には「可能」+「推量」という形式はなく、「べし」による表現が文脈によって判断される形だった。ただ不可能推量については、次の場合のような「え」～「まじ(まい)」による形式は存していた。

(13)　山一つあなたで御ざらば、馬上でなくは得参られますまい
　　　　　　　　　　　　　　　　　　　　　（虎寛本狂言　縄綯）

助動詞「まじ」を用いた場合は、多義に解釈できる。この場合は「得」が同時に用いられることにより、不可能ではあるが、推量であるか当然であるかの意味と解釈できるということになる。現代語は分析的表現へ向うということを考えれば、こうした多義の助動詞を用いるよりも、ソウダを用いた明確な表現へと移行していくのは、現代的な表現としては当然の流れであると考えられる。

〔れそう・られそう(受身)+ソウダ〕
(14)　さしむき今日あたりは飛石を踏んだまま、母様御飯と遣って、何ですね、唯今も言わないで、と躾(たしな)められそうな処。　　（泉鏡花　婦系図）

(15) 「あのねえ、私…止そう。何だか叱られそうだから」

(二葉亭四迷　其面影)

受身が、これから起こるであろうこととして表現される場合である。用例(14)、(15)は類似の「ようだ」を用いて表現することはできない。これに関して、「条件節で仮定された事態を表す場合にも「ヨウダ」は使えない」との記述(『日本語表現・文型事典』)があるが、「ヨウダ」は受身表現と同時に用いることもできないのではないだろうか。

また、この時代には、受身を推量で表現する場合には次のような別の表現も見られる。

(16) 伊織の罪が軽減せられるだろうと思ったからである。

(森鷗外　じいさんばあさん)

(17) 人さまにやあんな者を、どうなってもよさそうに思われるだろうけれども

(二葉亭四迷　浮雲)

用例(16)、(17)については、「だろう」を用いた表現である。これはソウダを用いた場合と意味の違いが認められる。「ダロウ」の場合は、「予測」の意味合いを持つソウダを用いた場合より、行為者がより公的なものやより他者的なものであり、より客観的な表現になっているのではないかと思われる。ソウダを用いた場合は、発話者の主観が含まれた表現になっているのではないかと考えられる。

以上のように近代のソウダは日本語のヴォイスの表現が、「推量」で記述されることを多様化したと考えることができる。これはゲには持つことのできない用法であり、ゲとの勢力の違いを感じさせる点であると言える。

4.2.2　新用法の獲得(現代)

現代でⅡ類に分類されるソウダは、新用法を獲得してさらに広がったと言うことができる。なかでも顕著であるのは助動詞にソウダが下接した場合で

ある。ソウダが下接することができる助動詞の種類は、近代ではある程度限定されていた。しかし、現代ではその種類が増加していることがわかる。

　近代ではヴォイスの表現に下接するソウダは、可能＋ソウダ、受身＋ソウダのみであった。現代ではこれに加えて、使役＋ソウダ〔させそうだ〕の表現が見られるようになる。さらに受給表現に下接して〔～てくれそうだ〕という表現や、アスペクトの表現に下接した〔～てしまいそう〕という表現も見られるようになった。ソウダが上接要素の範囲を広げ、新たな機能を獲得したものと考えられる。それでは、これらの表現で実際にソウダはどのような機能を示しているのだろうか。以下、詳しく見ていくことにする。

〔させそう〕の用法
　まず、使役にソウダが下接した表現の「させそう」の用法について見る。

(18a) 関係者によると、金融機関は早期の業績回復を求めて創業家と対立。今年二月には、過去の決算の不適切な処理が明らかになり、責任の明確化をめぐって確執が強まっていたという。今後は金融機関が発言力を強め、リストラを加速させそうだ。　　（中日新聞　2007年3月27日）
(19a) 自民は、公認の当選が十六人。過半数維持には、公明二人以外に、六人以上の取り込みが必要。今後、無所属当選者へのアプローチを、活発化させそうだ。　　　　　　　　　　（中日新聞　2007年3月27日）

用例(18a)、(19a)では、使役表現にソウダが下接することで、使役主体によって将来行為が行われることを予測した表現になっている。これらのソウダは、例えば(18a)では、金融機関と業績や決算処理で確執や対立があったという、前文で述べられた状況から判断して、当然予測される結果を予測した表現になっている。ここで「させ」を除いた、使役表現のない表現と比べるとどうなるだろうか。

(18b) 今後金融機関は発言力を高め、リストラが加速しそうだ。

(19b) 今後、無所属当選者へのアプローチが活発化しそうだ。

(18b)、(19b)では、発話者による予測の表現であり、行為者の存在が示されない漠然とした予測の場合である。これは、予測の根拠に乏しい場合でも使用できると表現である。これに対して先の(18a)、(19a)で、使役の「させ」を介した場合には、使役主体が示され、その使役主体の影響力が明確化された表現であり、そのことにより蓋然性を高め、そういう方向へ当然向うだろうと予測した表現になっているのではないだろうか。

　これらの場合で、ソウダを用いずにそれぞれ助動詞「だろう」(以下ダロウと表記)や助動詞「ようだ」(以下ヨウダと表記)に置き換えた場合、どのような意味になるだろうか。

(18c) 今後は金融機関が発言力を強め、リストラを加速させるだろう。
(19c) 今後、無所属当選者へのアプローチを、活発化させるだろう。

まず、ソウダを推量のダロウに置き換えた場合の意味の違いについて考える。ソウダはもともと動作が開始や終了する局面に用いられた。そのためソウダを用いた表現の方が、その動作が間もなく開始(または終了)するという、より差し迫った、即時的な意味になる。それは、現実化の可能性の高い予測を表現すると言えるのではないだろうか。ソウダはダロウよりも強い予測の意味を持ち、即時的な局面を表現できるということになる。

　さらに、ソウダを類似した用法を持つヨウダに置き換えた場合にはどうなるだろうか。

(18d) 今後は金融機関が発言力を強めリストラを加速させるようだ。
(19d) 今後、無所属当選者へのアプローチを、活発化させるようだ。

ヨウダを用いた場合は傍観的な表現になり、切迫感を欠いた意味になる。そのことが実現の確からしさを弱めた表現になっているのではないだろうか。

これはヨウダは未確認で根拠が少ない場合に対しても用いることができるためだと考えられる。ここでは前文で述べられた状況に推定の根拠があると考えるならば、文脈上ヨウダによる表現を選択すると不適切な表現になるのではないだろうか。ソウダとヨウダは接続の点で、動詞に下接するという点が共通している。ソウダとヨウダがこうした類似点を持つからこそ、この2語の示差性が求められることになる。

また、ソウダとヨウダの違いについては、次のような記述がある。

> 「ソウダ」は話し手にとって未確認の事態を予測する場合に用いられるが、「ヨウダ」を使った場合はなんらかの方法で事態を感知し、予測ずみでなければならない。　　　　　　　　　　（日本語表現・文型事典）

この記述によれば、ヨウダの方が、実現の可能性が高いようにも思われる。しかし、実際に(18a)と(18d)を比べた場合を見ると、ソウダは今にも事態が開始しそうな差し迫った感があるため、より実現の可能性が高い推量になっている。

(20)　今後、明神山の山頂に向って次々と開花し、ゴールデンウィークまで登山者の目を楽しませそうだ。　　　（中日新聞　2007年4月13日）

用例(20)については、「ようだ」を用いて、「登山者の目を楽しませるようだ」とは言い換えられないのではないだろうか。これは無生物である「花」が「人々の目」を「楽しませる」ということになる。「ようだ」を無生物主語に対して使用すると、判断の主体性が不明確になり、不適格な表現になってしまうものと考えられる。

〔てくれそう〕の用法
(21)　名古屋初上陸に燃えるカルロスらが、真冬の名古屋を熱帯夜に変えてくれそうだ。　　　　　　　　　　（中日新聞　2007年2月13日）

(22) 「今年もきれいに咲いてくれそうだ」と喜んでいる。

(中日新聞　2007 年 5 月 2 日)

　これらの例で「てくれそうだ」の表す意味は、いずれも「望ましい事態が実現に向っている、やがて実現するだろう」という意味で期待度の高い推測の意味になる。「てくれる」は受給表現であるが、この語が介されることにより、他者による行為に「望ましさ」「好ましさ」が付加されることになる。ソウダのこうした意味について「表現主体が自らの感覚で直接とらえた事態の様子・印象を、直感的に描写する表現。推量表現に比べて、事態認識が論理的でなく感覚的なものであるため、ようにみえる／感じる／気がする、などに置き換え可能な場合が多い」(『日本語表現・文型事典』)との記述がある。たしかにここは直感的な描写と考えられるが、用例(21)、用例(22)を「ようにみえる」や「感じる」「気がする」にすると、不十分な表現になる。これらを「だろう」よる推量表現「変えてくれるだろう」、「咲いてくれるだろう」に言い換えても文意は通る。ただソウダを用いた場合は、単なる推量ではなく、実現性の高さや即時性を含んだ表現になっていると考えられる。特に(22)では、「花が」「咲いてくれる」という構文で、与益者が無生物の「花」である。こうした場合にソウダが下接すると、個人的な願望表現ではなく、前例などの根拠があることを暗示した表現になるのではないだろうか。これはソウダが「現前の見た目からの予想」の意味と「過去の経験などからの推量」という用法を持っているためであると考えられる。

〔てしまいそう〕の用法
(23) 叫び声をあげてしまいそうになると、彼女は指をぼくの口に差し込む。

(山田詠美　ぼくはビート)

(24) しんをとらえた手応えが消えてしまいそうだから素振りはやらない。

(中日新聞　2007 年 3 月 2 日)

(25) もし今、「北朝鮮がミサイルを発射するかもしれないから戦争する」と誰かが言ったら、できてしまいそうな気がする。

(中日新聞　2007年5月2日)

　これらの例で「てしまいそうだ」で表現される内容は、「いまにも〜しそうになるのだが、実際は実現していない(行われていない)」という状況になる。「〜てしまう」は、終結局面を表現する語である。そこに、ここでは事態に直面する直前である意味のソウダが下接することで、「ある行為(事態)が完了する寸前の状況ではあるものの、行為(事態)はその場では実際は行われて(完了して)いない状況」を表現している。特に用例(24)の場合のように、瞬間動詞に「〜てしまう」＋「そうだ」は、より緊迫した状況を表現できる形式なのではないだろうか。そのことが、その行為が行われることに対して、何らかの兆候があるかに思わせる効果を持った表現になるものと考えられる。そのため、過去に行われたか、または未来に行われる暗示が含まれた表現になっている。

　歴史的に見て、日本語がこのような開始や終局の局面についての表現を全く持たなかった訳ではない。例えば「むとす」には「すぐに実現しそうな事態の予想・推量、話し手の決意などを、客観的な立場から表す」意味があり、次のような表現が可能であった。

(26)　尿前の関にかかりて、出羽の国に越えんとす　　(松尾芭蕉　奥の細道)

しかし、これは「尿前の関所を通り抜けて、出羽の国へ山越えに入ろうとしていた」という意味である。「これから徐々に越えようとする」という意味で、しばらく時間のかかることになる。「てしまいそうだ」ほどには、切迫した表現にはなっていない。

　用例(23)については「だろう」「ようだ」「みたいだ」に置き換えることは出来ない。「叫び声をあげる」という動作が現在も進行中であれば「叫び声をあげている」という表現ができる。しかしその動作の開始局面については、「てしまいそうだ」以外の表現によることはできないのではないだろうか。

　用例(25)についても「だろう」による「できてしまうだろう気がする」が

容認できるケースも想定はできそうだが、一般的には置き換え不可能であると考えられる。この表現は「意志に反してそうなるのではないかと恐れる気持ちを表す」(『日本語文型辞典』)もので、「てしまうだろう」という言い方では「予測」の域を出ず、テシマイソウダで表される切迫した完了の局面を表現した場合と比べれば、表現が及ばないことになる。

〔そうに見える〕の用法
　今回の調査範囲には出現しなかったが、調査範囲を拡大すると「そうに見える」という形も見られ、これは動詞および、形容動詞語幹にも下接する。

(27)　新聞切り抜き作品づくりは、<u>簡単そう</u>に見えて実は奥が深く難しい。
　　　　　　　　　　　　　　　　　　　　　　（中日新聞　2006年11月15日）
(28)　少子化対策としても、自民党より効果が<u>ありそう</u>に見える。
　　　　　　　　　　　　　　　　　　　　　　（中日新聞　2007年7月21日）
(29)　民主党大統領候補のケリー候補にとって追い風に<u>なりそう</u>にみえるが
　　　　　　　　　　　　　　　　　　　　　　（中日新聞　2004年9月24日）

これらは用例(28)のように「そのように感じられる」という意味を持つ他に、(27)、(29)のように「外見は〜そうであるが、実際には〜ではない、〜かどうかわからない」といった、外見とは異なる事態の推測の意味として用いられている。これは、ソウダがより強い推測と判断されたため、それを弱める意味の「見える」が下接することでソウダの蓋然性を弱めた表現になっている。ソウダによる表現が蓋然性が高めていくと、その一方でそれを弱めていくより婉曲な表現が必要とされるのではないだろうか。
　また、ここには取り上げなかったがこれ以外にも、「そうにしている」「そうになる」等、ソウダは様々な表現を生み出している。
　以上から、Ⅱ類のソウダの新用法についてまとめると次のようになる。
・ソウダが多様な語と結合し、分析的な要素の積み重ねにより、開始や終了の局面についての表現を多様化させた。これらはより差し迫った状況や、

蓋然性の高い場合に用いられる傾向が見られる。
・ソウダは、ヨウダと同じ動詞に下接するため、両語が使い分けられた結果、用法の使い分けが生じ、日本語の表現がより細密になったと言える。

以上のように、ソウダは動詞に下接する用法を発展させた。これは多様な要素を組み合わせることによって、新たな表現を生み出すという方法である。この方法は現代語的な表現を生み出すのに適当な方法であった。そうした方法による新たな表現が必要とされたことが、近現代でソウダを増加させた原動力になったと考えられる。

## 5　まとめ

近代から現代にかけてのソウダについて、形容詞、形容動詞、名詞に下接する場合と、動詞連用形とに下接する場合に分けて考察を行った。

まず、前者のソウダについては、近代から現代にかけての発達は、第一にはゲが下接できない意味領域について補完する場合があったと言える。また、新要素に対しては、ゲに比べると新語形であったソウダの方が選択されたため、漢語形容動詞や外来語にも広く下接するようになった。

後者のソウダは、多様な要素と結合し、新たな表現形式を生み出しながら発達した。これは、現代語が単機能な要素を組み合わせるという方法によって、分析的に表現することにより、新たな表現の必要を満たしていったからである。ここにソウダが発達したことの主な要因があるのではないだろうか。ソウダは、もともと動作の開始や終了の局面に用いられたため、事態が差し迫った感を表現した。それはより強い推測の意を付加することにもなった。今後、そうした強い推測の表現が好まれなくなれば、「そうにみえる」「そうに思える」等のさらに新たな要素を付加した場合が増加し、強い推量を避ける表現が増加していくことも考えられる。

**注**

1 ここでは 3.1 の近代に挙げられている例と重複する場合は省略した。
2 加藤重広(2006)『日本語文法入門ハンドブック』研究社
3 中日新聞の記事を調査した結果、9月27日から過去3ヶ月間では、「れる」・「られる」+「だろう」は38例見られたが、そのうち36例までが〔受身+「だろう」〕の場合であった。

# 第 10 章　近現代のゲとソウダの比較

## 1　はじめに

　接尾辞ゲと、いわゆる様態のソウダには、同じ語に下接する場合が見られ、また意味・用法の上でも類似している場合が見られる。本章では、ゲとソウダがどのように類似しているのか、またどのように相違しているのかについて考察を行う。

### 1.1　先行研究
　ここでは、ゲとソウダについてこれまでに記述された先行研究について、その内容をまとめる。

〔使用頻度〕
・ゲはソウダに比べ使用頻度が低い。（田能村忠温 1992）
〔接続〕
・ゲは接続する対象の意味範囲が限られている。原則として人の内心や心情を表すものにしか付かない。（田能村忠温 1992）
・ゲは感情形容詞に付くことが多い。（中村亘 2000）
・属性を表す形容詞のうち、表現主体の印象・感じを表す主観的な意味合いの強いものにはつくが、「赤い」「大きい」といった典型的なものには下接しない。（中村亘 2000）
〔文体〕
・ゲの方が書き言葉的。（中村亘 2000）
〔意味・用法〕
・ソウダが〈直接には知覚できない他人の感情・感覚やものの属性を予想す

る〉という意味を持っているのに対して、ゲには〈予想する〉という意味はなく、単に〈感情が気配・雰囲気として認められる〉ということを表す。（中村亘 2000）
・ゲは、とらえた表面的様子を「感情・感覚の表れ」および「性格・属性の表れ」を表す。さらに、とらえた表面的様子を強調することで対象の実態についての断定を避けて表現する。（ケキゼ タチアナ 2002）
・ソウダは「ある物事の成立条件がそろっている」ということを表す。（ケキゼ タチアナ 2000）
・ゲにはそう見えるだけという評価の低い場合や悪意を伴った場合がある。（村田菜穂子 2005）

〔置き換え〕
・表現主体には直接捉えることのできない感情が存在していることが想定される場合は、ゲからソウダへの置き換えが可能であるが、表現主体にとって問題の属性の存在が明らかな場合は、ソウダの使用は容認性に劣る。（中村亘 2000）

　先学によりおよそ以上のことが述べられている。これについて見ると、近代以降については、使用頻度やおよび文体に関しては、以上の記述は納得できる点も多い。ただ詳しく見ていけば、さらに記述できる点もあるものと考えられる。ゲの使用頻度は、全体で見れば低いものの、近代においてはソウダよりも高い場合も見られる。それはどのような場合で、どのような事情があるのかについても考える必要がある。
　筆者はここまで、ゲは話し手や語り手が感想を述べる用法を持つと考えた。またソウダについては、発話時に進行中の動作や状況から判断できる「予想」の用法、発話時に動作が完了している場合に用いられる「観察」の用法、発話時以降に動作が開始する場合の「予測」の3用法に分けて考えてきた。
　さらに、現代での事象を捉える際に、その語が歴史的にはどのような様相を示したのかという点を合わせて考えると、問題がより明らかになる場合も

あると考えられる。そこで、ゲとソウダについても、歴史的な見方も視野に入れながら、以下の考察を進めていくことにする。

## 2　上接要素とゲ、ソウダとの関係

　ここでは形容詞、形容動詞に下接するゲおよびソウダについて、その上接要素との関係から考察を行う。例えばゲの場合を見ると、「赤そう」は想定できる語であるが、「赤げ」は想定できない。また逆に「危うげ」のようにゲは見られるが、ソウダは見られない場合もある。ゲとソウダには上接要素の意味によってどちらかを選択する場合があると考えられる。どのような場合にゲ、またはソウダが選択または嗜好されるのか。また、互換性がないのはどのような場合なのか等について、以下考えていくことにする。

### 2.1　意味から見られる傾向

　まず、上接要素の意味分類という観点から考えていくことにする。方法としては、今回の調査で得られた近代・現代でゲ・ソウダそれぞれに上接する形容詞・形容動詞について『類語新辞典』(三省堂)の分類で、どのような分野に分類されるのかについて見ていく。

　その結果、ゲにもソウダにも最も多く見られるのは、感性の下位に分類された、[感情]の類である。この[感情]の類に分類されるのは、ゲの場合はで異なり語数 190 語中「痛々しげ」「うれしげ」等 60 例、ソウダの場合は異なり語数 312 語中「ありがたそう」「意外そう」等 89 例になる[1]。感情形容詞にゲが下接しやすいことはこれまでにも述べられているが、これはゲのみでなくソウダについても同様の傾向が見られることになる。

　それでは、感情表現以外ではどのような分類の語と結び付くのだろうか。次に[感情]以外に分類される場合について、語例を挙げて見ていくことにする。

### 2.1.1 ゲが多く見られる意味分野

**属性［人物評］**

いかめしげ　いさましげ○　いやしげ　うやうやしげ　おもおもしげ　かしこげ○　こころなげ　さかしげ　さとしげ　慈悲深げ　如才なげ　ずるげ○　たくましげ○　つつましげ　尊げ　なれなれしげ　はしたなげ　貧しげ　ものものしげ　優しげ○　弱々しげ○　りりしげ

（○はソウダにも共通して見られる場合）

**感性［感覚］**

おいしげ○　けたたましげ　寒げ○　涼しげ○　だるげ○　冷たげ○　ねむげ○　ねむたげ○　まばゆげ○　まぶしげ○

**認定・形容［ありよう］**

重げ○　重たげ○　かるげ○　かろげ　窮屈げ　汚らわしげ　せまげ　深げ○　むさくるしげ

**認定・形容［ねうち］**

あわただしげ○　忙しげ○　輝かしげ　汚げ　せわしげ○　たやすげ　難しげ○

　こうした分類を見ると、［ありよう］や［ねうち］に分類される語にもゲの下接が見られ、先行研究に見られた「ゲは原則として、内心や心情を表すものにしか付かない」という捉え方では十分ではないことがわかる。

　次に、これらの語に動詞を構成する接尾辞「がる」（以下ガルと表記）が下接するかという観点から考える。ガルは、「そのように思う、そう感じる、また、その気持ちを外に表す意を表す」という意味を持ち、ゲの意味に類似した部分がある接尾辞である。上記の語では、属性［人物評］に分類される場合は、例えば「いかめしがる」「うやうやしがる」の場合のようにガルが下接しにくいのではないだろうか。これはガルが主題の心情として述べられる場合に用いられるのに対して、ゲが話し手や語り手の感想として述べられるというこれまでに見られた用法を反映していると考えられる。［人物評］は外からの評価であるので、主題自身の心情を表出する際には使用できない

ものと考えられる。そのため、ゲによる表現が相応しくなっている。
　また、「寒がる」「重たがる」のようにゲもガルも下接できる場合は、ガルが主題の心情の表出であり、ゲが話し手や語り手の感想であるという対応関係にある場合であると考えられる。

### 2.1.2　ソウダが多く見られる意味分野

**属性［人物評］**

　勇ましそう○　偉そう　おとなしそう　温厚そう　かよわそう　頑丈そう　気難しそう　気弱そう　元気そう　狡猾そう　高貴そう　こすい　こずるそう　しつこそう　実直そう　神経質そう　ずるそう○　善良そう　逞しそう○　タフそう　陳腐らしそう　慎み深そう　強そう　手強そう　得意そう　柔和そう　根強そう　病弱そう　ひ弱そう　無器用そう　真面目そう　物臭そう　優しそう○　弱そう　弱弱しそう○　利口そう　立派そう　利発そう　悪そう（○はゲも見られる場合）

**感性［感覚］**

　暖かそう　温かそう　甘そう　痛そう　うまそう　おいしそう○　かったるそう　かゆそう　くすぐったそう　騒がしそう　寒そう○　しんどそう　涼しそう○　冷たそう○　生臭そう　苦そう　温そう　ねむそう　ねむたそう○　ひだるそう　ひもじそう　まずそう　まばゆそう○　まぶしそう○

**認定・形容［ありよう］**

　厚そう　薄そう　大きそう　奥深そう　重そう○　重たそう○　固そう　軽そう　険しそう　純情そう　清潔そう　近そう　低そう　広そう　深そう○　太そう　朴訥そう　柔らかそう

**認定・形容［ねうち］**

　あわただしそう○　忙しそう○　かいがいしそう　活発そう　軽そう○　窮屈そう○　くだらなそう　暗そう　深刻そう　すばしこそう　せわしそう○　大事そう　大切そう　華やかそう　早そう　必要そう　複雑そう　不自由そう　難しそう○

**抽象**［時］
　　　新しそう　暇そう　古そう

　以上からゲとソウダのそれぞれの意味分類に属する語を比較すると次のようになる。
　**属性**［人物評］について、感情の場合と同様にゲもソウダも結びつきやすくなっており、共通して見られる場合も多い。ゲの場合は「いかめし」「さかし」「さとし」といった現代語としては使用頻度が低い語が含まれる。これは文学作品を中心に用いられる「文学語」とも言うべき語であろう。ソウダの場合はゲより幅広く下接している。これはソウダの方が多様な上接要素に付き、漢語形容動詞にも下接している場合が見られるためであると考えられる。
　**感性**［感覚］に分類される語については、ゲも下接はするが、そのほとんどがソウダにも下接し、全体として見ればゲのほとんどは包含されてしまう。感覚との結び付きは、ゲの特徴ではなく、むしろソウダの特徴と考えられる。特に「甘い」「うまい」「苦い」といった、味覚に関する語については、ソウダにのみ下接する。
　**認定・形容**［ありよう］および［ねうち］については、やはりゲがソウダに包含されてしまう関係にある。
　**抽象**［時］に分類される語にはゲは下接せず、ソウダにのみ下接する。
　このように見ると、多くの場合で、ゲがソウダに包含されてしまうことになる。ただ、属性「人物評」については、いくつかではあるがソウダに含まれないゲが認められる。「人物評」といっても、「いかめしげ」「うやうやしげ」の様に、「対人関係としてどのような態度を示すのか」という場合と、「おとなしそう」「かよわそう」のように「内面的にどのような性質を持っているのか」という場合が考えられる。例外もあるが、前者はどちらかといえばゲが下接しやすく、後者はソウダが下接しやすいのではないだろうか。これは、人物の性質が対外的に示された場合は、ゲによる感想として述べられるやすい。それに対してはっきり示されていないが発話時の状況から観察で

きるという場合には「観察」のソウダが用いられるということではないだろうか。

　また、抽象［時］に分類された語は、今回の調査ではゲが下接した場合は見られなかった。これはゲの上接要素が限定されることを示している。ゲはある一定の意味には下接しないことになる。しかしここで挙げた「新しい」に対して「真新しい」、「古い」に対して「古めかしい」「古臭い」という語形に対しては、例えば「真新しげ」のようにゲを下接することへの容認度は高くなるのではないかと思われる。これは中古で「浅し」にはゲが下接しないものの、「心あさし」にはゲが下接した場合が見られるのと同じ理由と考えられる。ゲは「新しい」「古い」といった単なる評価には下接しないが、そこに何らかの情意、モダリティ的な要素が加わると、下接が可能になるのである。

### 2.1.3　ゲが下接しない分野

　それでは、ゲが下接しない意味分野には、どのような傾向が見られるのだろうか。ここでは以下の方法で考えることにする。

　ここでは『日本語新辞典』における派生語の表記に注目して、ゲがどのような分野に下接しにくいのかについて見ていく。この辞典の形容詞にはゲが下接する場合として、派生語「―げ」の表記が見られる。『日本語新辞典』を調査すると、形容詞は 621 語登録されている。その中で派生語としてゲが付されていない語を数えると約半数の 325 語(52.3%)になる。この調査で得られたゲを下接しない 325 語の形容詞には、いくつかの傾向を見ることができる。

　まず、意味に見られる傾向から例を挙げる。次に挙げる意味分類にはゲが下接しない。

① 味覚・嗅覚を表す語
　　青臭い　甘い　甘辛い　甘酸っぱい　甘ったるい　辛い　きな臭い　くさい　くどい　香ばしい　こげくさい　塩辛い　渋い　小便くさい　しょっぱい　すっぱい　乳臭い　生臭い　苦い　ほろ苦い　抹香くさい

みずっぽい
② 色彩を表す語
　　青い　青白い　青っぽい　赤い　か黒い　黄色い　黒い　黒っぽい　白い　白っぽい　どす黒い
③ 明暗、濃淡を表す語
　　明るい　淡い　薄い　薄暗い　お暗い　暗い　こ暗い　ほの暗い
④ 形状を表す語
　　四角い　平たい　平べったい　丸い　真ん丸い
⑤ 対義語のある場合
　　厚い・薄い　難い・易い　近い・遠い　高い・低い　高い・安い　悪い・良い
例外
　　浅い・深い○　大きい・小さい○　太い・細い○　新しい○・古い　広い・狭い○（○を付した語はゲ形が存する場合）

　これらの場合では、なぜゲが下接しないのだろうか。先行研究では「典型的なものには下接しない」と記されるのみである。しかしこれだけでは不十分で、例えば上記に見られる「明るい」を典型的と捉えるだけでは説明がつかない。
　まず、上記に挙げられた語を見ると、ゲが下接しない場合は「香ばしい」以外はすべてが、旧ク活用形容詞に属する語であることがわかる。ク活用形容詞とシク活用形容詞には意味の違いが考えられ、旧ク活用形容詞には、ゲが下接しにくい意味を持つ場合があると考えられる。これらの形容詞は、情意的な意味を持った語ではなく、より客観的性質・状態を表す語と言えるのだろうか。
　これらの語は、対象を感覚で捉えて表現するときに用いられる語である。その感覚とはどのようなものかを見ると、視覚、嗅覚、味覚、嗅覚、触覚であり、いわば感覚形容詞である。こうした感覚とゲの持つ表現性がなじまないということになる。それではなぜ、こうした感覚を表す形容詞とゲが馴染まないのだろうか。

ゲの用法は、語り手や話し手によって感想を述べるものと考えた。こうした感覚は主体自身が感知するものである。語り手や話し手は心中を観察して表現するのは得意であっても、こうした主体の持つ感覚については感知できず、これを感想として述べることはふさわしくないのではないだろうか。そのためこれらにはゲが下接しないものと考えられる。

また典型的な語についてゲが下接しないのは、情意や感想を差し挟む余地がないためなのではないだろうか。前章でも見たように、「雪は白い」のように、ソウダの場合にも動かしようのない状況や普遍的事実には下接しないという性質が見られた。動かしようのない状況や普遍的事実にはソウダ同様にゲも下接しないものと考えられる。上記に見る「丸い」や「四角い」の場合も形状を表現する語であって、心情を表現する語とは異なり推量や予測の余地がなく、ゲを用いるには及ばない状況であると考えられる。

さらにゲとソウダの上接要素の制限について見ると、ゲが下接しないこれらの語にも、例えば「甘そうな」「赤そうな」「明るそうな」のように、ソウダの下接は可能である場合が多く見られる。これらのことを考え合わせると、ソウダはゲに見られるような上接要素の意味上の制限については緩やかであるということになる。

## 2.2　語構成からの考察

ここでは、ゲおよびソウダの上接語について、語構成の上で特徴的な場合について見る。まず、それぞれに偏って見られる場合を挙げる。

### 2.2.1　ゲに多く見られる場合

ゲに多く見られる語構成を挙げると、次のようになる。

・〜なげ(打消)

あてもなげ　言い訳なげ　言うかいなげ　うれいなげ　屈託なげ　心なげ　事も無げ　自信なげ　術なげ　所在なげ　如才なげ　すきなげ　是非なげ　頼りなげ　力なげ　罪もなげ　情けなげ　本意なげ　面目なげ　やるかたなげ　寄る辺なげ　余念なげ

・〜ない(接辞)
  あぶなげ　あどなげ　いとけなげ　幼げ　おもなげ　心もとなげ　しどく
  なげ　せんかたなげ　はかなげ　はしたなげ　もったいなげ
・名詞＋形容詞
  意地悪げ○　意味深げ○　感慨深げ○　機嫌よげ　気分悪げ　興味深げ○
  心地よげ○　こころ軽げ　心やすげ　心弱げ　思案深げ　慈悲深げ(○はソ
  ウダにも用例が見られる場合)

　以上に見るように、「〜なげ」が多く見られることや、合成してできた語
が多く見られることは、中古から見られる傾向であり、それが現代語におい
ても同じ傾向が引き続き見られるということだと考えられる。


2.2.2　ソウダに多く見られる場合
　ソウダに多く見られる語構成を挙げると、次のようになる。
ない(打消)…あたらなそう　あてはまらなそう
にくい………言い出しにくそう　いいにくそう　うけにくそう　飲みにくそ
　　　　　　う　入りにくそう　話しにくそう
がたい………去りがたそう
づらい………いづらそう　しゃべりづらそう
接尾辞ぽい…怒りっぽそう
　　　たい…くすぐったそう　けむったそう
　以下に記すが、ソウダに多く見られる場合の中には、ゲが下接しにくい場
合が含まれている。これはゲが下接しない場合に、それを補う形でソウダが
見られるものと考えられる。


2.2.3　ゲが見られない場合
①　「〜ぽい」
　　青っぽい　飽きっぽい　あだっぽい　荒っぽい　いがっらぽい　色っぽ
　　い　えがっらぽい　おこりっぽい　白っぽい　俗っぽい　つやっぽい
　　骨っぽい　水っぽい　安っぽい　理屈っぽい　忘れっぽい

② 「～くさい」

青くさい　あほくさい　陰気くさい　金くさい　きなくさい　じやまくさい　しゃらくさい　小便くさい　素人くさい　乳くさい　とろくさい　ばかくさい　ひなたくさい　古くさい　抹香くさい　みずくさい

例外：胡散くさい　照れくさい　分別くさい　面倒くさい

③ 「～たらしい」

自慢たらしい　長ったらしい　未練たらしい　むごたらしい

例外：にくったらしい

④ 「～がましい」

おこがましい　押し付けがましい　恩着せがましい　かしがましい　差し出がましい　はれがましい

例外：未練がましい

⑤ 「～深い」

草深い　毛深い　慎み深い　根深い

例外：慈悲深い　罪深い　情け深い　用心深い

⑥ 俗語形

いい　おっかない　おっきい　かっこいい　こっぴどい　ちっちゃい　でかい　でっかい　ぼろい　みみっちい　やばい

　それでは、これらにはなぜゲが下接した場合が見られないのか。その理由は、一つはゲの持つ意味に、もう一つはゲが使用される文体に関係があるものと考えられる。

　まずここに挙げられた①～④の語構成要素には、共通した意味傾向が見られる。以下それぞれの意味について『日本語新辞典』の記述を示す。

・「～ぽい」

　そのような状態を帯びている、そのような性質が強く表れている意を表す。

・「～くさい」

　そういう性質がよく表れている、いかにもそういう感じがする。又、その好ましくない意を強める。

　例：古臭い　面倒くさい

・「～たらしい」
　いかにもそのような感じがする、その性質が強い、の意を表す。多く感じの良くない場合にいう。
・「～がましい」
　いかにもそのように感じられる意を表す。…のきらいがある。主として好ましくないことにいう。

　これを見るといずれも上接要素について、「その性質が強く表れている。いかにも～の感じがする」という意味が共通している。これらがゲを下接しないのは、ゲが持っている意味、「いかにも～だ」と共通しているからではないだろうか。これらにゲを下接させると意味が重複することになってしまう。そのため、これらの要素にはゲが下接する必要が無かったものと考えることができる。

　またこれらの語の意味は、主体が感じるという意味よりも、対象自らが放っている雰囲気という意味になりやすいのではないだろうか。例えば「阿呆らしい」の場合について用例を見る。

（１）　スキーのジャンプ競技をヒントに飛んだ時のスタイルだけを競う「90センチ級ジャンプ大会を開いたことも…「『あほくさい。よくやるなあ』と思われたい」と言う。　　　　　　（中日新聞　2000年10月22日）
（２）　傷の絶えなかったやんちゃ坊主が「けがをしたらあほらしい」と悟った。　　　　　　　　　　　　　　　　（中日新聞　2006年2月26日）

　用例(2)の「あほらしい」は、主体の心情であるが、用例(1)の「あほくさい」は対象が自ら放っている雰囲気を表現しているのではなのではないだろうか。他にそのような性質を感じさせるという意味では、いわば他動詞的な用法ではないか考えられる。「あほうらしい」にはゲが下接するが、「あほうくさい」にはゲが下接しない事情は、中古でメク型動詞に対してメカス型他動詞の対応が見られた際には、ゲの下接したメカシゲの語形が見られなかったという事情と同じものと考えられる。

また、⑤の「深い」については、「〜が多い。密集している」という意味の場合には、は下接していない。しかし心理的な意味として用いられる場合には「慎み深い」以外の語では、ゲの下接が、間接的表現を担っているのではないかと考えられる。

さらに、⑥の俗語形にゲが下接しにくいのは、ソウダに比べゲは文章語的であることが原因であると考えられる。ここに挙げられた語は、ゲによる造語は想定しにくいが、「でっかそうな」や「ボロそうな」のようなソウダが下接する場合は想定できる。俗語には文章語的であるゲは馴染まないため、これらには下接しないということになる。

### 2.3　上接要素とゲ、ソウダの関係のまとめ

ゲとソウダの上接要素について、まず意味についてまとめる。まず、ゲもソウダも感情を表す形容詞には結びつきやすい。それ以外の意味分野については、ゲにもソウダにも共通性が見られるが、多くの場合、ゲはソウダに包含される。ゲについては味覚や色彩、明暗といったある意味ジャンルに関して下接しない場合が認められる。

また上接要素の語構成の面から見ると、これもゲには意味上の重複などの原因から、いくつか下接しない場合が見られる。このゲが下接できない場合に、ソウダは下接可能な場合が多く、ソウダはゲが下接できない場合を補完している関係が見られる。

以上から、ゲには上接要素に意味の上で制限が見られるが、ソウダにはゲのような上接要素の意味の制限は認められない。しかし、ゲが下接可能な場合について、それが常にソウダに置き換えることが可能であるかと言えば、必ずしもそうではない。なぜそうなるのか、以下上接要素以外の要因について考えていく必要がある。

## 3　用例からの考察

ここでは今回の調査で実際に収集した用例から、構文的な観点を踏まえな

がら考察を進めていく。

## 3.1 上接要素が同じ場合の比較

まず、今回収集した近代および現代の用例のうち、ゲとソウダで同じ上接要素を持つ場合の用例を具体的に挙げ、その違いについて検証していくことにする。

これまでの調査で、ゲとソウダが同じ上接要素を持つ場合は、異なり語数で93語である。これらについての延べ語数を見ると、次のような場合に分けて考えることができる。

1　ゲの延べ語数が圧倒的に多い場合
2　ソウダの延べ語数が圧倒的に多い場合
3　ゲとソウダの延べ語数がほぼ同程度の場合

なおここでいう圧倒的な差とは、異なり語数が3倍以上か、または10例以上の違いが見られる場合とする。以下、それぞれの場合について詳しく見ていく。

### 3.1.1　ゲが優勢の場合

ゲとソウダの両語形が見られる場合において、ゲの方が延べ語数の多く見られる場合は、次の14語である(括弧内はゲ:ソウダの延べ語数を示す)。

　　危ない(38:7)　あやしい(68:2)　重たい(9:2)　感慨深い(20:4)　気遣わしい(10:1)　心もとない(8:1)　親しい(28:5)　たくましい(5:1)　尊い(4:1)　誇らしい(26:2)　物憂い(34:20)　もの思わしい(10:1)　喜ばしい(15:5)　わびしい(8:1)

一般的な場合では、ゲはソウダより使用頻度が低い。しかしこれらの語の場合ではゲの方が、使用頻度が高くなっている。なぜそのような状況を示すのだろうか。ここに属する語は、原則的にソウダよりもゲが下接しやすい形容詞ということになる。それでは、ゲが下接しやすい形容詞の性質とはどのようなものだろうか。先行研究では、「ゲは原則として人の内心や心情を表すものにしか付かない」であるとか、「感情形容詞に付くことが多い」と言

われているが、必ずしもその限りではないことがわかる。

上記の14語を見ると、『類語新辞典』では次のように分類されている語が含まれている。

例えば、「危ない」(たしからしさ)、「あやしい」(ひろがり)、「重たい」(ありよう)、「親しい」(行為)、「たくましい」(人物評)などが挙げられる。

これらは必ずしも「感情形容詞」とは言えないが、ゲの使用頻度が高くなっている。「感情形容詞」以外にもゲが下接しやすい場合があるのだろうか。ただ、『類語新辞典』の分類では、これらの語が何かの意味に集中している訳ではないので、上接する形容詞の意味とゲの関係以外の要因を考える必要がある。ゲにはソウダに置き換えにくい場合があるのではないだろうか。以下、ソウダへの置き換えの容認度が低い場合について具体的に例を挙げながら見ていく。

3.1.2　ゲからソウダへの置き換えの容認度が低い場合
1）　感慨深げ―感慨深そう

(3a)　町民たちからは、大きな存在が表舞台から退場することに感慨深げな声が聞かれた。
　　　　　　　　　　　　　　　　　　　（中日新聞　2007年4月27日）

用例(3a)は新聞記事からの引用である。ここは、記者が住民たちの会話の様子を見たり、発言の内容を聞いたりした結果、住民たちが「感慨深い」と思っていることを記者が「観察」して記述したものである。この場合の「声」の意味は実際の音声を表しているのではなく、「人々の意見や考え」(『日本語新辞典』)という意味である。この例では「感慨深そうだ」には置き換えにくい例と考えられる。ここでソウダよりもゲの方がふさわしく感じられるのはなぜだろうか。これは、「感慨深げ」とその修飾する「声」の意味との関係にあるものと考えられる。ここでの「声」の意味は、実際に表明された具体的な発言を指すのではなく、そう感じられた対象の様子を記者が感じ取って書いたものである。この場合のように具体的な事実がはっきり表現されていな

い場合ほどゲが使用され、ソウダには置き換えにくいものと考えられる。これはゲの用法として、ゲが修飾する部分と意味的に密接でない場合にも使用できるという性質があるためである。「感慨深い」の場合で類例を挙げれば、「感慨深げな」—「後ろ姿」は容認しやすいが、「感慨深そうな」—「後ろ姿」は容認しにくい。これも「感慨深い」と「後ろ姿」との間に、意味的に密接な関係が認められないためであると考えられる。

　この例を、以下のように変えると、ソウダの容認度も高まるものと思われる。

(3b)　町民たちの表情は<u>感慨深げ</u>だった。
(3c)　町民たちの表情は<u>感慨深そう</u>だった。

このように語形としては「感慨深げ」も「感慨深そう」も容認される。これは外面に現われた「表情」について使用されているからである。外面にはっきり表現されない、(3a)のような場合にはソウダは容認されにくいが、外面に現われていることが表現されればソウダは容認されるのではないだろうか。ソウダは上接要素との関係だけでなく、ソウダが何をもとにそのように「観察」したのかによって、使用しにくい場合があるということになる。次に他の語の場合について見る。

　つぎに、「興味深げ」—「興味深そう」の場合について見る。この語の場合はゲ：ソウダの延べ語数は13：33とソウダの方が優勢である。「興味深げ」の例は比較的現代に見られ、13例中12例までが新聞での用例である。

(4)　訪れた市民は船内の各種計器をはじめ、漁業器具、海洋観測器を<u>興味深げ</u>に見学していた。　　　　　　　　　　（中日新聞　2007年2月20日）
(5)　高嶋市長は「市民も喜んでくれるでしょう」と<u>興味深そう</u>に見入っていた。　　　　　　　　　　　　　　　（中日新聞　2007年4月26日）

　ところで、これに類似した語構成を持つ「感慨深い」の場合は上記に見たよ

うに、ソウダよりもゲの方が異なり語数が多くなっている。それでは、なぜ「感慨深い」にはゲが多く、「興味深い」にはソウダが多いのだろうか。その理由として「興味深い」は主体が意志的、積極的に外面にその様子を示している語であるが、「感慨深い」は主体の積極性、意志性は外面的に現われない場合にも用いられるということが考えられる。ソウダは観察に基づいて使用される。したがって、主体の意志性が外面的に観察される「興味深い」にはソウダが下接しやすく、外面よりも心理として表現される「感慨深い」にはゲが下接しやすいということが考えられる。

2） 怪しげ―怪しそう
　「怪しげ」の場合にも「怪しそう」に置き換えるには容認度の低いと考えられる場合が見られる。まずは、ゲからソウダに置き換えが容認できる場合について見る。

（6）　そのうちに、その見るからにあやしげな男は出入国管理の窓口を通って、早くも一人だけ税関の中に入ってきた。　　（北杜夫　快盗ジバコ）

用例(6)の「怪しい」は「物事の素性がわからず、気になる」（『日本語新辞典』）という意味である。この場合はソウダへの置き換えは容認できる。この意味で実際にソウダが用いられている例は、次のような場合がある。

（7）　農家の庭先、或は藪の間から突然、犬が現われて、自分等を怪しそうに見て、そしてあくびをして隠れて了う。　　（国木田独歩　武蔵野）

用例(7)は、「藪の間から突然」に表れているように、対象が外面的に「不審」な様子を表現しているため、ソウダが使用可能なのである。
　次に、ソウダへの置き換えの容認度が低い場合を見る。

（8）　私はあの怪しげな情報にまどわされて、答えを間違えてしまった。

(米山公啓　医者の上にも3年)

用例(8)の場合の「怪しい」の意味は、「物事が不確かで、疑う余地がある」(『日本語新辞典』)という意である。この場合には、ゲからソウダへの置き換えは容認度が低いのではないだろうか。これはゲが「情報」を修飾している場合で、外見から判断したのではなく心理的に「怪しい」と判断したためである。ソウダの「観察」の用法は、外面に状況が現われている時に使用しやすいのである。

（9）　レントゲンフィルムの所見を怪しげな英語で読んで、マイクロカセットに録音する。　　　　　　　　　　（米山公啓　医者の上にも3年）

用例(9)の場合の「怪しい」には、「当てにならないで不安である。信用できない。知識・能力・技量など、「劣る」「まずい」「へた」を婉曲にいう効果がある」(『日本語新辞典』)という意味がある。この場合も、ソウダへの置き換えは容認度が低い。それではなぜこれらの場合でソウダが使用されにくくなるのだろうか。「怪しそうな情報」「怪しそうな英語」が容認されないのは、ソウダとその被修飾語との関係にあると考えられる。
　ソウダの使用が適格な場合については中村亘(2000)に次のように記されている。

　　「そう」に前接する語の表す感情・感覚や属性が、文の表している状況において、表現主体には知覚できない形で存在しており、それが人やものに現われていると捉えることができなければならない。

　「憎らしげな容貌(顔立ち)の男が私のことを見ていた」と「彼女は私のことを憎らしそうな顔つきで見ていた」で、「顔つき」は「気持ちの表れた表情」を表すのでソウダの置き換えは可能であるが、「容貌」「顔立ち」は「顔の作り」であり感情の表れがないので、ソウダへの容認度が低いという考え

である。
　しかしこのことは汎用できるのだろうか、疑問が残る。例えば「怪しそうな」の例を探すと次のような場合がある。

(10)　県医薬安全課は、怪しそうな商品を店頭で買い上げて、県衛星研究所で調べたり、広告のチェックなどで監視。（中日新聞　2002年8月8日）

ここは「疑いがある商品」という意味で、外見からの直感的な判断とも考えられる。この場合「商品」には、感情の表れは見られない。また、ここではゲによる表現「あやしげな」の方が、容認度が低いのではないだろうか。ここでの「怪しそうな」の意味は「疑いがある」という意味である。この場合「怪しげな」を用いると「いかにも信用できない」という意味になり、ここではふさわしい表現ではなくなる。ソウダは感情にかかわらず、外見から観察できる場合には使用できるのではないだろうか。「憎らしそうな容貌」の容認度が低いのは、ソウナが修飾する名詞が「顔」「顔つき」より広い意味を持つ「容貌」「顔立ち」であるためと考えられる。こうした場合には、被修飾語との意味が密接でない場合にも使用できるゲの方がふさわしく感じられたのではないだろうか。ソウダが連体修飾語を構成する場合には、その被修飾語はソウダと意味の上で密接な関係でない場合には、ソウダの使用の容認度が低いということになる。

### 3.1.3　ソウダが優勢の場合

　ゲとソウダの両語形が見られる場合で、ソウダの延べ語数が多いのは次の28語である。

　　暑い(1：10)　忙しい(18：52)　うらやましい(6：15)　うるさい(3：17)　うれしい(29：234)　おいしい(1：38)　多い(1：8)　おかしい(2：25)　惜しい(1：8)　重い(9：46)　面白い(4：73)　きまり悪い(6：22)　気味悪い(2：10)　興味深い(13：33)　悔しい(3：30)　苦しい(34：80)　寒い(6：24)　じれったい(1：7)　楽しい(20：133)　だるい(1：17)　冷

たい（1：13）　眠い（1：38）　欲しい（2：13）　待ち遠しい（1：4）　まぶし
　　　い（5：15）　難しい（6：26）　珍しい（3：22）　面倒くさい（2：14）
　ここに属する語は、ゲの場合よりソウダの異なり語数が多く、ソウダが優
勢な場合である。ここではまず、あまり用いられない方のゲの用例から見て
いくことにする。次に挙げる例は、近代にしか見られない語の場合である。

(11)　蚊遣の烟にむせばぬまでも思ひにもえて身の<u>暑げ</u>なり。
　　　　　　　　　　　　　　　　　　　　　　　（樋口一葉　たけくらべ）
(12)　堀の浅い水にはこれも<u>冷たげ</u>に身を沈めた蛙が黙って彼を見ていた。
　　　　　　　　　　　　　　　　　　　　　　　　　　　（長塚節　土）

　これらの例以外でも、近代の用例のみで現代には見られない場合、また、ゲ
が全く使用されないわけではないが、容認度が低い場合も含まれている。具
体的には、「暑い」「多い」「惜しい」「重い」「面白い」「きまり悪い」「寒い」「楽
しい」「だるい」「冷たい」「眠い」「欲しい」「待ち遠しい」「難しい」「珍しい」
にゲが下接した場合は、近代にしか用例が見られない。さらにこれら以外で
も近代で出現する場合がほとんどである。すなわち上記に属する語の多くは
近代には用例が見られたが、現代では見られないということになる。これは
近代では容認されていたが、現代では容認されにくい場合とも言える。歴史
的に見てゲからソウダに推移していく中で、近代ではゲが用いられる場合も
見られたが、次第にゲは用いられなくなり、ソウダが用いられるようになっ
た場合であると言える。上記に見られるゲは「興味深い」「悔しい」「面倒く
さい」以外では近代中心に用例が出現する場合であり、近代の文語的な、文
学語としてのゲであると考えられる。
　また、ソウダが優勢である別の要因として、次の例のようにソウダの方が
ゲより広い用法を持っている場合が見られる。

(13)　6月、梅雨前線の影響で曇りや雨の日が多そう。
　　　　　　　　　　　　　　　　　　　　（中日新聞　2007年4月26日）

用例(13)は、近世以降に動詞の連用形に下接する場合に見られた「予測」のソウダの用法で、これが形容詞について用いられた場合である。これは現在の状況についての表現ではなく、今後予測される状況についての表現である。このような未来に事態ついて予測する用法は、例えば「暑げ」「寒げ」には持つことが出来ないが、「暑そうだ」「寒そうだ」等では持つことが出来る。ソウダが選択される要因の一つとして、その用法がゲより多様であることが考えられる場合である。

### 3.1.4 ゲとソウダがほぼ同じ場合

ここに分類される場合は次の7語である。

うらめしい(17：23) 悲しい(37：47) さびしい(46：63) 涼しい(17：10) 懐かしい(13：17) 眠たい(9：8) 恥しい(14：17) 腹立たしい(9：9)

これらの語については、「眠たい」以外は、旧シク活用形容詞である。また、意味の面では感情を表す語であるという点が共通している。以下いくつかのケースで、具体的に用例を挙げながら見ていくことにする。

1) うらめしげ—うらめしそう

まず、「うらめしげ」の用例から見る。「うらめしげ」は、延べ17例中13例が近代、4例が現代の例である。

(14) 若者たちはうらめしげにその後ろ姿に声をかけたが、たちまちとびあがって台をかたづけはじめた。 （北杜夫 怪盗ジバコ）
(15) プレイ後集まった何人かの同級生がビールを飲みだしたのをうらめし気に見ながら、女房の運転で、近くの東邦大学佐倉病院へ向う。 （大橋巨泉 巨泉日記）

用例(14)の場合は「うらめしそうに」に置き換え可能であるが、用例(15)の場合は置き換えできないと考えられる。用例(15)で「うらめし気に見る」

は、語り手自身が自己について、「いかにも〜見える様子に」と表現している。通常は話し手や語り手が主題の心情について表現するのだが、ここでは語り手自身の心情についての表現になっている。これは、小説等に見られる表現技法の一つではないだろうか。文学語としてのゲと考えられる。こうした場合ではソウダよりゲの方が使用されるようだ[2]。

次に「うらめしそう」の用例を見る。近代が20例、現代が3例である。

(16) 「……貴方は何時でも屹度、そう仰有る」直子は怨めしそうに謙作の眼を見詰めていた。　　　　　　　　　　　　（志賀直哉　暗夜行路）

(17) それから彼は恨めしそうな眼を、私にふりむけて言ったのです。
　　　　　　　　　　　　　　　　　　　　　（遠藤周作　海と毒薬）

「うらめしそう」は、いずれも対象の顔、主に目付きに表れた様子から、その心理を予想した場合に用いられている。これらの場合ゲによって表現すると、ややぼやけた表現になるのではないだろうか。ゲは「怪しげな英語」のように、その被修飾語にあまり意味が密接していない語についても用いることができるので、使用する状況によっては修飾語と被修飾語の関係がぼやけてしまうのではないだろうか。

これらのことを考えると、ゲが採用されるにせよ、ソウダが採用されるにせよ、いずれの場合もそれが選択される理由が存するようだ。

2）　涼しげ—涼しそう

この語については、ソウダとの置き換えについて、被修飾名詞の意味の点から捉えた先行研究があるので、以下に紹介する。

中村亘(2000)では、

「涼しげな浴衣」「涼しげな木陰」では、被修飾名詞が「涼しさをもたらすと予想される特徴や様子」を備えているので、ソウダに置き換えが可能である。「涼しげな響き」「涼しげな眼」のように、被修飾名詞が「生理的な意味

で涼しさを引き起こす」とは考えにくい場合は、ソウダへの置き換えは不自然である。
　「涼しげな顔」という場合の「涼しい」には、「気に留めない、関心がない」という意味があり、心理状態を表している。他人の心理状態は予想の対象となるので、ソウダの置き換えも容認できる。

としている。
　では実際に用例を見ていくことにする。まず用例数を見ると、近現代を通しては「涼しげ」17例、「涼しそう」10例と、ソウダよりゲの方がやや優勢である。特に現代語の場合を見ると「涼しげ」8例に対して「涼しそう」2例でゲの方がかなり多く見られる。これは次の例のように、「涼しげ」の方が「涼しそう」より用法が広いため、多用されるのではないかと予測できる。

(18)　季節も流行も先取りのナナちゃん。いつもの涼しげな表情を浮かべ
　　　　　　　　　　　　　　　　　　（中日新聞　2007年4月12日）
(19)　涼しげな目元にぐっと引き込まれる。　（中日新聞　2007年4月19日）

これは先に見たように、ゲはソウダに比べ被修飾語との間に、意味的に密接な関連がない場合でも使用できることが関係していると考えられる。用例(18)、(19)では「涼しい」は、「目や声などがはっきりと澄んでさわやかな感じである」(『日本語新辞典』)という意味である。「涼しい」は、心理的にさわやかさを感じる印象を表している。このような場合ではゲが用いられ、これをソウダへ置き換えることの容認度は低いのではないだろうか。特に「涼しそうな表情」といった場合には、心理的な印象ではなく、生理的な意味での「涼しさ」という意味とも解釈できるようになってしまう。心理的な意味を表す「涼しい」はソウダよりもゲと結び付きやすいということになる。
　また、「涼しげ」は歴史的に見ても、次のような意味を持っていた。

(20) 恋しさをみそげど神のうけねばや心のうちのすずしげもなき

(浜松中納言物語　巻の一)

ここでは、「心がさわやかで気持ちに滞るところがない」という意味である。「涼しげ」という語は、ゲが固有に使われていた時代からこのような心理的な印象を表す用法を持っていたと言える。こうした「涼しげ」の用法が後にも受け継がれて、「涼しげな目元」のような用法が用いられたものと考えられる。「涼しい」はもともと生理的な意味であり、その意味の場合にはソウダが用いられるが、心理的な意味になれば、被修飾名詞と意味上密接な関係を持たない場合にでも使用できるゲが選ばれるということになる。またこれはゲの持つ文学語としてのイメージにも合致しているということになる。

### 3.2　ゲとソウダがともに見られる場合

以下、それぞれのケースについて具体的に用例を挙げながら見ていく。

重い―重たい、眠い―眠たい

まず、「重い」「重たい」とそれと同じ語構成を持つ「眠い」「眠たい」の場合から考えていくことにする。まずそれぞれの用例数を比較する。

「重げ」　　10例(近代 10)　　　「重そう」　　46例(近代 33　現代 13)
「重たげ」　 9例(近代 9)　　　　「重たそう」　 2例(近代 1　現代 1)
「眠げ」　　 1例(近代 1)　　　　「眠そう」　　38例(近代 32　現代 6)
「眠たげ」　 9例(近代 6　現代 3)「眠たそう」　 8例(近代 7　現代 1)

このことから次の2点が看取できる。

① 「眠たげ」以外のゲの用例はいずれも近代であること。これはゲによる造語は近代の文語的な用法、文学語としての用法であると考えられる。
② ソウダによる場合で、「た」を介した「重たそう」「眠たそう」は、「重そう」「眠そう」に比較して延べ語数が少ないこと。

これらから、ゲによる造語「眠たげ」がなぜ現代語に見られるのか。また「重たそう」「眠たそう」がともにあまり盛んであるとは言えないのには、ど

第 10 章　近現代のゲとソウダの比較　261

重げ
(21)　其上へたっぷり一握りある濃い褐色のお下げが重げに垂れている。

(森鷗外　青年)

(22)　雪駄重げに歩の運びは徐かなれども　　　　　　(広津柳浪　狂言娘)

「重げ」の用例は、近代の作品での文語的な用法である。また、心理的な意味としては用いられず、物理的な重量が感じられる対象に用いられている。

重そう
(23)　大戸は黙り込み、しばらくしてから重そうに口を開いた。

(沢木耕太郎　一瞬の夏)

(24)　タイやフィリピンの民主化の停滞などもあって、今は荷が重そうだ。

(中日新聞　2007 年 5 月 14 日)

「重そう」は観察の用法で、重量について用いられている。また、重量感の感じられる語にも付くようになり「重そうな音」の例も見られる。さらに「重そう」は心情を表す用法としても使用されている。これまでに見たゲとソウダの用法を考えれば、本来はゲが選択されるところである。しかしゲによる表現は衰退に向っていたと考えられる。さらにここでは「口が重い」「荷が重い」「足が重い」といった元になった慣用的表現があったため、「重い」は物理的な意味だけでなく、心理的な意味としても用いられる地盤があった。対象が示す外面的な心理状況にソウダが下接したものと考えられる。

重たげ
(25)　赤い花模様の重たげな着物を着て、　　　　　　(太宰治　ロマネスク)
(26)　静なるシャロットには空気さえ重たげにて　　　(夏目漱石　薤露行)
(27)　娘は家のあたりを重たげに懶げにさまよひまわる。

(安田徳太郎　空想と社会)

重たそう
(28)　くさぐさの買い物をつめたバケツを<u>重たそう</u>に右手に下げていた。

(太宰治　彼は昔の彼ならず)
(29)　ふんどしを締めた力士姿の鬼が、車台前方に五体、後方に三体組み込まれ、<u>重たそう</u>な表情で屋台を支えている。

(中日新聞　2007 年 5 月 5 日)

　「重たい」は物理的な重量についての表現に使われている。重量を表す場合には、ここではゲの延べ語数の方が多くなっているが、「重たげ」の 9 例はすべて近代の用例であり、現代の用例としては「重たそう」しか見られない。重量について「重たそう」が用いられるのは、ソウダの「観察」の用法である。
　用例(25)を見ると、「重たげ」はソウダへの置き換えは容認できる。しかし用例(26)、(27)の場合ではゲからソウダへの置き換えの容認度が低い。これらの場合は心理的な意味として用いられているため、「重たそう」への置き換えの容認度が低くなっていると考えられる。また、(27)では、直後に見られる「懶げ」とともに、文学語としての趣を持った表現になっている。
　ところで、「重そう」と「重たそう」の延べ語数の違いはどのような点にあるのだろうか。まず、「重い」と「重たい」の違いについて見る。
　『日本国語大辞典』の「重たい」の項目には、「ほぼ「重い」に同じだが、意味、用法は「重い」よりせまい」とある。また、『日本語新辞典』によると、〈「重たい」は「重い」に比べると実感が伴う感じが強い。〉とあり、さらに〈「病状が～」「～地位」のように程度の甚だしさや重要さを表す場合は「重い」を使い、「重たい」は使わない。〉とある。「気分が重い」とは言うが、「気分が重たい」は容認度が低いように、「重たい」は重量について用いられる場合に限定されるため、延べ語数が増えなかったと考えられる。「重い」は重量についても、心理的な意味や状況についても用いられ、意味・用法が広いということが出来る。「重たそう」よりも「重そう」の方が、延べ語数

が多く見られるのは、物理的な意味の場合にも心理的な意味の場合にも使用できるためと考えることができる。

眠げ
(30) 寄せては返す波の音も眠げに怠りて吹来る風は人を酔はしめんとす。
(尾崎紅葉　金色夜叉)

「眠げ」の用例も、「重げ」の場合と同様に、用例は近代にのみ見られ、現代では見られない。ゲの下接する用法が近代には見られたが、現代では衰退しソウダが用いられるようになった。「眠げ」に代わって用いられるようになった「眠そう」は、次のような場合である。

眠そう
(31) 「何でちゃんとベッドに寝ないの」祐志が言った。声がとても眠そうだった。
(吉本ばなな　ハネムーン)

用例(31)で「眠そう」は、様子から「いかにも〜そうだ」と判断できるという意味で用いられている。
　「眠げ」は現代では衰退したのだが、「た」を介した「眠たげ」の用例は現代でも次のような場合が見られる。

眠たげ
(32) 酒を注文すると、太ってなんだかいつもねむたげな女が無表情のままやかんを持ってやってきた。　　　(椎名誠　新橋烏森口青春篇)
(33) ベエさんは少しねむたげにも見える小さな目を軽く何度かしばたたきながら言った。　　　(椎名誠　新橋烏森口青春篇)

眠たそう
(34) ふたりながら眠たそうに半分閉じた眼を大儀そうなのうのうとした口調でもって　　　(太宰治　ダス・ゲマイネ)

（35）「おっ、なんだその格好は？」沢野はねむたそうな声で言った。

（椎名誠　新橋烏森口青春篇）

用例(31)(32)(35)では、「眠そう」「眠たげ」「眠たそう」は、いずれも相互に置き換えが容認できるのではないだろうか。(32)については、ソウダを用いると「眠たそう」とそれが修飾する「女」との間に直接的な意味の関連が薄いため、ソウダへの置き換えの容認度は低いものと考えられる。「眠たげ」は古形として消滅へ向わないのは、やはりゲの持つ表現性によるものと考えられる。用例(33)についても、ソウダに置き換える容認度が低い。これは後接する助詞「も」が「判断や行動について、一つにきめるわけではないという意を込めて表現をやわらげるのに用いる」(『日本語新辞典』)意を持っていることが影響していると考えられる。「眠い」と「眠たい」の意味の違いを考えると、先の「重い」と「重たい」の場合ほど違いは認められない。ただ、「眠たい」には「なんとなくそう感じられる様子」が感じられ、「眠たげ」の場合はそれぞれ「なんだか」や「少し」といった、程度を弱める表現とともに用いられ、断定を避けた表現になっているものと考えられる。「眠たげ」が消滅しないのは、より婉曲な表現にも用いることができるためであると考えられる。

　すべてのケースについては考察できなかったが、以上をまとめると次のように考えられる。一般的にはゲからソウダへ推移している。しかし、ゲはソウダより婉曲な、朧化した表現としての用法が認められる。ゲが修飾する語についても、ソウダより意味上の制限が弱い。こうした点で、ゲはソウダと違う用法を持ち得ていると考えられる。そのためゲはソウダに追いやられて、一挙に消滅することはなかったのではないだろうか。

## 4　副詞との共起について

　ここでは、ゲとソウダがどのような副詞と共起しているかという観点から両者の相違について見ていくことにする。ゲとソウダが共起することが可能

な副詞には、どちらにも共起が見られる場合と、一方にしか共起が見られない場合とがある。実際にはどのような副詞が共起した場合が存しているのか、以下見ていく。

### 4.1 ゲにもソウダにも共起が見られる副詞

「ちょっと」「ちょっぴり」「少し」「やや」といった程度副詞。また、「何だか」「いかにも」もについては、ゲにもソウダにも共起する。

ちょっぴり
(36) 生徒たちは、ちょっぴり不安げに見守る母親たちの前で、泣きやまない赤ちゃんに困惑したり… （中日新聞　2007年6月29日）
(37) 勇気を見せたことがちょっぴり誇らしそうだ。
（中日新聞　2007年5月1日）

ちょっと
(38) 「世界に7点あるうちの一つです」と学芸員。ちょっと誇らしげです。 （中日新聞　2007年4月24日）
(39) 「ちょっと寒そうかも」と声が上がった。（中日新聞　2007年4月26日）

少し
(40) 「やっぱり表に出て目立ちたかった」と少し誇らしげに笑った。
（中日新聞　2007年4月18日）
(41) 新チームで'横の関係'を築くには、もう少し時間がかかりそうな様子だった。 （中日新聞　2007年2月25日）
(42) さきほどのやや眠たげな疲労はその顔からすっかりぬぐいさられていた。 （北杜夫　楡家の人々）
(43) 自民党県連幹事長の西場信行氏は「もう少し多いと思っていた」とやや不満そう。 （中日新聞　2007年4月10日）

以上の程度副詞はいずれもその程度が小であり、はなはだしくないことを示している。程度副詞のうち、程度がはなはだしくない場合にのみゲもソウダ

も共起するということになる。また、次のような場合でもゲとソウダに共通している。

なんだか
(44)　酒を注文すると太って<u>なんだか</u>いつも<u>ねむたげ</u>な女が無表情のままやかんを持ってやってきた。　　　　　　　（椎名誠　新橋烏森口青春篇）
(45)　<u>なんだか面白そう</u>なところなので「ちょっと付き合わない？」と女友達を誘い、結局彼女のワンボックス車に自転車を積んでいくことになった。　　　　　　　　　　　　　　　　（中日新聞　2007年4月11日）

「なんだか」は、不明確表現で「明瞭な根拠の無い、あるいは自信のない判断、また理由のはっきりしない感情を示すときに用いる」(『日本語新辞典』)とある。この場合の「ねむたげ」は、明確に「眠たい」という表情について言うのではなく、活気も無く眠たいのだろうかと想像される様子を表現したものである。
　また用例(45)の「面白そうな」は、面白いかどうかは不確実だが、面白いかもしれないと想像される様子を表現したものである。

いかにも
(46)　かなり野太い、しかし<u>いかにも面倒臭げ</u>なその当の本人からして出しても出さなくてもよいと言いたげな　　　　　　（北杜夫　楡家の人びと）
(47)　彼女の後姿は<u>如何にも涼しそう</u>に見えた。　　　　（夏目漱石　行人）

「いかにも」は「典型」や特色を表すし、「そのものの特徴・性格を十分にそなえている」という意を表す接尾語「らしい」と伴に用いられる場合が多い。しかし、この「らしい」は「いかにも彼らしいやり方」のように、名詞にしか下接しない。そこで形容詞について、典型や特色を表現する場合には「らしい」に代わってゲやソウダが選択されたことになる。

## 4.2　ソウダにのみ共起が見られる副詞

　ここでは、ソウダとは共起が見られるものの、ゲとは共起が見られない場合について見る。

　今回の調査で得られたソウダとのみ共起する副詞には、「大変」「とても」「かなり」「よほど」「何とも」の程度副詞、また「ちっとも」「さも」が挙げられる。

(48)　座敷から眺めていると、大変涼しそうに水は流れるが向の所為か風は少しも入らなかった。　　　　　　　　　　　　　（夏目漱石　行人）

(49)　だってあんな言葉を聞いたせいか、彼女の口許が、とても涼しそうに見えるのだもの。　　　　　　　　　　　（山田詠美　放課後の音符）

(50)　ステーキ屋の階段を降りる時も、足がかなり重そうだった。
　　　　　　　　　　　　　　　　　　　　　　　　（沢木耕太郎　一瞬の夏）

(51)　銘々袋の中が余程重さうよ。　　　　　　　　（江見水蔭　冒険惨話）

(52)　その時は何ともうれしそうな顔で、「うわーすごい明るいね」と。
　　　　　　　　　　　　　　　　　　　　　（中日新聞　2007年4月13日）

(53)　ちっとも涼しそうには見えぬ。　　　　　　　（泉鏡花　婦系図）

(54)　「さうでせうかな？」と谷口は例のごとく微笑を浮かべて、さも疑はしさうに呟いた。　　　　　　　　　　　　　　（里見弴　失はれた原稿）

以上の場合で、「大変」「とても」「かなり」「よほど」「何とも」は程度副詞で、程度が大であり、はなはだしいことを表す副詞である。今回の調査範囲では、これらにはソウダは下接した場合は見られたが、ゲは下接した場合は見られなかった。言い換えれば、ソウダは程度の大小いずれにも共起した場合が見られるが、ゲは程度が小の場合には共起するものの、程度が大の場合には共起しにくいということになる。

　「ちっとも」は下に打消しを伴い、強く否定する気持ちを表す副詞である。これも今回の調査ではゲと共起した場合は見られなかった。そもそも今回の調査では、ゲが否定表現とともに用いられている場合は多いとは言えない。

「さも」を用いた場合には、「そのように見える」という意味合いが強い。そのためこの語は、ソウダの「観察」の用法を補強する語として用いられやすいのではないだろうか。

では、以上の副詞はなぜゲと共起しにくいのだろうか。これらの副詞はいずれの場合も強調の意味合いを持った副詞であり、ソウダの「外から見て〜の様子だ」という「観察」の用法を補強するために用いられている。ゲは話し手や語り手の感想を述べる表現から、朧化表現としても用いられるようになった。そのためゲは、これらの強調表現とは共起しにくいということになるのではないだろうか。

## 5　まとめ

ゲとソウダの違いについて見てきた結果、次のようにまとめることができる。

まず、これまで見てきたように大筋ではソウダが優位にあり、文語的なゲから、口語的なソウダに推移しつつある。それでもゲが残存していることには、ゲが文学語としてのイメージを持ち、文学的な表現の中で保存され続けてきたということが考えられる。このこと以外では、以下のような違いが見られる。

ゲには上接要素について、意味の制限や語構成の制限が認められる。しかしソウダにはその制限があまり認められず、ゲよりも上接要素が多様であるという相違が認められる。

さらに共起する副詞がどのようなものであるのかという観点でゲとソウダの相違点を探ると、「観察」の用法のソウダは、「観察」の状況を明確にするため強調の意味を持つ副詞と共起することができる。しかし、ゲは朧化の用法を持っているため強調の意味を持つ副詞とは相容れず、共起しにくいという違いが認められる。

またゲとソウダを比較すると、すべての場合でソウダが優位であるわけではない。ソウダよりもゲを使用する方が、表現として容認度が高い場合があ

る。これは、上接要素との関係以外の理由が考えられる。ソウダが連体修飾語を構成する際には、被修飾語がソウダの上接要素と意味の上で密接であることが要求される。ソウダは「観察」に基づいて使用されるため、「観察」した内容と密接な意味関係が必要になる。したがってソウダの上接要素と、被修飾語が意味上密接な関係を持たない場合には、ソウダの使用は容認度が低い。ゲは朧化表現としての用法も持っている。そのため意味の上で修飾語と被修飾語があまり密接な関係を持たない場合には、ゲが下接されるということになる。

　また、ゲは小説などで自己の心情を間接的に述べる独自の用法が認められ、こうした場合にもソウダではなくゲが選択されている。ゲは中古からの伝統的な文学語としてのイメージを持っていたと考えられる。ゲの持つこうしたイメージがゲを保存する力として働いたと考えられる。

　ゲとソウダのそれぞれの持つ特徴が、現代語においてもゲとソウダの共存を生んでいるものと考えることができる。

注
1　今回の調査で得られた語の中には、辞典に登録のない語も含まれており、これについては除いた数字になっている。
2　自己の感情を表出するゲについては、第8章で、「ぼくはその言葉に不満げな表情をうかべる」という例が見られた。

## 参考文献

青木博史(2007)「近代語における述部の変化と文法化」『日本語の構造変化と文法化』ひつじ書房
安藤正次(1936)『国語史序説』刀江書院
尾崎知光編(1974)『玉あられ』桜楓社
大場美穂子(1999)「いわゆる様態の助動詞「そうだ」の意味と用法」『東京大学留学生センター紀要』9
菊池康人(2000)「いわゆる様態の「そうだ」の基本的意味―あわせて、その否定各形の意味の差について」『日本語教育』107
加藤重広(2006)『日本語文法入門ハンドブック』研究社
ケキゼ タチアナ(2000)「「(〜し)そうだ」の意味分析」『日本語教育』107
ケキゼ タチアナ(2002)「「〜げ」の意味分析」『日本語文法』2-1
ケキゼ タチアナ(2003)「現代日本語における表現の「やわらげ」‥「そうだ」、「げ」、「ぽい」などの場合」『言語と文化』4
黄其正(1992)「現代日本語の接尾辞「げ」の一考察」『日本語教育の交差点で―今田滋子先生退官記念論集』渓水社
小島憲之(1956)「遊仙窟の傍訓をめぐって」(『訓点語と訓点資料』06)
阪倉篤義(1965)『語構成の研究』角川書店
佐田智明(1972)「中世末期の「サウナ」について」『北九州大学開学二十五周年記念論集』
佐藤喜代治(1966)『日本文章史の研究』明治書院
佐藤喜代治(1973)『国語史』明治書院
佐藤武義(1995)『概説日本語の歴史』朝倉書店
徐民静(2002)「現代日本語の接尾辞『げ』に関する一考察」『日本言語文化研究』4
進藤義治(1977)「接尾辞『ゲ』の語義構成上の性質」『東海学園国語国文』11
鈴木丹士郎(2003)『近世文語の研究』東京堂出版
関一雄(1993)『平安時代和文語の研究』笠間書院
仙波光明(1976)「終止連体形接続の「げな」と「さうな」―伝聞用法の発生から定着まで」『佐伯梅友博士喜寿記念国語学論集』表現社

田中章夫(2002)『近代日本語の文法と表現』明治書院
田辺正男(1976)「源氏物語の〈―がほ〉について」『国学院高校紀要』16
田能村忠温(1992)「現代語における予想の「そうだ」の意味について―「ようだ」との対比を含めて」『国語語彙史の研究』12　和泉書院
寺村秀夫(1982)『日本語のシンタクスと意味I』くろしお出版
寺村秀夫(1984)『日本語のシンタクスと意味II』くろしお出版
豊田豊子(1987)「「ソウダ」(様態)の意味・用法と否定形」『日本語学校論集』14
豊田豊子(1998)「「そうだ」の否定形」『日本語教育』97
仁田義雄・益岡隆志・田窪行則(2002)『モダリティ』くろしお出版
中田祝夫・竹岡正夫(1960)『あゆひ抄新注』風間書房
中村亘(2000)「接尾辞「げ」の意味・用法―「そう」との事態把握の違いを通じて」『早稲田大学大学院　文学研究科紀要　46輯』
野田春美(2003)「様態の「そうだ」の否定形の選択傾向」『日本語文法』3–2
橋本四郎(1957)「ク活用形容詞とシク活用形容詞」『女子大国文』5
榎本四郎(1986)「近世における文語の位置」『榎本四郎論文集国語学編』角川書店
蜂矢真郷(1998)『国語重複語の語構成論的研究』塙書房
東辻保和(1970)「古典語感情形容詞の一視点」『文学・語学』57
円井武(1984)「狂言台本の「げな」と「さうな」」『香川大学国文研究』
宮崎和人(2002)「認識のモダリティ」『新日本語文法選書4　モダリティ』くろしお出版
村田菜穂子(2005)『形容詞・形容動詞の語彙論的研究』和泉書院
村田美穂子(2005)『文法の時間』至文堂
望月郁子(1966)「形容詞と形容動詞の語形の変遷について」『日本文学誌要』13
籾山洋介(1992)「接頭辞「モノ」を含む形容詞・形容動詞の意味分析」『日本語論究』3　和泉書院
籾山洋介(1996)「「怪しい」と「疑わしい」の意味分析」『名古屋大学　日本語・日本文化論集』4
森田富美子(1990)「いわゆる様態の助動詞「そうだ」について―用法の分類を中心に」『東海大学紀要』10
森田良行(2002)『日本語文法の発想』ひつじ書房
八亀裕美(2003)「形容詞の評価的意味と形容詞分類」『阪大日本語研究』15
安本真弓(2007)「中古における感情形容詞と感情動詞の対応とその要因」『日本語学会秋季大会予稿集』
山内洋一郎(2003)『活用と活用形の通時的研究』清文堂
山口堯二(1990)『日本語疑問表現通史』明治書院
山口堯二(2003)『助動詞史を探る』和泉書院

山田潔(2006)「『玉塵抄』における助動詞「さうな」の用法」『学苑』783
山本俊英(1955)「形容詞ク活用・シク活用の意味上の相違について」『国語学』23
湯沢幸吉郎(1929)『室町時代言語の研究』大岡山書店
湯沢幸吉郎(1936)『徳川時代言語の研究』刀江書院
湯沢幸吉郎(1954)『江戸言葉の研究』明治書院
漆谷広樹(1999)「「〜にくし」と「〜がたし」の語誌」『国語語彙史の研究』18　和泉書院
漆谷広樹(1994)「『今昔物語集』の接辞について」『山形女子短期大学紀要』25
漆谷広樹(1996)「接尾辞「なふ」の性格―馬琴の「かがなふ」をめぐって」『国語学研究』35


『角川古語大辞典』1982　角川書店
『古語大辞典』1983　小学館
『国語学大辞典』1980　国語学会
『時代別国語大辞典　室町時代編』2000　三省堂
『日本語学研究事典』2007　明治書院
『日本国語大辞典　第二版』2002　小学館
『日本方言大辞典』1989　小学館
『日本語新辞典』松井栄一編　2005　小学館
『日本語類義表現　使い分け辞典』泉原省二著　2007　研究社
『日本語表現・文型事典』小池清治・小林賢次・細川英雄・山口佳也編　2002　朝倉書店
『類語新辞典』中村明・芳賀綏・森田良行編　2005　三省堂
『例解新国語辞典第二版』林四郎・野元菊雄・南不二男　1987　三省堂

## 資料

第1章
【日本古典文学大系】(岩波書店)
『竹取物語　伊勢物語　大和物語』阪倉篤義他校注　1957
『古今和歌集』佐伯梅友校注　1958
『土左日記　かげろふ日記　和泉式部日記　更級日記』鈴木知太郎他校注　1957
『平中物語』遠藤嘉基他校注　1964
『宇津保物語』河野多麻校注　1959
『落窪物語　堤中納言物語』松尾聰・寺本直彦校注　1957
『枕草子　紫式部日記』池田亀鑑・岸上慎二・秋山虔校注　1958
『栄花物語　上下』松村博司・山中裕校注　1964
『浜松中納言物語』松尾聰校注　1964
『狭衣物語』三谷栄一・関根慶子校注　1965
『大鏡』松村博司校注　1960

【新日本古典文学大系】(岩波書店)
『源氏物語』柳井滋他校注　1997


『古本説話集総索引』山内洋一郎編　1969　　風間書房

第2章
『今昔物語集文節索引』馬渕和夫他　1971　　笠間書院
『今鏡本文及び総索引』榊原邦彦他　1984　　笠間書院
『保元物語総索引』坂詰力治他　1979　　武蔵野書院
『宇治拾遺物語総索引』境田四郎他　1975　清文堂出版
『平治物語総索引』坂詰力治他　1979　　武蔵野書院
『水鏡　本文及び総索引』榊原邦彦　1990　　笠間書院
『発心集　本文・自立語索引』高尾稔他　1985　　清文堂出版
『無名草子総索引』坂詰力治　1979　　笠間書院

『新古今和歌集総索引』滝沢貞夫　1970　明治書院
『平家物語総索引』金田一春彦他　1973　学習研究社
『撰集抄自立語索引』安田孝子他　2000　笠間書院
『十訓抄　本文と索引』泉基博　1982　笠間書院
『古今著聞集総索引』有賀嘉寿子　2002　笠間書院
『新定源平盛衰記』水原一考定　1988　新人物往来社
『十六夜日記　校本及び総索引』江口正弘　1972　笠間書院
『徒然草総索引』時枝誠記　1967　至文堂
『土井本太平記　本文及び語彙索引』西端幸雄・志甫由紀恵編　1997　勉誠社
『増鏡総索引』門屋和雄　1978　明治書院
『曽我物語総索引』大野晋他　1980　至文堂
『義経記文節索引』大塚光信他　1982　清文堂出版
『天草版平家物語　対照本文及び総索引』江口正弘　1986　明治書院
『エソポのハブラス　本文と総索引』大塚光信・来田隆　1999　清文堂
『天草版金句集の研究』吉田澄夫　1938　東洋文庫論叢第24
『邦訳日葡辞書』土井忠生他　1980　岩波書店
『御伽草子総索引』榊原邦彦他　1988　笠間書院

## 第3章
『後撰和歌集総索引』大阪女子大学国文学研究室　1965
『拾遺和歌集の研究』片桐洋一編　1970　大学堂書店
『千載集総索引』滝沢貞夫　1976　笠間書院
『新古今集総索引』滝沢貞夫　1970　笠間書院
『校本凡河内躬恒全歌集と総索引』滝沢貞夫・酒井修　1983　笠間書院
『新勅撰集総索引』滝沢貞夫　1982　笠間書院
『続後撰集総索引』滝沢貞夫　1983　笠間書院
『新後撰集総索引』滝沢貞夫　1981　笠間書院
『西行法師全歌集総索引』臼田昭吾　1978　笠間書院

## 第4～7章
【日本古典文学大系】（岩波書店）
『假名草子集』前田金五郎・森田武校注　1965
『浮世草子集』野間光辰校注　1966
『上田秋成集』中村幸彦校注　1959
『黄表紙　洒落本集』水野稔校注　1958
『川柳狂歌集』杉本長重・濱田義一郎校注　1958

『椿説弓張月　上下』後藤丹治校注　1962
『春色梅児譽美』中村幸彦校注　1962
『狂言集上下』小山弘志校注　1961


【新日本古典文学大系】（岩波書店）
『仮名草子集』渡辺守邦・渡辺憲司校注　1991
『近松浄瑠璃集　上下』松崎仁・原道生・井口洋・大橋正叔校注　1993
『近松半二　江戸作者浄瑠璃集』内山美樹子・延広真治校注　1996
『修紫田舎源氏　上下』鈴木重三校注　1995
『草双紙集』佐竹昭広校注他　1997
『浮世風呂』神保五弥校注　1989


【日本古典文学全集】（小学館）
『黄表紙　川柳　狂歌』浜田義一郎・鈴木勝忠・水野稔校注　1971


【新編日本古典文学全集】（小学館）
『洒落本　滑稽本　人情本』中野三敏・神保五彌・前田愛校注　2000
『東海道中膝栗毛』中村幸彦校注　1995


【叢書江戸文庫】（国書刊行会）
『柳亭種彦合巻集』佐藤悟校訂　1995
『役者合巻集』佐藤悟校訂　1990
『人情本集』佐藤元昭校訂　1995


【新潮日本古典集成】（新潮社）
『與謝蕪村集』清水孝之校注　1979

『誹風柳多留』宮田正信校注　1984
『本居宣長集』日野龍夫校注　1983


『きのうはけふの物語　研究及び総索引』北原保雄　1973　笠間書院
『醒睡笑　清嘉堂文庫蔵　本文編索引篇』岩淵匡・桑山俊彦・細川英雄編　1998　笠間書院
『狂言六義全注』北原保雄・小林賢次　1991　勉誠社
『大蔵虎明本　狂言集の研究』池田廣司・北原保雄　1972　表現社
『狂言記の研究』北原保雄・大倉浩　1983　勉誠社

『狂言記拾遺の研究』北原保雄・吉見孝夫　1987　勉誠社
『狂言記外五十番の研究』北原保雄・大倉浩　1997　勉誠社
『誹風柳多留拾遺　上下』山澤英雄校訂　1995　岩波文庫
『初代川柳選句集　上下』千葉治校訂　1986　岩波書店
『山東京傳全集　第一巻　黄表紙Ⅰ』水野稔他編　1992　ぺりかん
『本居宣長』吉川幸次郎・佐竹昭広・日野龍夫校注　1978　岩波書店
『本居宣長全集　第三巻』大久保正編　1969　筑摩書房
『雨月物語本文及び総索引』鈴木丹士郎　1990　武蔵野書院
『浮世床総索引』稲垣正幸・山口豊編　1983　武蔵野書院
『石門心学』柴田実校注　1971　岩波書店

第8～10章
太陽コーパス『国立国語研究所資料集』15　2005　国立国語研究所
中日新聞記事データベース

【CD-ROM版　新潮文庫　明治の文豪(1997　新潮社)】
二葉亭四迷『平凡』『浮雲』『其面影』『あいびき・めぐりあい』
尾崎紅葉『金色夜叉』
樋口一葉『にごりえ』『たけくらべ』
国木田独歩『武蔵野』『牛肉と馬鈴薯』『酒中日記』
田山花袋『布団』『重右衛門の最後』『田舎教師』『生』
小泉八雲『小泉八雲集』
上田敏『訳詩集　海潮音』
伊藤左千夫『野菊の墓』
石川啄木『一握の砂』『悲しき玩具』
泉鏡花『歌行燈』『高野聖』『婦系図』
長塚節『土』

【CD-ROM版　新潮文庫の100冊(1995　新潮社)】
赤川次郎『女社長に乾杯！』
遠藤周作『沈黙』
北杜夫『楡家の人びと』
椎名誠『新橋烏森口青春篇』
星新一『人民は弱し　官吏は強し』

【近代作家用語索引】

『森鴎外』近代作家用語研究会編　1985　教育社
『夏目漱石』近代作家用語研究会編　1986　ニュートンプレス
『芥川龍之介』近代作家用語研究会編　1985　教育社
『志賀直哉』近代作家用語研究会編　1987　教育社
『太宰治』近代作家用語研究会編　1989　教育社

石原まきこ『妻の日記』(主婦と生活社)
大橋巨泉『巨泉日記』(講談社)
北杜夫『木精』『黄色い船』『優しい女房は殺人鬼』『怪盗ジバコ』(新潮社)
吉本ばなな『キッチン』『アムリタ　上下』(福武書店)『ハネムーン』(中央公論社)『パイナップリン』(角川書店)
米山公啓『医者の上にも3年』(『医者の個人生活366日』、『週刊医者自身』集英社)
＊前章と重複する資料名の再掲を避けた。
＊複数巻のものは、そのうち1巻の刊行年を挙げた。

＊本書は2009年度愛知大学学術図書出版助成金による刊行図書である。

# 索引

## あ
アスペクト　70, 108, 196
『あゆひ抄』　86, 116

## い
意志性　253

## う
ヴォイス　128, 131, 226, 228

## え
婉曲　234, 254, 264

## お
音数律　80, 89, 160

## か
開始局面　233
外来語　221
仮定　219, 224
ガル　240, 241

ガル型動詞　100, 151–153
感覚　38, 56, 169, 186, 187, 191, 237, 238, 244
感覚形容詞　217, 244
漢語形容動詞　66, 75, 102, 103, 125, 126, 155, 168, 193, 194, 200, 220, 221, 224, 235, 242
観察　120–122, 124, 125, 129, 136, 165, 167, 169–172, 212, 215, 219, 221, 238, 243, 254, 268
感情　22, 48, 63, 65, 84, 100, 152, 186, 187, 191, 209, 238, 242, 257
感情形容詞　17, 61, 65, 98, 124, 151, 152, 203–206, 209, 217, 237, 239, 250, 251
感情の品定め　202
感情の直接表出　202
感情の持ち主　19
感情表現　64, 97, 239
感情(の)表出　19, 201
間接的　20, 269
間接的表現　32, 40, 43, 50, 51, 249
感想　19, 20, 23, 25, 28, 30, 31, 35, 36, 38, 40–42, 47, 48, 51, 60, 83–85, 106, 115, 118, 150, 155, 159, 167, 202, 238, 240, 245, 268
喚体句　206

## き
擬古的性格　54, 158
共起　30, 46–48, 219, 224, 264–268
狂言資料　12, 73, 95, 105, 113, 122, 133, 211, 223
局面　67, 68, 230, 233, 235
近世の文語　5, 7, 140, 142, 148, 153, 156, 160

## く
訓点語　27, 49, 50, 58, 59, 148, 190

訓点資料　27, 49, 50, 58, 147, 148

## け

形状形容詞　99
継続動詞　67
ケキゼ タチアナ　9, 184, 214, 238

## こ

口語資料　12, 72, 74, 211
口語的　174, 268
口語的(な)性格　54, 95, 96, 122, 123, 136, 163
『古今集遠鏡』　163, 165, 172, 173
誇示　84, 155
語順　133, 197
コト名詞　135
個別的　137, 194, 195, 199, 201

## さ

再生　156, 157, 160, 198, 199
再利用　144, 156

## し

示差性　13, 215, 225, 231
自動詞　51
終結局面　233
瞬間動詞　68, 233
情意　1, 8, 22, 23, 38, 44, 52, 55, 245
情意性　20, 38, 142
情意表現　21
上代語　27, 58, 149
状態動詞　39, 68
抄物資料　11, 73
心情　35, 37, 40, 44, 48, 49, 60, 63, 68, 121, 150, 151, 240, 245, 258, 261, 269
心情表現　38
心情を表す形容詞　60
心理　258
心理的　249, 254, 259, 261, 262

## す

推測　35, 40, 44, 48, 73
推定　175, 177
推量　178, 219, 224, 228
鈴木丹士郎　149

## せ

生理的　258–260

## そ

造語法　71, 149
造語力　1, 3, 7, 55, 65, 66, 75, 81, 97, 100, 103–106, 111, 122, 125, 139, 146–148, 155, 157, 160, 165, 169, 185, 189, 191–194, 196, 201, 222
草子地　49, 52
属性　8, 22, 23, 237, 240, 242
属性形容詞　22, 23, 124, 125, 168, 203, 217
属性を表す形容詞　169

## た

他動詞　51, 61, 98
他動詞的　248
単純化　225

## ち

中古　156
中古語　141, 142, 144, 153
重複形容詞　26, 61, 62, 99, 150, 191

## て

寺村秀夫　202
典型　35, 36, 38, 52, 64, 126, 134, 136, 137, 170, 178, 266
典型的　34, 237, 244
テンス　70, 108, 131
伝聞　11, 13, 107, 109, 110, 119, 120, 129, 132, 165, 171, 172, 215

## と

動作動詞　39, 154

## に

『日本文法文語編』　88
人称制限　151, 204–207

## は

パロール的　8, 10, 79, 195, 201, 209

## ひ

比況　177
評価性形容詞　124, 217

## ふ

普遍的事実　218, 245
文学語　189, 197, 200, 242, 256, 258, 260, 262, 268, 269
文学的な表現　208
文語　146, 168, 184
文語調　198
文語的　105, 136, 174, 256, 260, 268
文語的性格　95, 96, 163
文章語的　249
分析的　234, 235
分析的傾向　136
分析的表現　136, 137, 170, 223, 227
文末用法　108, 110

## へ

弁別　127

## ほ

補完　125, 235, 249

## み

味覚　24, 56, 123, 242–244

## む

村田菜穂子　8, 17, 238

## め

明晰　135
明晰化　127
メカス型他動詞　25, 26, 51, 248

メク型自動詞　25, 26, 51

## も

モダリティ　41, 70, 115, 118, 119, 131, 136, 196
モノ名詞　135
森田良行　117, 166, 171, 175

## よ

様態　11–13, 72, 108–110, 115, 118, 119, 127, 131, 132, 214, 219
容認　133, 234
容認度　203, 208, 215, 243, 251–256, 259, 262, 264, 268
予想　12, 35, 114, 115, 118, 119, 136, 165, 170, 212, 219, 224, 238, 259
予測　67, 68, 110, 117, 119–121, 127–132, 136, 154, 165, 166, 173, 212, 219, 224, 228, 229, 238, 257

## ろ

朧化　32, 208, 264, 268
朧化表現　19, 75, 268, 269

## わ

和漢混淆文　58, 59
和漢混淆文体　3, 75
和文語　58, 190
和文的性格　75

【著者紹介】

**漆谷広樹**（うるしだに ひろき）

〈略歴〉神奈川県横浜市生まれ。明治大学文学部卒業。専修大学大学院修士課程終了。
1990年、東北大学大学院文学研究科博士後期課程中退。1990年、山形女子短期大学国文科講師。2000年、愛知大学文学部助教授。現在、愛知大学文学部教授。博士（文学）。

〈主な論文〉「接尾辞「なふ」の性格―馬琴の「かがなふ」をめぐって」『国語学研究』35（東北大学1996年）、「「～にくし」と「～がたし」の語誌」『国語語彙史の研究』18（和泉書院1999年）。

---

ひつじ研究叢書〈言語編〉第84巻
接尾辞「げ」と助動詞「そうだ」の通時的研究

| | |
|---|---|
| 発行 | 2010年3月30日　初版1刷 |
| 定価 | 6800円＋税 |
| 著者 | © 漆谷広樹 |
| 発行者 | 松本 功 |
| 本文フォーマット | 向井裕一（glyph） |
| 印刷所 | 株式会社 ディグ |
| 製本所 | 株式会社 中條製本工場 |
| 発行所 | 株式会社 ひつじ書房 |

〒112-0011 東京都文京区千石2-1-2 大和ビル2階
Tel.03-5319-4916 Fax.03-5319-4917
郵便振替 00120-8-142852
toiawase@hituzi.co.jp　http://www.hituzi.co.jp

ISBN978-4-89476-470-5

造本には充分注意しておりますが、落丁・乱丁などがございましたら、小社かお買上げ書店にておとりかえいたします。ご意見、ご感想など、小社までお寄せ下されば幸いです。